公務員試験 地方初級・国家一般職(高卒者)

第4版

社会科学

Social science

TAC出版編集部編

テキスト

はじめに

地方初級・国家一般職(高卒者)試験は，各試験によって多少の違いはあるものの，おおむね高校卒業～20代前半の人を対象として行われ，難易度は高校卒業程度とされています。近年は少子化や「全入時代」ともいわれる大学進学率の増加によって受験者数は減少していますが，公務員制度改革や財政難などの理由で採用予定者数も減少しており，国家系の試験で最終合格率は10％程度，地方系だとそれ以下という難関試験であることにかわりはありません。

この試験は，主要５科目＋公務員試験独特の科目が出題されるため，付け焼き刃の勉強で太刀打ちできるものではありません。その一方で，「何から手をつければよいのか分からない」，「問題集を購入したが最初からつまずいてしまい，勉強するのが嫌になった」などの声もよく聞きます。

公務員試験に限ったことではありませんが，勉強において最も重要なのは，「基礎力を身につける」ことです。基礎を理解せずに勉強を進めても高い学力は身につきませんし，分からない部分が出てきたときに「どこでつまずいているのか？」を自分自身で判別することができません。

本シリーズは，基礎学力の向上を目的として，地方初級・国家一般職(高卒者)試験に挑む方々のために作られました。まず，各科目を分野別に分け，そこで覚えてほしいことや基本的な解き方を示すことで基礎的な知識を身につけ，代表的な問題を解くことで理解を深めていくという形で構成されています。迷ったときや分からなくなってしまったときは，解説部分をもう一度見直してみてください。何らかの道しるべとなるはずです。

皆さんと私たちの望みは１つです。

「憧れの公務員になること」

この本を手にした皆さんが，念願の職に就けることを心から願っております。

2024年１月　ＴＡＣ出版編集部

本シリーズの特長

① 科目別の６分冊

地方初級・国家一般職（高卒者）の教養試験で問われる学習範囲を，分野ごとに編集し，「数学・数的推理」「判断推理・資料解釈」「国語・文章理解」「社会科学」「人文科学」「自然科学」の６冊にまとめました。

※国家公務員試験は，平成24年度から新試験制度により実施されています。新試験制度では，「数的推理」は「数的処理」に，「判断推理」「空間把握」は「課題処理」に，それぞれ名称が変更されています。しかしながら，これはあくまで名称上の変更にすぎず（名称は変更となっていますが，試験内容には変更はありません），本シリーズでは受験生の方が理解しやすいように，これまでどおりの科目名で取り扱っています。

② 基礎的な分野から段階を追った学習が可能。

各テーマの記述は，まず，基礎的な解説，ぜひ覚えたい事項の整理からスタートします。ここでしっかり解き方や知識のインプットを行いましょう。続いて，演習問題を掲載しています。学んだ解き方や知識のアウトプットを行いましょう。演習問題は，比較的やさしい問題から少し応用的な問題までが含まれていますので，本試験へ向けた問題演習をしっかり行うことができます。

●ＴＡＣ出版では，国家一般職（高卒者）試験の対策として，以下の書籍を刊行しております。本シリーズとあわせてご活用いただければ，より合格が確実なものとなることでしょう。
『ポイントマスター』（全６冊）
　～本試験問題も含め，もっと多くの問題を解いて学習を進めたい方に
『適性試験のトレーニング』
　～適性試験対策にも力を入れたいという方に

本書のアイコンについて

ポイント　文章や図表を用いて，基本事項，重要事項を整理してあります。問題演習でつまずいたときには，まず，この部分を復習しましょう。

政治の出題状況

■国家一般職（高卒者）

例年２題出題。基本的人権や国会・内閣・裁判所・地方自治の統治機構，各国の政治制度が頻出。

■地方初級

全 国 型	例年２～４題出題。基本的人権，統治機構の他，政治思想や選挙制度などが出題され，より細かな内容が問われることも多い。
東京23区	選択問題で例年３題程度出題。基本的人権や統治機構，各国政治に加え政治思想や選挙制度，時事問題も出題されることがある。

＜対策について＞

日本国憲法に書かれていることが中心となるため，憲法は必ず押さえておく。その上で，条文の内容をよく理解し，問題演習を繰り返すことで知識を身につける。また，各国の政治制度や時事問題の出題も見られるので，新聞やテレビ，インターネットなどで常に新しい情報を収集することを心がけよう。

経済の出題状況

■国家一般職（高卒者）

例年２題出題。わが国の財政，税，貿易などの日本経済に関する問題と，企業形態，市場経済などの経済理論の問題が頻出。

■地方初級

全 国 型	例年２題程度出題。現在の日本経済の問題に加え，日本経済の歴史，国際経済などの問題も見受けられる。
東京23区	選択問題で例年１～２題出題。経済学史や経済用語の問題が多い。

＜対策について＞

日本の経済状況をよく知ることが必要である。財政，金融，貿易などは，ただ暗記するのではなく，常に新しい情報に触れ，なぜそうなっているのかというところまで理解を深めることが肝要である。また，経済学史や日本経済の歴史は，流れをしっかりと覚えておくこと。

現代社会の出題状況

■国家一般職（高卒者）

例年１題出題。現代社会の課題や現在の日本の状況などが出題される。

■地方初級

全国型　例年１題程度出題。内容は「国家一般職」と同様。

東京23区　選択問題で例年１題程度出題。内容は「国家一般職」と同様。

<対策について>

問題は時事的な要素が強いが，解答するためには労働，社会保障，人口，環境，国際情勢など，出題される各分野の基礎知識を確実に覚えておかなければならない。その上で，常に世の中の日頃の動きに興味関心を持ち，正確な情報を確認しておく必要がある。

倫理の出題状況

■国家一般職（高卒者）

例年１題出題。鎌倉，江戸，明治大正期の日本の宗教，思想家と，近代以降の西洋思想が頻出。

■地方初級

全国型　出題があって１題，出題されない場合もある。

東京23区　選択問題で例年１題出題。内容は基礎的だが古代から近代，西洋から東洋と出題範囲は広い。

<対策について>

代表的な思想家の名前と著作，その思想を表す有名な言葉とその意味は確実に把握しておく。その上で問題演習にあたることで，知識量を増やしていこう。

「社会科学」 目次

第1編

政　治

第1編

日本国憲法

（昭和21・11・3）
施行　昭和22・5・3

朕は，日本国民の総意に基いて，新日本建設の礎が，定まるに至つたことを，深くよろこび，枢密顧問の諮詢及び帝国憲法第七十三条による帝国議会の議決を経た帝国憲法の改正を裁可し，ここにこれを公布せしめる。

御名御璽

昭和21年11月3日

内閣総理大臣兼外務大臣		吉田　茂
国務大臣	男爵	幣原喜重郎
司法大臣		木村篤太郎
内務大臣		大村清一
文部大臣		田中耕太郎
農林大臣		和田博雄
国務大臣		斎藤隆夫
逓信大臣		一松定吉
商工大臣		星島二郎
厚生大臣		河合良成
国務大臣		植原悦二郎
運輸大臣		平塚常次郎
大蔵大臣		石橋湛山
国務大臣		金森徳次郎
国務大臣		膳　桂之助

日本国憲法

日本国民は，正当に選挙された国会における代表者を通じて行動し，われらとわれらの子孫のために，諸国民との協和による成果と，わが国全土にわたつて自由のもたらす恵沢を確保し，政府の行為によつて再び戦争の惨禍が起ることのないやうにすることを決意し，ここに主権が国民に存することを宣言し，この憲法を確定する。そもそも国政は，国民の厳粛な信託によるものであつて，その権威は国民に由来し，その権力は国民の代表者がこれを行使し，その福利は国民がこれを享受する。これは人類普遍の原理であり，この憲法は，かかる原理に基くものである。われらは，これに反する一切の憲法，法令及び詔勅を排除する。

日本国民は，恒久の平和を念願し，人間相互の関係を支配する崇高な理想を深く自覚するのであつて，平和を愛する諸国民の公正と信義に信頼して，われらの安全と生存を保持しようと決意した。われらは，平和を維持し，専制と隷従，圧迫と偏狭を地上から永遠に除去しようと努めてゐる国際社会において，名誉ある地位を占めたいと思ふ。われらは，全世界の国民が，ひとしく恐怖と欠乏から免かれ，平和のうちに生存する権利を有することを確認する。

われらは，いづれの国家も，自国のことのみに専念して他国を無視してはならないのであつて，政治道徳の法則は，普遍的なものであり，この法則に従ふことは，自国の主権を維持し，他国と対等関係に立たうとする各国の責務であると信ずる。

日本国民は，国家の名誉にかけ，全力をあげてこの崇高な理想と目的を達成することを誓ふ。

第1章　天　皇

第1条【天皇の地位・国民主権】 天皇は，日本国の象徴であり日本国民統合の象徴であつて，この地位は，主権の存する日本国民の総意に基く。

第2条【皇位の継承】 皇位は，世襲のものであつて，国会の議決した皇室典範の定めるところにより，これを継承する。

第3条【天皇の国事行為に対する内閣の助言と承認】
天皇の国事に関するすべての行為には，内閣の助言と承認を必要とし，内閣が，その責任を負ふ。

第4条【天皇の権能の限界，天皇の国事行為の委任】
① 天皇は，この憲法の定める国事に関する行為のみを行ひ，国政に関する権能を有しない。
② 天皇は，法律の定めるところにより，その国事に関する行為を委任することができる。

第5条【摂政】 皇室典範の定めるところにより摂政を置くときは，摂政は，天皇の名でその国事に関する行為を行ふ。この場合には，前条第１項の規定を準用する。

第６条【天皇の任命権】① 天皇は，国会の指名に基いて，内閣総理大臣を任命する。
② 天皇は，内閣の指名に基いて，最高裁判所の長たる裁判官を任命する。

第７条【天皇の国事行為】天皇は，内閣の助言と承認により，国民のために，左の国事に関する行為を行ふ。
1 憲法改正，法律，政令及び条約を公布すること。
2 国会を召集すること。
3 衆議院を解散すること。
4 国会議員の総選挙の施行を公示すること。
5 国務大臣及び法律の定めるその他の官吏の任免並びに全権委任状及び大使及び公使の信任状を認証すること。
6 大赦，特赦，減刑，刑の執行の免除及び復権を認証すること。
7 栄典を授与すること。
8 批准書及び法律の定めるその他の外交文書を認証すること。
9 外国の大使及び公使を接受すること。
10 儀式を行ふこと。

第８条【皇室の財産授受】皇室に財産を譲り渡し，又は皇室が，財産を譲り受け，若しくは賜与することは，国会の議決に基かなければならない。

第２章 戦争の放棄

第９条【戦争の放棄，戦力及び交戦権の否認】
① 日本国民は，正義と秩序を基調とする国際平和を誠実に希求し，国権の発動たる戦争と，武力による威嚇又は武力の行使は，国際紛争を解決する手段としては，永久にこれを放棄する。

② 前項の目的を達するため，陸海空軍その他の戦力は，これを保持しない。国の交戦権は，これを認めない。

第３章 国民の権利及び義務

第10条【国民の要件】日本国民たる要件は，法律でこれを定める。

第11条【基本的人権の享有】国民は，すべての基本的人権の享有を妨げられない。この憲法が国民に保障する基本的人権は，侵すことのできない永久の権利として，現在及び将来の国民に与へられる。

第12条【自由・権利の保持の責任とその濫用の禁止】
この憲法が国民に保障する自由及び権利は，国民の不断の努力によつて，これを保持しなければならない。又，国民は，これを濫用してはならないのであつて，常に公共の福祉のためにこれを利用する責任を負ふ。

第13条【個人の尊重・幸福追求権・公共の福祉】すべて国民は，個人として尊重される。生命，自由及び幸福追求に対する国民の権利については，公共の福祉に反しない限り，立法その他の国政の上で，最大の尊重を必要とする。

第14条【法の下の平等，貴族の禁止，栄典】
① すべて国民は，法の下に平等であつて，人種，信条，性別，社会的身分又は門地により，政治的，経済的又は社会的関係において，差別されない。
② 華族その他の貴族の制度は，これを認めない。
③ 栄誉，勲章その他の栄典の授与は，いかなる特権も伴はない。栄典の授与は，現にこれを有し，又は将来これを受ける者の一代に限り，その効力を有する。

第15条【公務員選定罷免権，公務員の本質，普通選挙の保障，秘密投票の保障】① 公務員を選定し，及びこれを罷免することは，国民固有の権利である。
② すべて公務員は，全体の奉仕者であつて，一部の奉仕者ではない。
③ 公務員の選挙については，成年者による普通選挙を保障する。

④　すべて選挙における投票の秘密は，これを侵してはならない。選挙人は，その選択に関し公的にも私的にも責任を問はれない。

第16条【請願権】 何人も，損害の救済，公務員の罷免，法律，命令又は規則の制定，廃止又は改正その他の事項に関し，平穏に請願する権利を有し，何人も，かかる請願をしたためにいかなる差別待遇も受けない。

第17条【国及び公共団体の賠償責任】 何人も，公務員の不法行為により，損害を受けたときは，法律の定めるところにより，国又は公共団体に，その賠償を求めることができる。

第18条【奴隷的拘束及び苦役からの自由】 何人も，いかなる奴隷的拘束も受けない。又，犯罪に因る処罰の場合を除いては，その意に反する苦役に服させられない。

第19条【思想及び良心の自由】 思想及び良心の自由は，これを侵してはならない。

第20条【信教の自由】 ①　信教の自由は，何人に対してもこれを保障する。いかなる宗教団体も，国から特権を受け，又は政治上の権力を行使してはならない。

②　何人も，宗教上の行為，祝典，儀式又は行事に参加することを強制されない。

③　国及びその機関は，宗教教育その他いかなる宗教的活動もしてはならない。

第21条【集会・結社・表現の自由，通信の秘密】

①　集会，結社及び言論，出版その他一切の表現の自由は，これを保障する。

②　検閲は，これをしてはならない。通信の秘密は，これを侵してはならない。

第22条【居住・移転及び職業選択の自由，外国移住及び国籍離脱の自由】 ①　何人も，公共の福祉に反しない限り，居住，移転及び職業選択の自由を有する。

②　何人も，外国に移住し，又は国籍を離脱する自由を侵されない。

第23条【学問の自由】 学問の自由は，これを保障する。

第24条【家族生活における個人の尊厳と両性の平等】

①　婚姻は，両性の合意のみに基いて成立し，夫婦が同等の権利を有することを基本として，相互の協力により，維持されなければならない。

②　配偶者の選択，財産権，相続，住居の選定，離婚並びに婚姻及び家族に関するその他の事項に関しては，法律は，個人の尊厳と両性の本質的平等に立脚して，制定されなければならない。

第25条【生存権，国の社会的使命】 ①　すべて国民は，健康で文化的な最低限度の生活を営む権利を有する。

②　国は，すべての生活部面について，社会福祉，社会保障及び公衆衛生の向上及び増進に努めなければならない。

第26条【教育を受ける権利，教育の義務】

①　すべて国民は，法律の定めるところにより，その能力に応じて，ひとしく教育を受ける権利を有する。

②　すべて国民は，法律の定めるところにより，その保護する子女に普通教育を受けさせる義務を負ふ。義務教育は，これを無償とする。

第27条【勤労の権利及び義務，勤労条件の基準，児童酷使の禁止】 ①　すべて国民は，勤労の権利を有し，義務を負ふ。

②　賃金，就業時間，休息その他の勤労条件に関する基準は，法律でこれを定める。

③　児童は，これを酷使してはならない。

第28条【勤労者の団結権】 勤労者の団結する権利及び団体交渉その他の団体行動をする権利は，これを保障する。

第 29 条【財産権】① 財産権は，これを侵してはならない。
② 財産権の内容は，公共の福祉に適合するやうに，法律でこれを定める。
③ 私有財産は，正当な補償の下に，これを公共のために用ひることができる。

第 30 条【納税の義務】国民は，法律の定めるところにより，納税の義務を負ふ。

第 31 条【法定の手続の保障】何人も，法律の定める手続によらなければ，その生命若しくは自由を奪はれ，又はその他の刑罰を科せられない。

第 32 条【裁判を受ける権利】何人も，裁判所において裁判を受ける権利を奪はれない。

第 33 条【逮捕の要件】何人も，現行犯として逮捕される場合を除いては，権限を有する司法官憲が発し，且つ理由となつてゐる犯罪を明示する令状によらなければ，逮捕されない。

第 34 条【抑留・拘禁の要件，不法拘禁に対する保障】何人も，理由を直ちに告げられ，且つ，直ちに弁護人に依頼する権利を与へられなければ，抑留又は拘禁されない。又，何人も，正当な理由がなければ，拘禁されず，要求があれば，その理由は，直ちに本人及びその弁護人の出席する公開の法廷で示されなければならない。

第 35 条【住居の不可侵】① 何人も，その住居，書類及び所持品について，侵入，捜索及び押収を受けることのない権利は，第 33 条の場合を除いては，正当な理由に基いて発せられ，且つ捜索する場所及び押収する物を明示する令状がなければ，侵されない。
② 捜索又は押収は，権限を有する司法官憲が発する各別の令状により，これを行ふ。

第 36 条【拷問及び残虐刑の禁止】公務員による拷問及び残虐な刑罰は，絶対にこれを禁ずる。

第 37 条【刑事被告人の権利】① すべて刑事事件においては，被告人は，公平な裁判所の迅速な公開裁判を受ける権利を有する。
② 刑事被告人は，すべての証人に対して審問する機会を充分に与へられ，又，公費で自己のために強制的手続により証人を求める権利を有する。
③ 刑事被告人は，いかなる場合にも，資格を有する弁護人を依頼することができる。被告人が自らこれを依頼することができないときは，国でこれを附する。

第 38 条【自己に不利益な供述，自白の証拠能力】
① 何人も，自己に不利益な供述を強要されない。
② 強制，拷問若しくは脅迫による自白又は不当に長く抑留若しくは拘禁された後の自白は，これを証拠とすることができない。
③ 何人も，自己に不利益な唯一の証拠が本人の自白である場合には，有罪とされ，又は刑罰を科せられない。

第 39 条【遡及処罰の禁止・一事不再理】何人も，実行の時に適法であつた行為又は既に無罪とされた行為については，刑事上の責任を問はれない。又，同一の犯罪について，重ねて刑事上の責任を問はれない。

第 40 条【刑事補償】何人も，抑留又は拘禁された後，無罪の裁判を受けたときは，法律の定めるところにより，国にその補償を求めることができる。

第４章　国　会

第 41 条【国会の地位・立法権】国会は，国権の最高機関であつて，国の唯一の立法機関である。

第 42 条【両院制】国会は，衆議院及び参議院の両議院でこれを構成する。

第 43 条【両議院の組織・代表】① 両議院は，全国民を代表する選挙された議員でこれを組織する。
② 両議院の議員の定数は，法律でこれを定める。

第44条【議員及び選挙人の資格】両議院の議員及びその選挙人の資格は，法律でこれを定める。但し，人種，信条，性別，社会的身分，門地，教育，財産又は収入によつて差別してはならない。

第45条【衆議院議員の任期】衆議院議員の任期は，4年とする。但し，衆議院解散の場合には，その期間満了前に終了する。

第46条【参議院議員の任期】参議院議員の任期は，6年とし，3年ごとに議員の半数を改選する。

第47条【選挙に関する事項】選挙区，投票の方法その他両議院の議員の選挙に関する事項は，法律でこれを定める。

第48条【両議院議員兼職の禁止】何人も，同時に両議院の議員たることはできない。

第49条【議員の歳費】両議院の議員は，法律の定めるところにより，国庫から相当額の歳費を受ける。

第50条【議員の不逮捕特権】両議院の議員は，法律の定める場合を除いては，国会の会期中逮捕されず，会期前に逮捕された議員は，その議院の要求があれば，会期中これを釈放しなければならない。

第51条【議員の発言・表決の無責任】両議院の議員は，議院で行つた演説，討論又は表決について，院外で責任を問はれない。

第52条【常会】国会の常会は，毎年1回これを召集する。

第53条【臨時会】内閣は，国会の臨時会の召集を決定することができる。いづれかの議院の総議員の4分の1以上の要求があれば，内閣は，その召集を決定しなければならない。

第54条【衆議院の解散・特別会，参議院の緊急集会】
① 衆議院が解散されたときは，解散の日から40日以内に，衆議院議員の総選挙を行ひ，その選挙の日から30日以内に，国会を召集しなければならない。
② 衆議院が解散されたときは，参議院は，同時に閉会となる。但し，内閣は，国に緊急の必要があるときは，参議院の緊急集会を求めることができる。
③ 前項但書の緊急集会において採られた措置は，臨時のものであつて，次の国会開会の後10日以内に，衆議院の同意がない場合には，その効力を失ふ。

第55条【資格争訟の裁判】両議院は，各々その議員の資格に関する争訟を裁判する。但し，議員の議席を失はせるには，出席議員の3分の2以上の多数による議決を必要とする。

第56条【定足数，表決】① 両議院は，各々その総議員の3分の1以上の出席がなければ，議事を開き議決することができない。
② 両議院の議事は，この憲法に特別の定のある場合を除いては，出席議員の過半数でこれを決し，可否同数のときは，議長の決するところによる。

第57条【会議の公開，会議録，表決の記載】
① 両議院の会議は，公開とする。但し，出席議員の3分の2以上の多数で議決したときは，秘密会を開くことができる。
② 両議院は，各々その会議の記録を保存し，秘密会の記録の中で特に秘密を要すると認められるもの以外は，これを公表し，且つ一般に頒布しなければならない。
③ 出席議員の5分の1以上の要求があれば，各議員の表決は，これを会議録に記載しなければならない。

第58条【役員の選任，議院規則・懲罰】① 両議院は，各々その議長その他の役員を選任する。
② 両議院は，各々その会議その他の手続及び内部の規律に関する規則を定め，又，院内の秩序をみだした議員を懲罰することができる。但し，議員を除名するには，出席議員の3分の2以上の多数による議決を必要とする。

第59条【法律案の議決，衆議院の優越】① 法律案は，この憲法に特別の定のある場合を除いては，両議院で可決したとき法律となる。
② 衆議院で可決し，参議院でこれと異なつた議決をした法律案は，衆議院で出席議員の３分の２以上の多数で再び可決したときは，法律となる。
③ 前項の規定は，法律の定めるところにより，衆議院が，両議院の協議会を開くことを求めることを妨げない。
④ 参議院が，衆議院の可決した法律案を受け取つた後，国会休会中の期間を除いて60日以内に，議決しないときは，衆議院は，参議院がその法律案を否決したものとみなすことができる。

第60条【衆議院の予算先議，予算議決に関する衆議院の優越】① 予算は，さきに衆議院に提出しなければならない。
② 予算について，参議院で衆議院と異なつた議決をした場合に，法律の定めるところにより，両議院の協議会を開いても意見が一致しないとき，又は参議院が，衆議院の可決した予算を受け取つた後，国会休会中の期間を除いて30日以内に，議決しないときは，衆議院の議決を国会の議決とする。

第61条【条約の承認に関する衆議院の優越】条約の締結に必要な国会の承認については，前条第２項の規定を準用する。

第62条【議院の国政調査権】両議院は，各々国政に関する調査を行ひ，これに関して，証人の出頭及び証言並びに記録の提出を要求することができる。

第63条【閣僚の議院出席の権利と義務】内閣総理大臣その他の国務大臣は，両議院の一に議席を有すると有しないとにかかはらず，何時でも議案について発言するため議院に出席することができる。又，答弁又は説明のため出席を求められたときは，出席しなければならない。

第64条【弾劾裁判所】① 国会は，罷免の訴追を受けた裁判官を裁判するため，両議院の議員で組織する弾劾裁判所を設ける。
② 弾劾に関する事項は，法律でこれを定める。

第５章 内 閣

第65条【行政権】行政権は，内閣に属する。

第66条【内閣の組織，国会に対する連帯責任】
① 内閣は，法律の定めるところにより，その首長たる内閣総理大臣及びその他の国務大臣でこれを組織する。
② 内閣総理大臣その他の国務大臣は，文民でなければならない。
③ 内閣は，行政権の行使について，国会に対し連帯して責任を負ふ。

第67条【内閣総理大臣の指名，衆議院の優越】
① 内閣総理大臣は，国会議員の中から国会の議決で，これを指名する。この指名は，他のすべての案件に先だつて，これを行ふ。
② 衆議院と参議院とが異なつた指名の議決をした場合に，法律の定めるところにより，両議院の協議会を開いても意見が一致しないとき，又は衆議院が指名の議決をした後，国会休会中の期間を除いて10日以内に，参議院が，指名の議決をしないときは，衆議院の議決を国会の議決とする。

第68条【国務大臣の任命及び罷免】
① 内閣総理大臣は，国務大臣を任命する。但し，その過半数は，国会議員の中から選ばれなければならない。
② 内閣総理大臣は，任意に国務大臣を罷免することができる。

第69条【内閣不信任決議の効果】内閣は，衆議院で不信任の決議案を可決し，又は信任の決議案を否決したときは，10日以内に衆議院が解散されない限り，総辞職をしなければならない。

第70条【内閣総理大臣の欠缺・新国会の召集と内閣の総辞職】内閣総理大臣が欠けたとき，又は衆議院議員総選挙の後に初めて国会の召集があつたときは，内閣は，総辞職をしなければならない。

第71条【総辞職後の内閣】 前2条の場合には，内閣は，あらたに内閣総理大臣が任命されるまで引き続きその職務を行ふ。

第72条【内閣総理大臣の職務】 内閣総理大臣は，内閣を代表して議案を国会に提出し，一般国務及び外交関係について国会に報告し，並びに行政各部を指揮監督する。

第73条【内閣の職務】 内閣は，他の一般行政事務の外，左の事務を行ふ。
1　法律を誠実に執行し，国務を総理すること。
2　外交関係を処理すること。
3　条約を締結すること。但し，事前に，時宜によつては事後に，国会の承認を経ることを必要とする。
4　法律の定める基準に従ひ，官吏に関する事務を掌理すること。
5　予算を作成して国会に提出すること。
6　この憲法及び法律の規定を実施するために，政令を制定すること。但し，政令には，特にその法律の委任がある場合を除いては，罰則を設けることができない。
7　大赦，特赦，減刑，刑の執行の免除及び復権を決定すること。

第74条【法律・政令の署名】 法律及び政令には，すべて主任の国務大臣が署名し，内閣総理大臣が連署することを必要とする。

第75条【国務大臣の特典】 国務大臣は，その在任中，内閣総理大臣の同意がなければ，訴追されない。但し，これがため，訴追の権利は，害されない。

第6章　司　法

第76条【司法権・裁判所，特別裁判所の禁止，裁判官の独立】 ①　すべて司法権は，最高裁判所及び法律の定めるところにより設置する下級裁判所に属する。
②　特別裁判所は，これを設置することができない。行政機関は，終審として裁判を行ふことができない。
③　すべて裁判官は，その良心に従ひ独立してその職権を行ひ，この憲法及び法律にのみ拘束される。

第77条【最高裁判所の規則制定権】 ①　最高裁判所は，訴訟に関する手続，弁護士，裁判所の内部規律及び司法事務処理に関する事項について，規則を定める権限を有する。
②　検察官は，最高裁判所の定める規則に従はなければならない。
③　最高裁判所は，下級裁判所に関する規則を定める権限を，下級裁判所に委任することができる。

第78条【裁判官の身分の保障】 裁判官は，裁判により，心身の故障のために職務を執ることができないと決定された場合を除いては，公の弾劾によらなければ罷免されない。裁判官の懲戒処分は，行政機関がこれを行ふことはできない。

第79条【最高裁判所の裁判官，国民審査，定年，報酬】 ①　最高裁判所は，その長たる裁判官及び法律の定める員数のその他の裁判官でこれを構成し，その長たる裁判官以外の裁判官は，内閣でこれを任命する。
②　最高裁判所の裁判官の任命は，その任命後初めて行はれる衆議院議員総選挙の際国民の審査に付し，その後10年を経過した後初めて行はれる衆議院議員総選挙の際更に審査に付し，その後も同様とする。
③　前項の場合において，投票者の多数が裁判官の罷免を可とするときは，その裁判官は，罷免される。
④　審査に関する事項は，法律でこれを定める。
⑤　最高裁判所の裁判官は，法律の定める年齢に達した時に退官する。
⑥　最高裁判所の裁判官は，すべて定期に相当額の報酬を受ける。この報酬は，在任中，これを減額することができない。

第 80 条【下級裁判所の裁判官・任期・定年・報酬】
① 下級裁判所の裁判官は，最高裁判所の指名した者の名簿によつて，内閣でこれを任命する。その裁判官は，任期を 10 年とし，再任されることができる。但し，法律の定める年齢に達した時には退官する。
② 下級裁判所の裁判官は，すべて定期に相当額の報酬を受ける。この報酬は，在任中，これを減額することができない。

第 81 条【法令審査権と最高裁判所】 最高裁判所は，一切の法律，命令，規則又は処分が憲法に適合するかしないかを決定する権限を有する終審裁判所である。

第 82 条【裁判の公開】 ① 裁判の対審及び判決は，公開法廷でこれを行ふ。
② 裁判所が，裁判官の全員一致で，公の秩序又は善良の風俗を害する虞があると決した場合には，対審は，公開しないでこれを行ふことができる。但し，政治犯罪，出版に関する犯罪又はこの憲法第 3 章で保障する国民の権利が問題となつてゐる事件の対審は，常にこれを公開しなければならない。

第 7 章　財　政

第 83 条【財政処理の基本原則】 国の財政を処理する権限は，国会の議決に基いて，これを行使しなければならない。

第 84 条【課税】 あらたに租税を課し，又は現行の租税を変更するには，法律又は法律の定める条件によることを必要とする。

第 85 条【国費の支出及び国の債務負担】 国費を支出し，又は国が債務を負担するには，国会の議決に基くことを必要とする。

第 86 条【予算】 内閣は，毎会計年度の予算を作成し，国会に提出して，その審議を受け議決を経なければならない。

第 87 条【予備費】 ① 予見し難い予算の不足に充てるため，国会の議決に基いて予備費を設け，内閣の責任でこれを支出することができる。
② すべて予備費の支出については，内閣は，事後に国会の承諾を得なければならない。

第 88 条【皇室財産・皇室の費用】 すべて皇室財産は，国に属する。すべて皇室の費用は，予算に計上して国会の議決を経なければならない。

第 89 条【公の財産の支出又は利用の制限】 公金その他の公の財産は，宗教上の組織若しくは団体の使用，便益若しくは維持のため，又は公の支配に属しない慈善，教育若しくは博愛の事業に対し，これを支出し，又はその利用に供してはならない。

第 90 条【決算検査，会計検査院】 ① 国の収入支出の決算は，すべて毎年会計検査院がこれを検査し，内閣は，次の年度に，その検査報告とともに，これを国会に提出しなければならない。
② 会計検査院の組織及び権限は，法律でこれを定める。

第 91 条【財政状況の報告】 内閣は，国会及び国民に対し，定期に，少くとも毎年 1 回，国の財政状況について報告しなければならない。

第 8 章　地方自治

第 92 条【地方自治の基本原則】 地方公共団体の組織及び運営に関する事項は，地方自治の本旨に基いて，法律でこれを定める。

第 93 条【地方公共団体の機関，その直接選挙】
① 地方公共団体には，法律の定めるところにより，その議事機関として議会を設置する。
② 地方公共団体の長，その議会の議員及び法律の定めるその他の吏員は，その地方公共団体の住民が，直接これを選挙する。

第 94 条【地方公共団体の権能】 地方公共団体は，その財産を管理し，事務を処理し，及び行政を執行する権能を有し，法律の範囲内で条例を制定することができる。

第 95 条【特別法の住民投票】 一の地方公共団体のみに適用される特別法は，法律の定めるところにより，その地方公共団体の住民の投票においてその過半数の同意を得なければ，国会は，これを制定することができない。

第９章　改　正

第 96 条【改正の手続，その公布】 ①　この憲法の改正は，各議院の総議員の３分の２以上の賛成で，国会が，これを発議し，国民に提案してその承認を経なければならない。この承認には，特別の国民投票又は国会の定める選挙の際行はれる投票において，その過半数の賛成を必要とする。

②　憲法改正について前項の承認を経たときは，天皇は，国民の名で，この憲法と一体を成すものとして，直ちにこれを公布する。

第 10 章　最高法規

第 97 条【基本的人権の本質】 この憲法が日本国民に保障する基本的人権は，人類の多年にわたる自由獲得の努力の成果であつて，これらの権利は，過去幾多の試練に堪へ，現在及び将来の国民に対し，侵すことのできない永久の権利として信託されたものである。

第 98 条【最高法規，条約及び国際法規の遵守】

①　この憲法は，国の最高法規であつて，その条規に反する法律，命令，詔勅及び国務に関するその他の行為の全部又は一部は，その効力を有しない。

②　日本国が締結した条約及び確立された国際法規は，これを誠実に遵守することを必要とする。

第 99 条【憲法尊重擁護の義務】 天皇又は摂政及び国務大臣，国会議員，裁判官その他の公務員は，この憲法を尊重し擁護する義務を負ふ。

第 11 章　補　則

第 100 条【憲法施行期日，準備手続】 ①　この憲法は，公布の日から起算して６箇月を経過した日（昭和 22・5・3）から，これを施行する。

②　この憲法を施行するために必要な法律の制定，参議院議員の選挙及び国会召集の手続並びにこの憲法を施行するために必要な準備手続は，前項の期日よりも前に，これを行ふことができる。

第 101 条【経過規定―参議院未成立の間の国会】 この憲法施行の際，参議院がまだ成立してゐないときは，その成立するまでの間，衆議院は，国会としての権限を行ふ。

第 102 条【同前―第一期の参議院議員の任期】 この憲法による第一期の参議院議員のうち，その半数の者の任期は，これを３年とする。その議員は，法律の定めるところにより，これを定める。

第 103 条【同前―公務員の地位】 この憲法施行の際現に在職する国務大臣，衆議院議員及び裁判官並びにその他の公務員で，その地位に相応する地位がこの憲法で認められてゐる者は，法律で特別の定をした場合を除いては，この憲法施行のため，当然にはその地位を失ふことはない。但し，この憲法によつて，後任者が選挙又は任命されたときは，当然その地位を失ふ。

MEMO

第1編

第1章 民主政治

中世以降, 民主主義を否定し, 封建制の下で厳格な身分制社会を形成していたヨーロッパ諸国だったが, 16世紀の宗教改革や17世紀以降の市民革命によって, 絶対主義的な社会制度は崩壊した。市民革命の担い手たちは, 社会契約説を唱え近代国家を形成した。

社会契約説とは,「人間は本来, 生まれながらに自由・平等であり（＝自然権）, 自然権を守るために契約（＝社会契約）を交わし, 国家を形成する」とする考えで, このため国家は, 人権を保障し, 国民の安全を守るものでなければならないとされる。社会契約説を確立した思想家としてはホッブズ, ロック, ルソーなどが挙げられるが, これが現代政治の出発点となったため, 近代民主主義国家といわれる国々の憲法では, この考え方をその基礎に持っている。

民主政治の基本的な考え方を明確にしたのは, フランス革命である。この時に出されたフランス人権宣言は, アメリカ独立戦争時に出されたアメリカ独立宣言とともに, 基本的人権の保障を確立したものであるといえる。この後, 憲法の制定によって個人の自由や権利を確保する「立憲主義」が採られるようになった。民主政治は, 各国によって若干異なるものの, おおむね「国民主権」,「代表民主制」,「権力分立制」,「法の支配」の4つの理念によって支えられている。

民主政治を行う政治制度の代表は,「アメリカ合衆国の大統領制」と「イギリスの議院内閣制」であるといえる。

アメリカ合衆国の大統領制は, 国民の選挙によって選ばれた大統領が行政権を担うもので, 国民の代表者によって構成される議会と完全に分離しているため, 厳格な三権分立が可能となる。なお, 大統領は国民に対してのみ責任を負うため, 法案提出権や議会の解散権はない。

一方, イギリスの議院内閣制は, 議会によって選ばれた首相が行政権の長となって内閣を組織し, これが行政権を担うもので, 議会と内閣の連携を重視し, 大統領制に比べると権力分立が緩和される。内閣は, 議会に対して連帯責任を負っており（責任内閣制）, 法案の提出権や議会の解散権を持っている一方, 議会側も内閣の不信任決議権を持っている。

他の諸国の政治制度は様々であるが, この2つの制度のどちらか（もしくは両方を組み合わせた）を採用している国が多い。

ポイント

1 社会契約説

社会や国家は「自然状態」にあった人民相互の契約により成立したとする説

自然状態 ：人間が社会を組織する以前の状態

→ **自然法**：自然と人間の本性を基礎にしてできた，時代と場所を超えた効力をもつ人類普遍の法

自然権：人間が生まれながらにして持っている権利

◎思想家

1．**ホッブズ**（英　1588～1679）著書『リヴァイアサン』

自然状態―各人は自然権を無制限に行使しようとする

→「**万人の万人に対する闘争**」の状態

→各人の自己保存（自分の欲望を満たし，生命と幸福を維持すること）は困難になる。

↓

契約を結んで，各人の自然権を１つの絶対的主権者に譲り渡し，すべてを委ねる

〔＝絶対的権力の容認〕

2．**ロック**（英　1632～1704）著書『市民政府二論（＝統治論)』

自然状態―●すでに自然法が支配し，人間は自由，平等である。

●生命，自由，財産を守る自然権を持っている。

↔侵害に対して無防備

↓

各人の自然権の保障を確実にするために，契約を結んで国家を形成

○法の制定・実施を国家の代表者である政府に委ねる〔←人民の信託〕

○信託に反した政府による権力の濫用に対する**抵抗権**（革命権）

└国民が抵抗し，それをやめさせる権利

3. **ルソー**（仏　1712～78）著書『社会契約論』『人間不平等起源論』

自然状態―自由，平等が完全に保たれている理想的な状態

↔人間自らが作った文化・社会のために自由を失っている

→社会的不平等の除去→「自然に帰れ」

↓

一般意志の理論によって，人民が主権者であると同時に，国家の構成員であるような契約による国家成立の構想

★一般意志

個々人が共通に求める公共の利益をめざす意志を集約化した共同の意志。

〔↔特殊意志（私的な利益）・全体意志（特殊意志の総和）〕

○一般意志の行使→主権⇨人民主権

○一般意志としての主権は代表されない⇨直接民主制

2 権力分立

国家の政治権力を複数に分け，**相互の抑制と均衡**（チェックアンドバランス）によって権力濫用を防止するしくみ。

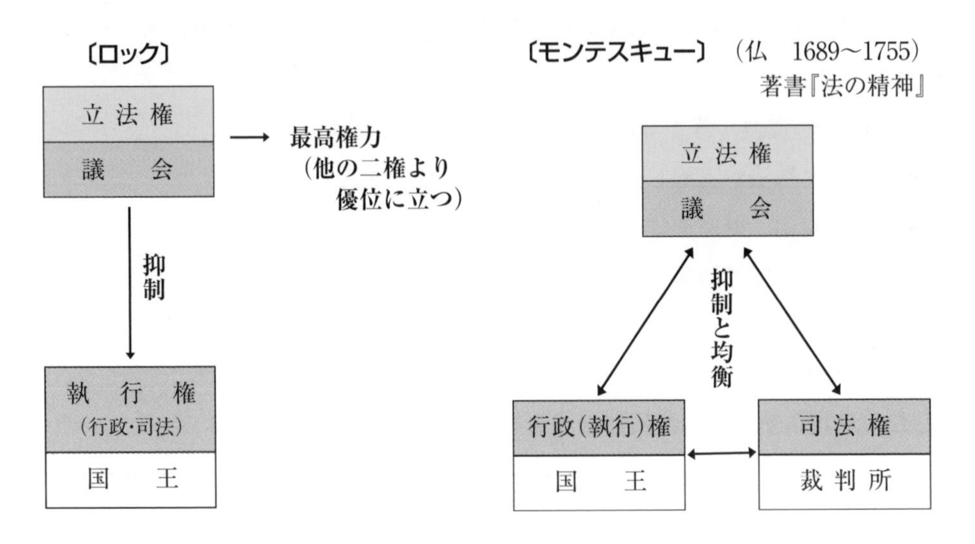

3 近代民主主義の歴史

1215年（英）**マグナ＝カルタ（大憲章）**―王権の制限

↓

1628年（英）**権利の請願**―国民の権利に関する請願

国王チャールズ1世＝権利請願を無視

｜

1642～49年（英）**清教徒（ピューリタン）革命**

↓

1688～89年（英）**名誉革命**

｜

1689年（英）**権利の章典**―議会主権の確立，議会政治の制度化

↓

1776年（米）**ヴァージニア権利章典（ヴァージニア憲法）**

近代自然法思想を成文化

基本的人権の保障を規定した世界初の成文憲法

｜

1775～83年（米）**アメリカ独立戦争**

｜

1776年（米）**アメリカ独立宣言**―イギリスからの独立宣言文

自然権，社会契約，国民主権，抵抗権が説かれる。

↓

1789～99年（仏）**フランス革命**

｜

1789年（仏）**フランス人権宣言**（人と市民の権利の宣言）

民主主義諸原理の集約〔国民主権，基本的人権の尊重，権力分立〕

↓

1919年（独）**ワイマール（ヴァイマル）憲法**―社会権(生存権)の保障を世界で初めて打ち出す。

4　法の支配と法治主義

法の支配（rule of law）—イギリスで発達

君主（権力者）の「人の支配（= rule of man）」を排し，主権者といえども法に服し，国民の自由や権利を守るとする原則。

法治主義—ドイツで発達

法に基づいて国の統治が行われなければならないという考え方。

形式や手続きの適法性が重視され，法の内容や正当性は問わない。

5　世界の政治体制

(1)　**イギリス**（議院内閣制）

憲法	**不文憲法**：文章化された具体的な憲法典がなく，国の基本原則を示す重要な法律や判例，慣習などの集合体を憲法とするもの。
国家元首	**国王**：任期は終身で名目上は様々な権限を持つが，『国王は君臨すれども統治せず』の原則に基づき，各国家機関に権限を委任し，実質的な政治権力を持たない。
行政	**内閣**：議院内閣制に基づき，下院第一党の党首が首相になり，原則として国会議員の中から大臣を選定して組閣。任命権者は国王。 ●影の内閣（シャドー＝キャビネット） 野党の執行委員会の俗称。正規の内閣と同様，それぞれの「影の大臣」で構成され，政権交代の準備を整えている。
立法	**上院**（貴族院） 任期終身：貴族，僧侶，法律貴族などからなる。実質的な権限は持ちあわせていないが，最高司法機関としての機能を持つ。 **下院**（庶民院） 任期５年：18歳以上の国民による普通選挙で選出。小選挙区制。議会法によって下院優越の原則が確立している。
政党	**二大政党制**　※現在は自由民主党やスコットランド国民党が勢力を拡大している。 保守党：トーリー党の後身。保守主義。 労働党：社会民主主義政党。

(2) アメリカ（大統領制）

特色	●**厳格な三権分立制** ●連邦政府の権限を外交権や軍事権などに限定し，それ以外の立法，行政，司法の権限を州政府が持つ連邦制を採る。
国家元首	**大統領**：国民の間接選挙によって選出され，任期は４年。３選は禁止されている。教書の議会送付権や議会の決議に対する拒否権，軍の最高指揮権など強い権限を持つが，議会への法案提出権や議会の召集・解散権などは持たず，議会に議席もない。
行政	**行政権は大統領に属する**。大統領が任命する各省の長官は内閣を構成し，大統領を補佐する。閣僚は議員と兼職できず，議会への出席もできない。
立法	**上院**：各州２名選出。任期６年で２年毎に３分の１ずつ改選される。大統領の持つ条約締結，高級官吏任命に対する同意権，大統領を含む連邦官吏の弾劾裁判権を持つ。 **下院**：各州から人口比例で選出。任期２年で全員改選。予算の先議権と弾劾発議権を持つ。
政党	**二大政党制** **共和党**：1854年に北部の産業資本家を基盤として，奴隷制に反対する勢力が団結して結成。 戦後の大統領―アイゼンハワー，ニクソン，フォード，レーガン，ブッシュ（親・子），トランプ **民主党**：1828年に南部農村を支持基盤に成立。ニューディール政策以後，黒人，労働者，低所得者，リベラル派，婦人層などの支持を得て，基盤を拡大。 戦後の大統領―トルーマン，ケネディ，ジョンソン，カーター，クリントン，オバマ，バイデン
司法	連邦の司法権は連邦最高裁判所および下級裁判所（連邦巡回控訴裁判所と連邦地方裁判所）に属し，**違憲立法審査権**を持つ。

No.1

（解答 ▸ P.1）

以下のうち，近代民主政治の原則とはいえないものはどれか。

① 国民の基本的人権を保障する。
② 権力を１つに集中させる。
③ 国民を主権者とする。
④ 法の支配の原理を取り入れる。
⑤ 国民の代表者が政治を行う。

No.2

（解答 ▸ P.1）

民主政治の原理として正しいのは，次のうちどれか。

① 誰もが守らなければならない法に基づき国家を治める原則を，法の支配という。
② 民主国家において，一般に法を制定するのは行政機関である。
③ すべての国民に一定以上の生活を国が保障することを，法の下の平等という。
④ 権力を立法・行政・執行の３つに分けることを三権分立といい，ルソーによって初めて提唱された。
⑤ 違憲立法審査権を初めて取り入れたのは，イギリスである。

No.3

（解答 ▸ P.1）

以下の文中のA，Bに該当する組合せは，次のうちどれか。

ヨーロッパでは市民革命以来，法によって人権を保障してきた。つまり17世紀のイギリスでは（　A　）が唱えられ，19世紀のドイツでは（　B　）が唱えられた。両者はともに権力者の恣意的な権力の行使を排除する点では共通しているが，（　A　）では国民の権利を擁護することに重点が置かれているのに対して，（　B　）では形式や手続きの適法性に重点が置かれている点が異なる。

	A	B
①	自然法	実定法
②	自然法	法治主義
③	法治主義	法の支配
④	法の支配	法の下の平等
⑤	法の支配	法治主義

No.4

（解答 ▸ P.1）

国家の役割を，社会秩序を維持するために最小限必要な治安維持と安全保障に限り，国民生活や経済活動に干渉すべきではないとする国家を何というか。

① 夜警国家
② 単一国家
③ 福祉国家
④ 行政国家
⑤ 主権国家

No.5

（解答▶P.1）

以下の各国のうち，不文憲法の国はどれか。

① イギリス
② アメリカ
③ ドイツ
④ フランス
⑤ ロシア

No.6

（解答▶P.1）

以下の文章を書いた人物は誰か。

自然状態は万人の万人に対する闘争状態であり，平和を確立するには，契約を結び，絶対的支配権を持つ国家を形成する必要がある。

① ルソー
② ホッブズ
③ モンテスキュー
④ アリストテレス
⑤ ロック

No.7

（解答▶P.1）

近代民主政治に関する以下の記述のうち，正しいのはどれか。

① モンテスキューは政府の権力濫用に対する革命権を主張した。
② ロックは，権力を分立させ，相互に抑制と均衡を図らせる三権分立の考え方を主張した。
③ ルソーは自然権を絶対的主権者に譲り渡すべきだとした。
④ リンカーンは民主主義の理想を「人民の人民による人民のための政治」という言葉で表した。
⑤ トマス＝ペインはアメリカ独立宣言を起草した。

No.8

(解答▸P.1)

以下のそれぞれの規則や宣言は，近代人権思想に大きな影響を与えたものである。成立年順に並べ替えたものとして正しいのはどれか。

ア．アメリカ独立宣言
イ．イギリス権利の章典
ウ．マグナ＝カルタ
エ．イギリス権利の請願
オ．フランス人権宣言

① イ→ウ→エ→ア→オ
② イ→ウ→エ→オ→ア
③ イ→エ→ウ→オ→ア
④ ウ→イ→エ→オ→ア
⑤ ウ→エ→イ→ア→オ

No.9

(解答▸P.1)

以下の文章は，日本国憲法前文の一部である。この考え方を反映していると思われる，最も適当な文章はどれか。

「そもそも国政は，国民の厳粛な信託によるものであつて，その権威は国民に由来し，その権力は国民の代表者がこれを行使し，その福利は国民がこれを享受する。」

① われわれの誰もが，自分の身体とあらゆる力をあわせて，一般意志の最高指揮のもとにおく。
② もし同一の人間や団体が，3つの権力を行使するならば，すべてが失われるであろう。
③ 共同社会の目的は，自分の所有物を安全に享有し，社会外の人に対してのより大きな安全を保つことにある。
④ すべての人は，一定の奪われることのない天賦の権利を付与される。その中には生命，自由及び幸福追求の権利が含まれる。
⑤ 人民の人民による人民のための政治を，地上から絶滅させてはならない。

No.10

（解答 ▸ P.2）

直接民主制に関する記述として正しいものは，次うちどれか。

① 古代ギリシアでは，すべての住民が参加する直接民主制が行われていた。
② アメリカで植民地時代から実施されてきたタウン・ミーティングは，直接民主制の一つの形態である。
③ ロックは，著書『近代民主政治』の中で，直接民主制を行うための共同体を，社会契約によって設立することを説いた。
④ モンテスキューは，市民は選挙の時のみ自由であるにすぎず，それ以外の時は代表者に隷属していると主張し，代表民主制を批判し，直接民主制の導入を主張した。
⑤ ホッブズは，自然状態では「万人の万人に対する闘争状態」になると説き，それを阻止するために直接民主制が必要であるとした。

No.11

（解答 ▸ P.2）

アメリカの政治制度について，正しい組合せは次のうちどれか。

アメリカ合衆国大統領は，国民の（　A　）によって選出され，選挙が行われるのは（　B　）年に一度である。また，議会への法案提出権はないが，（　C　）によって立法措置を勧告することができる。

	A	B	C
①	直接選挙	3	白書
②	直接選挙	4	教書
③	間接選挙	4	教書
④	間接選挙	3	教書
⑤	間接選挙	3	白書

No.12

（解答▸P.2）

次のうち，アメリカ合衆国大統領が行ったこととして妥当なものはどれか。

① 緊急事態に際し，上下両院を召集した。
② 議会下院を解散した。
③ 議会上院に法案を提出した。
④ 副大統領を，自分の次の大統領に選出した。
⑤ 議会が決議した法案に対して拒否権を発動した。

No.13

（解答▸P.2）

アメリカ合衆国の大統領選挙に関する記述として正しいのは，次のうちどれか。

① 大統領は，各州の有権者の投票によって選ばれる大統領選挙人の間接選挙によって選出される。
② 大統領は，連邦議会議員の選挙や州における他の選挙と同時に，６年ごとに選出される。
③ 大統領は，日本の地方自治体における首長選挙と同じく，有権者の直接選挙によって選出される。
④ 大統領選挙では，有権者は政党に投票し，最も得票数の多い政党が推薦する候補者が大統領となる。
⑤ 大統領は，政党ごとに指名された大統領候補者のなかから上下両議院による間接選挙によって選出される。

No.14

（解答 ▸ P.2）

日本とアメリカの議会制度についての記述として正しいものは，次のうちどれか。

① 日本では，国務大臣の過半数は，衆議院議員でなければならない。

② 日本のように，議院内閣制を採用していて議会優越の原則が確立していることを，民主集中制と呼ぶ。

③ アメリカ連邦議会の上院議員は，各州議会によって２名ずつ選出される。

④ アメリカ合衆国大統領は，アメリカ連邦議会下院議員の中から選出される。

⑤ アメリカ連邦議会は，大統領に対する不信任決議権は有しないが，弾劾に関する権限は有している。

No.15

（解答 ▸ P.2）

イギリスの政治制度についての説明として正しい組合せはどれか。

イギリスは（　ア　）の国であり，国家元首は（　イ　）になっているが，「君臨すれども統治せず」の原則から実質的な権力は持っていない。また議会では（　ウ　）優位の原則が確立している。

	ア	イ	ウ
①	議院内閣制	国王	下院
②	議院内閣制	国王	上院
③	議院内閣制	首相	上院
④	大統領制	大統領	上院
⑤	大統領制	大統領	下院

No.16

（解答 ▸ P.2）

イギリスの政治制度に関する記述として正しいものは，次のうちどれか。

① イギリスは，保守党と労働党の二大政党の国であるが，近年では自由民主党やスコットランド国民党なども議席を獲得している。
② イギリスの憲法は5章72条からなる成文憲法であり，成立したのは1689年である。
③ 国家元首は大統領であり，議会の召集・解散権，軍の統帥権などの権限を持っている。
④ 行政権は内閣が持つが，首相には上院第一党の党首が選ばれる。
⑤ 議会は上院と下院に分かれているが，このうち下院議員は中選挙区制の選挙によって選出され，任期は4年である。

第2章 日本国憲法

憲法とは，その国の根幹を定めた法律のことであり，国家の存在目的や基本組織について規定されている。すべての法律の中でも最高法規とされ，憲法に反する法律，命令，規則や国家の行為は，すべて無効とされる。また，憲法には，条文による憲法典の形になっている「成文憲法」と，憲法典の形にはなっていない「不文憲法」がある。日本やアメリカ，その他多くの国が前者の形になっているが，イギリスは後者の形を採っている。

日本国憲法は，1946年11月3日に大日本帝国憲法改正の形で制定され，1947年5月3日に施行された。しかしながら，形式的には改正であるものの，主権者や天皇の性格，国民の権利，国会・内閣・裁判所の地位などにおいて，大きく異なった性格のものであり，実質的には新憲法の制定ということができる。

日本国憲法の三大原則として，「国民主権（主権在民)」，「基本的人権の尊重」，「平和主義（戦争放棄)」が挙げられる。

「国民主権」は国政の最終的な意思決定権は国民にあるという考え方である。現代社会では多数の国民が存在するため，すべての国民が直接政治に参加する直接民主制は，事実上困難である。そこで，国民が直接代表者を選び，その代表者が国政を行う間接（代表）民主制の方法が採られている。

「基本的人権の尊重」は，日本国憲法の中でも最も基本となる理念である。そもそも人権は，人が人として生まれた段階で当然に認められるものであるが，憲法に規定することによって，国家に人権を保障する責務を課している。

日本国憲法は，大日本帝国憲法下における人権抑圧と戦争の反省に基づいて制定されたものである。そこで，戦争の放棄と戦力の不保持を明確に規定し，「平和主義」の立場を採っている。

また，大日本帝国憲法下で主権者であった天皇は，日本国の象徴として，政治的権限を持たず，内閣の助言と承認による国事行為のみ行うこととなった。

なお，日本国憲法は，前文と11章103条の条文によって成り立っているが，その改正には，「各議院の総議員の3分の2以上の賛成で国民に発議し，国民投票による過半数の賛成」が必要となる。したがって，通常の法律制定よりも厳格な手続きが要される「硬性憲法」に分類される。

ポイント

1　大日本帝国憲法と日本国憲法の比較

	大日本帝国憲法	日本国憲法
形式	欽定(きんてい)，硬性，成文憲法。	民定(みんてい)，硬性，成文憲法。
主権者	天皇。	国民。
天皇の性格	元首。神聖不可侵。統治権の総攬(そうらん)者。陸海軍の統帥権。	象徴天皇制。**内閣の助言と承認**による国事行為のみ行う。
国民の権利	臣民の権利。法律の留保。自由権のみで社会権規定なし。	永久不可侵。社会権も含む。
国会	天皇の協賛機関。 衆議院と貴族院の二院制で貴族院は民選ではない。	**国権の最高機関**で国唯一の立法機関。衆議院と参議院の二院制で共に民選。
内閣	天皇を補弼(ほひつ)。 国務大臣は天皇に対し責任を負う。	行政の最高機関。 内閣は国会に対して連帯して責任を負う。
裁判所	天皇の名において裁判。違憲立法審査権なし。特別裁判所の設置。	司法権の独立保障。違憲立法審査権あり。特別裁判所の設置禁止。
憲法改正	天皇が発議し，国会が議決。	国会が発議し，国民投票。
国民の義務	兵役，納税。	教育，勤労，納税。

2　日本国憲法の特色：三大原則→国民主権，基本的人権の尊重，平和主義

●代表民主制（間接民主制）

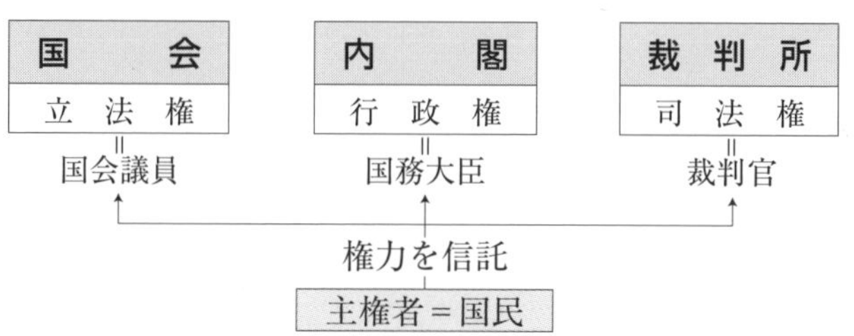

●天皇は日本国，日本国民統合の象徴である。

●主権者＝政治の最終決定権を持つ者は，国民である。

3　天皇の国事行為（憲法第６条～７条）：内閣の助言と承認が必要

1．国会の指名に基づき，**内閣総理大臣を任命**。
2．内閣の指名に基づき，**最高裁判所長官を任命**。
3．憲法改正，法律，政令，条約の公布。
4．**国会の召集**。
5．**衆議院の解散**。
6．国会議員の総選挙の施行の公示。
7．国務大臣と法律の定める公務員の任命と罷免。
8．全権委任状や（大使や公使の）信任状の認証。
9．刑の執行の免除や復権の認証。
10．栄典の授与。
11．外交文書の認証。
12．外国の大使や公使の接受。
13．儀式を行う。

4　憲法改正

衆議院で総議員の３分の２以上の賛成
参議院で総議員の３分の２以上の賛成

↓

国会が発議

↓　国民に提案

国民投票：過半数の賛成

↓　承認

天皇：国民の名で公布

演習問題

No.1

（解答▸P.2）

次のうち，日本国憲法の三大基本原則といわれるものの組合せとして，正しいものはどれか。

ア　法の支配
イ　三権分立
ウ　国民主権
エ　基本的人権の尊重
オ　法の下の平等
カ　代表民主制
キ　平和主義（戦争放棄）

①　ア，ウ，エ
②　イ，ウ，オ
③　イ，エ，オ
④　ウ，エ，カ
⑤　ウ，エ，キ

No.2

（解答▸P.2）

日本国憲法において，国民主権を具体化した定めとして最も適当なものは，次のうちどれか。

①　思想及び良心の自由は，これを侵してはならない。
②　学問の自由は，これを保障する。
③　国会は，国権の最高機関であつて，国の唯一の立法機関である。
④　行政権は，内閣に属する。
⑤　裁判の対審及び判決は，公開法廷でこれを行ふ。

No.3

（解答▸P.2）

日本国憲法と大日本帝国憲法について書かれた以下の文章のうち，正しいものはどれか。

① 自由権は大日本帝国憲法下ではいっさい認められず，日本国憲法によって初めて規定された。
② 社会権を世界で初めて明文規定したのは，日本国憲法である。
③ 自由権は大日本帝国憲法でも保証されていたが，はなはだ不十分なものであり，日本国憲法で永久不可侵性が認められた。
④ 社会権は大日本帝国憲法下でも認められていたが，実効性には乏しかった。
⑤ 生存権は大日本帝国憲法に明文規定されていなかったが，法律でその存在が認められていた。

No.4

（解答▸P.3）

次のうち，大日本帝国憲法に規定されていないものはどれか。

① 天皇は統治権の総攬（そうらん）者である。
② 帝国議会両議院は公選された議員で組織する。
③ 天皇は帝国議会の協賛で立法権を行使する。
④ 各国務大臣は天皇を補弼（ほひつ）する。
⑤ 裁判所は天皇の名において裁判を行う。

No.5

（解答▸P.3）

天皇の国事行為と認められないのはどれか。

① 憲法改正，法律，政令及び条約を公布すること。
② 国会の臨時会の召集を決定すること。
③ 衆議院を解散すること。
④ 国会議員の総選挙の施行を公示すること。
⑤ 栄典を授与すること。

No.6

(解答▸P.3)

文中のA～Dに入る語句の組合せとして，正しいものはどれか。

（　A　）受諾により太平洋戦争を終結させ，民主的国家建設を始めた日本は，戦前と異なり，（　B　）が主権者となり，（　C　）が保障された。また（　D　）は憲法第９条で否認された。

	A	B	C	D
①	カイロ宣言	国民	基本的人権	交戦権
②	カイロ宣言	天皇	臣民の権利	交戦権
③	ポツダム宣言	国民	基本的人権	交戦権
④	ポツダム宣言	国民	基本的人権	天皇主権
⑤	ポツダム宣言	天皇	臣民の権利	天皇主権

No.7

(解答▸P.3)

（　　　）に入る語句の組合せとして，正しいものはどれか。

すべて国民は，法の下に平等であつて，人種，（　A　），性別，社会的（　B　）又は（　C　）により，政治的，（　D　）的又は社会的関係において，差別されない。

	A	B	C	D
①	思想	立場	門地	法律
②	思想	身分	生まれ	法律
③	信条	立場	生まれ	経済
④	信条	身分	生まれ	法律
⑤	信条	身分	門地	経済

No.8

（解答▸P.3）

次のうち，日本国憲法の内容と一致しないものはどれか。

① 象徴天皇制を採り，天皇は政治的権能を持たない。
② 天皇は，国会の指名に基づいて内閣総理大臣を任命する。
③ 憲法改正は，内閣が発議し，国会の議決により決定する。
④ 内閣総理大臣は，国会議員の中から選ばれなければならない。
⑤ 国会は国権の最高機関で，国唯一の立法機関である。

No.9

（解答▸P.3）

日本国憲法の規定に関する記述として正しいものは，次のうちどれか。

① 下級裁判所の裁判官は，天皇が任命する。
② 国務大臣は，すべて国会議員の中から選ばれる。
③ 最高裁判所は，法律や命令が憲法に適合するか否かを審査する権限を有する。
④ 法律案の提出は衆・参どちらが先でもよいが，議決は参議院が優先される。
⑤ 行政権は，内閣総理大臣に属する。

No.10

（解答▸P.3）

下のA～Dに入る語句の組合せとして，正しいものは次のうちどれか。

天皇は，国会の指名に基づいて（　A　）を（　B　）し，（　C　）の指名に基づいて最高裁判所長官を（　D　）する。

	A	B	C	D
①	各国務大臣	任命	内閣	任命
②	各国務大臣	任名	内閣	任名
③	各国務大臣	任名	内閣総理大臣	任命
④	内閣総理大臣	任命	内閣	任命
⑤	内閣総理大臣	任命	内閣総理大臣	任名

No.11

(解答▸P.3)

(　　　) に入る語句の組合せとして，誤りでないのはどれか。

憲法第41条には，(A) は国権の最高機関であると規定されている。また，日本では (B) を導入しているため，(C) は (D) に対して責任を負うものとされている。

	A	B	C	D
①	国会	議院内閣制	国会	内閣
②	国会	議院内閣制	内閣	国会
③	国会	大統領制	内閣	国会
④	内閣	議院内閣制	国会	内閣
⑤	内閣	大統領制	国会	内閣

No.12

(解答▸P.3)

日本国憲法に制定されている制度や権利に関する記述として最も妥当なものは，次のうちどれか。

① 天皇に代わって置くことができる摂政は，内閣総理大臣以下閣僚の中から任命されることが規定されている。
② 一般的にいわれる「労働三権」とは，勤労の権利，団結権，労使対等の権利の３つを指す。
③ 学問の自由を具体的に保障したものが，教育を受ける権利と受けさせる義務である。
④ 国会は国権の最高機関であるため，すべての国家権力の上に立って，各機関を指導する立場にあるといえる。
⑤ 裁判官の身分保障が規定されているのは，他の機関から独立して職権を行使しなければならないからである。

No.13

（解答▸P.3）

日本の政治制度に関する記述として正しいものは，次のうちどれか。

① 国会議員の兼職は禁止されているので，内閣総理大臣は就任と同時に，国会議員を辞職しなければならない。

② 国会議員は国民の選挙によって選出されるが，一定の範囲で政治献金や寄付は受け取れるものの，国からの報酬は一切ない。

③ 内閣は内閣総理大臣を長とする合議体の集団であるが，内閣総理大臣が欠けたときは，総辞職しなければならない。

④ 司法権は裁判所に属するが，国や地方自治体を相手取った行政裁判の判決は，事前に政府と打ち合わせをして決定しなければならない。

⑤ 各裁判所はそれぞれ独立した機関であるが，違憲判決を出す場合のみ，下級裁判所は最高裁判所の指示を仰がなければならない。

No.14

（解答▸P.4）

わが国における弾劾裁判所に関する記述として，正しいのは次のうちどれか。

① 国会が設置し，国会議員によって構成されている裁判所で，裁判官にふさわしくないとして訴追された裁判官の裁判を行う。

② 最高裁判所の裁判官によって構成・運営されている裁判所で，職務上著しい義務違反を犯した国務大臣の裁判を行う。

③ 内閣が設置し，内閣総理大臣ほか国務大臣によって構成されている裁判所で，国民審査によって罷免訴追された裁判官の裁判を行う。

④ 国会の常任委員会の１つであり，国会議員によって構成されている裁判所で，裁判官相互の争いを解決するための裁判を行う。

⑤ 最高裁判所に設置され，最高裁判所の裁判官によって構成されている裁判所で，職務上著しい非行のあった裁判官の裁判を行う。

No.15

（解答 ▸ P.4）

日本国憲法の改正について正しいものは，次のうちどれか。

① 国会の両議院の特別多数（総議員の４分の３以上）で可決されれば，憲法改正が成立する。
② 国会が一定期間（６カ月以上）をおいて，２回同じ改正案を可決すれば成立する。
③ 内閣が憲法改正国会を召集し，それで可決されれば憲法改正が成立する。
④ 国会の両議院の特別多数（総議員の３分の２以上）で可決後，国民投票で承認されれば成立する。
⑤ 国会の議決後，国民投票にかけ，最高裁判所の審査を経れば改正が成立する。

No.16

（解答 ▸ P.4）

以下に挙げる日本の政治制度のうち，直接民主制と最も関連がないといえるものはどれか。

① 地方議会議員の選挙
② 都道府県知事に対する解職請求
③ 憲法改正時の国民投票
④ 最高裁判所裁判官に対する国民審査
⑤ 市町村に対する条例の制定請求

第3章 基本的人権

市民革命以来，人権に関する考え方は自由権を中心とするものであった。しかし，近代社会の発達に伴って，資産を持つ市民階級と労働者階級の格差が広がるなどの社会的な諸問題が発生し，その是正のために社会権の考え方が登場した。日本国憲法においては，「第3章国民の権利及び義務」の章に，第14条から第40条にかけて28の人権保障規定を置いており，自由権，社会権の他に，平等権，参政権，請求権（国務請求権）についても保障されている。

基本的人権は，日本国憲法第97条に制定されているように，本質的には「現在及び将来の国民に対し，侵すことのできない永久の権利として信託されたものである」が，絶対に制約されないものではない。たとえば，「表現の自由」があるからといって，他人の権利を侵害する行為（プライバシーを暴露する，他人の名誉を傷つけるなど）が認められるわけではない。このため日本国憲法では「公共の福祉」という概念を用いて，「国民は，これ（＝権利及び自由）を濫用してはならないのであつて，常に公共の福祉のためにこれを利用する責任を負ふ」（第12条後半部）と規定している。ただし，これ以外での人権の制限は認められず，ほぼすべての権利に法律の留保（＝法律によって制限することができる）がかかっていた大日本帝国憲法とは，大きく性格が異なっている。

また，日本国憲法が定める基本的人権は，日本国内にいるすべての人に保障されるものであるが，人権を認めることがかえって不都合な場合，例えば，外国人の選挙権や社会権，未成年者の選挙権や婚姻の自由などは，認められていない。

日本国憲法には様々な権利についての規定があるが，それ以外の人権がまったく認められていないわけではない。特に，時代の進展と共に保障する必要が出てきた，憲法制定時には想定されていなかった権利については，「新しい人権」として認められるようになってきた。具体的にはプライバシー権，知る権利，環境権，アクセス権などがこれに当たる。

ポイント

1 日本国憲法における国民の権利及び義務

区分			内容
一般原理			●基本的人権の享有（11条） ●自由・権利の保持の責任とその濫用の禁止（12条） ●個人の尊重，幸福追求権，公共の福祉（13条） ●基本的人権の本質（97条） →永久不可侵性
権利	平等権		●**法の下の平等**（14条） →これに基づく個別的平等 ●家族生活における両性の平等（24条） ●議員および選挙人の資格（44条）等
	自由権	精神的自由	●思想および良心の自由（19条） ●信教の自由（20条1項） ●集会，結社，表現の自由（21条1項） ●通信の秘密（21条2項） ●学問の自由（23条）
		人身（身体）の自由	●奴隷的拘束および苦役からの自由（18条） ●法定の手続の保障（31条） ●逮捕の要件（33条）→不法逮捕の禁止 ●抑留・拘禁の要件，不法拘禁に対する保障（34条）→抑留，拘禁の制限 ●住居の不可侵（35条） ●拷問および残虐刑の禁止（36条） ●刑事被告人の権利（37条）→証人審問，弁護権 ●自己に不利益な供述，自白の証拠能力（38条）→黙秘権 ●遡及処罰の禁止，一事不再理（39条）
		経済的自由	●居住，移転および職業選択の自由（22条） ●財産権（29条）
	社会権		●**生存権**（25条） ●教育を受ける権利（26条） ●勤労の権利（27条） ●労働基本権（28条）→労働三権（団結権，団体交渉権，団体行動（争議）権）

	参政権	●公務員選定罷免権　普通選挙の保障（15条） 行使→ ●両議院の組織，代表（43条） ●議員および選挙人の資格（44条） ●最高裁判所裁判官の国民審査（79条2項，3項） ●地方公共団体の直接選挙（93条2項） ●特別法の住民投票（95条） ●改正の手続（96条1項）→国民投票
	請求権	●請願権（16条） ●国および公共団体の賠償責任（17条）→国家賠償請求権 ●裁判を受ける権利（32条，37条1項） ●刑事補償（40条）
義務		●教育を受けさせる義務（26条） ●勤労の義務（27条） ●納税の義務（30条）

2　公共の福祉

人権間で衝突が起こった場合に，その矛盾・衝突を調整するための原理のこと。

例　「表現の自由」⟷　むやみに他人の私生活を暴露したり，名誉を傷つける表現は制限される。

「集会の自由」⟷　デモ行進などは，混乱を避けるために事前の届け出が必要となる。

「居住・移転の自由」⟷　赤痢や結核などの伝染病にかかった場合は，隔離されることがある。

「財産権の保障」⟷　土地の収用など，正当な補償の下に公共のために用いることができる。

3　新しい人権

急激な社会変化の中で，人間らしく生きていくために認められるようになってきた，憲法に明文化されていない権利。

(1) プライバシーの権利

個人の私生活をみだりに他人に公開されない権利。

マス＝メディアの発達等によって，個人の私生活が本人の意によらず他人の目にさらされることが多くなってきたことから，憲法第13条に基づいてマス＝コミ等による公開を差し止めたり，損害賠償請求をすることができるようになってきた。

日本では「宴のあと」裁判に対する東京地裁判決（1964年）により初めて認められた。

(2) 知る権利

国家やマス＝コミが保持している情報に対して，その公開を要求する権利。

国家の機能が肥大化し，国家へ情報が集中する一方で，国家機密が増大し，その内容が国民に広く知られなくなってきたため叫ばれるようになった。憲法第21条「表現の自由」を受け手側からとらえたもの。

(3) 環境権

よい環境を享受し，これを侵害するものについては排除できるとした権利。

高度経済成長下で起こった公害や乱開発などの環境破壊に対して提唱され始めた。憲法第13条や第25条をその根拠とする。日照権など。

4 基本的人権が争われた主な訴訟・事件

争われた人権	訴訟・事件名
思想及び良心の自由	三菱樹脂訴訟
信教の自由	津地鎮祭訴訟
	愛媛玉串料訴訟
	自衛官合祀拒否訴訟
表現の自由	チャタレー事件
	北方ジャーナル事件
集会の自由	東京都公安条例違反事件
学問の自由	東大ポポロ事件
職業選択の自由	薬事法違憲訴訟
生存権	朝日訴訟
教育を受ける権利	家永訴訟
	旭川学力テスト事件

No.1

（解答 ▸ P.4）

近代における人権拡大の流れとして正しいものは，次のうちどれか。

① 参政権 → 社会権 → 自由権
② 参政権 → 自由権 → 社会権
③ 社会権 → 自由権 → 参政権
④ 自由権 → 参政権 → 社会権
⑤ 自由権 → 社会権 → 参政権

No.2

（解答 ▸ P.4）

基本的人権に書かれた以下の文中Ａ～Ｄに入る語句の組合せとして，最も適当なものはどれか。

日本国憲法に規定された基本的人権は，いくつかのグループに分けることができる。まず挙げられるのが自由権である。これは各個人の自由を保障し，国家権力の不当な介入を排除する権利のことで，「（ Ａ ）」ということができる。自由権は，これをまた「精神的自由権」，「身体的自由権」，「（ Ｂ ）」の３グループに分けることができる。

一方，「（ Ｃ ）」といえるのが，社会権である。20 世紀に入り，資本主義社会が発展する中で問題化してきた，経済的弱者を救済するために認められるようになった権利で，（ Ｄ ）などがこれにあたる。

その他にも，平等権や参政権，（国務）請求権などのグループがある。

	Ａ	Ｂ	Ｃ	Ｄ
①	国家からの自由	表現的自由権	国家による自由	生存権
②	国家からの自由	経済的自由権	国家による自由	財産権の保障
③	国家からの自由	経済的自由権	国家による自由	生存権
④	国家による自由	表現的自由権	国家からの自由	財産権の保障
⑤	国家による自由	経済的自由権	国家からの自由	生存権

No.3

(解答▶P.4)

基本的人権として確立されている権利の説明として，誤っているものはどれか。

① 自由権は，国家権力により個人が干渉や妨害を受けることのない権利である。
② 社会権は，人間が人間としての生活を維持・向上するための権利である。
③ 参政権は，国民が選挙その他を通じ政治に参与する権利である。
④ 環境権は，新しい人権として主張されている権利で，国民が政治について正しく判断できるよう，国や地方公共団体に対し情報を求める権利である。
⑤ 請求権とは，自己の利益の保全，回復を国家に請求する権利である。

No.4

(解答▶P.4)

次の（　　）の中に入る語句の組合せで，妥当なのはどれか。

日本国憲法は，基本的人権を「侵すことのできない永久の権利として，現在及び将来の（　A　）に与へられる。」として保障している。

これらの権利は「(　B　）の多年にわたる自由獲得の努力の成果」として確立されたものであって，「(　C　）の不断の努力によつて，これを保持しなければならない。」と規定している。

	A	B	C
①	国家	人類	国民
②	国家	政府	政府
③	国民	人類	国民
④	国民	人類	政府
⑤	国民	政府	国民

No.5

（解答▶P.4）

日本国憲法で保障されている基本的人権についての説明として正しいものは，次のうちどれか。

① 憲法が国の最高法規であるので，憲法に規定されていない基本的人権は，原則として認められない。

② 憲法第３章が「国民の権利及び義務」となっていることから，憲法の基本的人権は外国人には保証されない。

③ 基本的人権は，個人の権利や自由を国家による侵害から守るために制定されたものであるため，企業などの法人には一切適用されない。

④ 基本的人権は国の政策指針を示したものにすぎず，効力を持たせるためには，法律による具体的な規定が必要となる。

⑤ 公共の福祉による基本的人権の制限は，不当な制限を防ぐために，その解釈や運用を慎重に行う必要がある。

No.6

（解答▶P.4）

わが国の憲法は，基本的人権は「侵すことのできない永久の権利」であると述べているが，ある観点より立法府の裁量による制限を認めている。この観点として正しいのは，次のうちどれか。

① 公共の福祉

② 社会の治安の維持

③ 国の防衛

④ 子女の教育

⑤ 条約・国際法規の遵守

No.7

(解答▸P.4)

以下の条文は日本国憲法第 13 条である。( ) に当てはまる適当な語句の組合せとして，正しいのはどれか。

「すべて国民は，(　A　) として尊重される。生命，(　B　) 及び (　C　) に対する国民の権利については，(　D　) に反しない限り，立法その他の国政の上で，最大の尊重を必要とする。」

	A	B	C	D
①	個人	財産	身体	公共の福祉
②	個人	自由	幸福追求	公共の福祉
③	個人	身体	幸福追求	この憲法
④	人民	自由	財産	この憲法
⑤	人民	身体	財産	この憲法

No.8

(解答▸P.4)

次のうち，自由権ではないものはどれか。

① 拷問及び残虐刑の禁止

② 住居の不可侵

③ 通信の秘密

④ 財産権

⑤ 国家賠償請求権

No.9

（解答▸P.4）

自由権には，精神，身体，経済の自由がある。次のうち，身体の自由のみで構成されているグループはどれか。

①	学問の自由	財産権の保障	生存権
②	集会の自由	職業選択の自由	残虐刑の禁止
③	苦役からの自由	法定手続きの保障	黙秘権
④	表現の自由	通信の秘密	不法逮捕の禁止
⑤	遡及処罰の禁止	拘禁の制限	良心の自由

No.10

（解答▸P.5）

被疑者，被告人の権利として，憲法に定められていないものは，次のうちどれか。

① 保釈権
② 黙秘権
③ 弁護人依頼権
④ 拷問を受けない権利
⑤ 令状なしに逮捕されない権利

No.11

（解答▸P.5）

罪刑法定主義に関連する日本の法制度について正しいのは，次のうちどれか。

① 刑事裁判の手続きは，政令で独自に定めることができる。
② 刑法で犯罪とされる行為については，未遂行為でも裁かれる。
③ 政令に罰則を設けることは，たとえ法律に委任がある場合であっても許されない。
④ 実行の時に適法であった行為をした者を，後から処罰する法律を制定することはできない。
⑤ 条例は法律と異なるため，条例違反に対して罰則を定めることはできない。

No.12

（解答▸P.5）

以下の諸権利のうち，請求権に属するものはどれか。

① 公務員の選定・罷免権
② 勤労権
③ 国民審査権
④ 裁判を受ける権利
⑤ 私有財産権

No.13

（解答▸P.5）

次のうち，日本国民にのみ保障されており，外国人には完全に保障されているとはいえないものはどれか。

① 裁判を受ける権利
② 財産権
③ 選挙権
④ 信教の自由
⑤ 法の下の平等

No.14

（解答▸P.5）

経済的自由権に関する記述として妥当なものは，次のうちどれか。

① 1929年の世界恐慌以降に認められるようになった，比較的新しい権利である。
② 日本国憲法において，経済的自由権の一種である居住・移転・職業選択の自由は，公共の福祉による制限がかけられることが明記されている。
③ 表現の自由は，それによってマス＝コミ全般の活動が保障されることから，経済的自由権の一種であるといえる。
④ 経済的自由権は法人や企業に認められているものであり，一般人には適用されない。
⑤ 教育を受ける権利は，義務教育にかかる費用を国が負担するという観点から，経済的自由権であるといえる。

No.15

(解答▸P.5)

日本国憲法は基本的人権のうち，いくつかの人権については，それぞれ個別にその行使について「公共の福祉」による制限を明記している。これらの人権を次のア～オのうちから選んだものの組合せとして，正しいのはどれか。

ア　信教の自由
イ　職業選択の自由
ウ　住居の不可侵
エ　財産権の保障
オ　思想及び良心の自由

①　ア，イ，オ
②　ア，ウ
③　ア，ウ，エ
④　イ，エ
⑤　ウ，オ

No.16

(解答▸P.5)

次のうち，日本国憲法によって初めて規定された権利はどれか。

①　出版の自由
②　両性の平等
③　結社の自由
④　請願権
⑤　信教の自由

No.17

(解答 ▸ P.5)

下文中のア，イ，ウの三つの{ }内に，それぞれ二つの語句が記入されている。正しい語句を選んで組み合わせているのはどれか。

第一次世界大戦を契機として，諸国の権利宣言に新しい特色が現われた。すなわち，資本主義の成熟とともに多くの社会問題が発生し，その解決のために従来の自由権的基本権とは別に，福祉の理念のもとに各種の{ア：平等権，生存権}的基本権が保障されるようになった。この典型が1919年の{イ：フランス人権宣言，ワイマール憲法}に定められている。第二次世界大戦後に制定された日本国憲法は，人権保障のための規定を整備した。日本国憲法では広く基本的人権を保障し，{ウ：公共の福祉，政府の施政方針}に反しない限り，立法，その他国政の上で最大の尊重を必要とすると定めている。

	ア	イ	ウ
①	生存権	フランス人権宣言	政府の施政方針
②	生存権	ワイマール憲法	公共の福祉
③	生存権	ワイマール憲法	政府の施政方針
④	平等権	フランス人権宣言	公共の福祉
⑤	平等権	フランス人権宣言	政府の施政方針

No.18

(解答 ▸ P.5)

生存権に関する記述として誤っているものはどれか。

① ワイマール憲法によって，初めて生存権の考えが理念として出された。
② 大日本帝国憲法には，生存権を保障する明文規定はなかった。
③ 生存権の「健康で文化的な最低限度の生活」の内容は，時代や社会の変化に応じて変わりうる。
④ 日本国憲法が保障する生存権は，社会権的基本権の一種である。
⑤ 日本国憲法が規定する生存権の保障は，社会的弱者のみを対象としている。

No.19

（解答▸P.5）

次のうち，社会権のみを挙げているグループはどれか。

① 財産権・生存権・団結権・裁判を受ける権利
② 財産権・団体交渉権・勤労権・環境権
③ 生存権・公務員選定権・裁判を受ける権利・団体行動権
④ 団体行動権・教育を受ける権利・環境権・勤労権
⑤ 団体行動権・生存権・教育を受ける権利・団結権

No.20

（解答▸P.5）

以下に挙げるA～Gの日本国憲法に定められている基本的人権を，自由権，社会権，平等権，参政権，請求権に分類したとき，同じ分類に属する組合せとして妥当なものはどれか。

A 何人も，公務員の不法行為により，損害を受けたときは，法律の定めるところにより，国又は公共団体に，その賠償を求めることができる。
B 思想及び良心の自由は，これを侵してはならない。
C 検閲は，これをしてはならない。通信の秘密は，これを侵してはならない。
D 勤労者の団結する権利及び団体交渉その他の団体行動をする権利は，これを保障する。
E 何人も，法律の定める手続によらなければ，その生命若しくは自由を奪はれ，又はその他の刑罰を科せられない。
F 婚姻は，両性の合意のみに基いて成立し，夫婦が同等の権利を有することを基本として，相互の協力により，維持されなければならない。
G すべて国民は，健康で文化的な最低限度の生活を営む権利を有する。

① A，B，C
② A，D，G
③ B，C，E
④ B，E，F
⑤ D，F，G

No.21

（解答▸P.6）

選挙制度は，国民の意思が反映した政治が行われることを保障する１つの方法であるが，選挙がこの目的を効果的に果たすためには，次の基本的人権のうち，どれが最も大切か。

① プライバシーの権利などを含む幸福追求権を認めること。
② 知る権利を含む，言論・表現の自由を保障すること。
③ すべての労働者に団結権を認めること。
④ 「公共の福祉」に反しない限り，財産権の自由な行使を認めること。
⑤ 健康で文化的な最低限度の生活を保障すること。

No.22

（解答▸P.6）

日本の参政権に関する記述として正しいものは，次のうちどれか。

① 少年法の対象年齢が引き下げられたこともあり，2003 年以降に行われる国政選挙に限って，選挙権が満 18 歳以上に引き下げられた。
② 国際化が進展する中で有権者の範囲が広げられることになり，在日外国人にも国政選挙での選挙権が認められるようになった。
③ 一票の格差問題で，最高裁判所で違憲判決が出た後は，衆参両院とも格差を２倍以内に抑えている。
④ 海外で生活する日本人が多くなっているが，在外邦人による国政選挙における選挙権の行使は，現在認められていない。
⑤ 各地方自治体の合併の賛否を問う住民投票は，投票権を中学生に認めても差し支えない。

No.23

（解答▶P.6）

次の文は「新しい人権」に関する記述であるが，空欄A～Cに当てはまる語句の組合せとして，正しいものはどれか。

社会の急激な変化に伴い，国民の人権保障はこれまでの自由権，平等権，参政権などのほかに，「新しい人権」といわれるものが主張されるようになった。この「新しい人権」には，公害による生活被害が進む中で主張されてきた（　A　），情報化社会の進展の中で，国や地方公共団体に対する国民の権利として主張されている（　B　），憲法が保障する個人の尊重・幸福追求の権利を根拠として主張されている（　C　）などがある。

	A	B	C
①	環境権	知る権利	プライバシーの権利
②	環境権	請求権	生存権
③	請求権	環境権	プライバシーの権利
④	生存権	知る権利	請求権
⑤	生存権	プライバシーの権利	知る権利

No.24

（解答▶P.6）

次のうち，新しい人権のみを挙げているグループはどれか。

①	生存権	知る権利	環境権	平和的生存権
②	プライバシーの権利	知る権利	環境権	肖像権
③	プライバシーの権利	請願権	肖像権	知る権利
④	平和的生存権	団体行動権	肖像権	環境権
⑤	平和的生存権	黙秘権	知る権利	プライバシーの権利

No.25

(解答▶P.6)

最近では，マス＝メディアによる人権侵害が問題とされることがあるが，それに対抗するために主張されうる権利として適当でないものは，次のうちどれか。

① 自分の名声や信用に対する社会の評価を侵害されない権利。
② 自分の人格を形成させるために，様々な情報を取得することを妨げられない権利。
③ 自分の私生活をみだりに公開されない権利。
④ 名誉・信用の毀損に対して，それを回復するために反論する権利。
⑤ 許可なく自分の肖像を公表・利用することを拒む権利。

No.26

(解答▶P.6)

女性の社会進出が進んできた現代において，育児や家事と仕事の両立が重要になってきているが，それに関する記述として正しいものの組合せはどれか。

ア 育児・介護休業法は，父母ともに育児休業を認めるよう事業主に求めているが，父親の利用は母親に比べ低い。
イ 国や地方自治体は，育児支援政策の整備はほぼ完了したとみなし，急速な高齢化に対処するために高齢者福祉政策に重点を移した。
ウ 平成11年に施行された男女共同参画社会基本法に従って，内閣府に男女共同参画会議が設置された。

① ア
② ア，イ
③ ア，ウ
④ イ
⑤ イ，ウ

No.27

（解答 ▸ P.6）

人権保障を法制化するために，1966年に作られた条約は，次のうちどれか。

① 世界人権宣言
② 国際人権規約
③ 子供の権利条約
④ 女子差別撤廃条約
⑤ 人種差別撤廃条約

No.28

（解答 ▸ P.6）

様々な原因による不平等や差別の是正・解消に関わる制度や理念について書かれた以下の記述のうち，適当でないものはどれか。

① 累進課税には，所得を再分配する効果がある。
② 労働基準法は，男女同一賃金の原則を規定している。
③ 相続税には，親世代の資産差が，そのまま子の世代の個人差につながることを抑制する効果がある。
④ ポジティブ・アクションとは，女性やマイノリティーなど差別されてきた人々に対して，実質的平等を積極的に実現するための優先処遇のことである。
⑤ ノーマライゼーションとは，障害者が地域社会に出て行かなくても，それぞれに対応した施設で暮らしていけるような環境を整備することである。

MEMO

第4章 立法権・国会

日本の統治機構は，権力の濫用を防止するために，三権分立制が採られている。その中で憲法上，「国権の最高機関であつて，国の唯一の立法機関」（第41条）と規定されているのが，国会である。これは，国会が他の国家機関とは違い，主権者である国民の選挙によって選ばれた国会議員によって構成されているためであるが，ここにある「最高機関」とは国家の中心機関という意味であり，一番上の機関という意味ではない。また，政府や各省庁の命令，地方自治体の条例，最高裁判所の規則制定権など，命令や規則の範囲で一部例外は認められるものの，法律の制定は国会のみが行うことができる。なお，法律の制定以外でも，予算の議決，条約の承認，内閣総理大臣の指名なども国会の役割である。

日本の国会は，衆議院と参議院の二院で構成されている。二院制を採用しているのは，審議を慎重にして一つの院の独断横行を防ぐためである。両院はそれぞれ独立して審議を行い，両院の議決が一致した際に国会の議決が成立する。しかし二院制の場合，重要な事項や早急な判断が必要な事項がなかなか議決できないおそれも出てくる。そこで，法律案や予算の議決，条約の承認や内閣総理大臣の指名に関して，「衆議院の優越」が認められている。なお，衆議院の解散は，内閣が必要に応じて決定することができるが，内閣不信任案可決（もしくは内閣信任案否決）後，内閣が総辞職しない場合は解散しなければならないと規定されている（憲法第69条）。

国会は，その会期によって常会（通常国会），臨時会（臨時国会），特別会（特別国会）に分けることができる。また，衆議院の解散中，緊急の必要が生じた場合，内閣は参議院の緊急集会を召集することができる。

国会議員は一般の国民には認められていない特権が，憲法によって認められている。1つは，法律の定める場合を除き，国会の会期中は逮捕されず，会期前に逮捕された場合でも，所属議院の要求があれば会期中は釈放しなければならない「不逮捕特権」。もう1つは，議院で行った演説や討論，表決について，院外で名誉毀損などを理由とする民事責任や刑事責任を問われないとする「免責特権」である。国会議員は，国民の代表として，国会で議論を尽くす役割を負っている。そのため，不当な圧力をかけられないようにするために，これらが認められているのである。

ポイント

1 三権分立

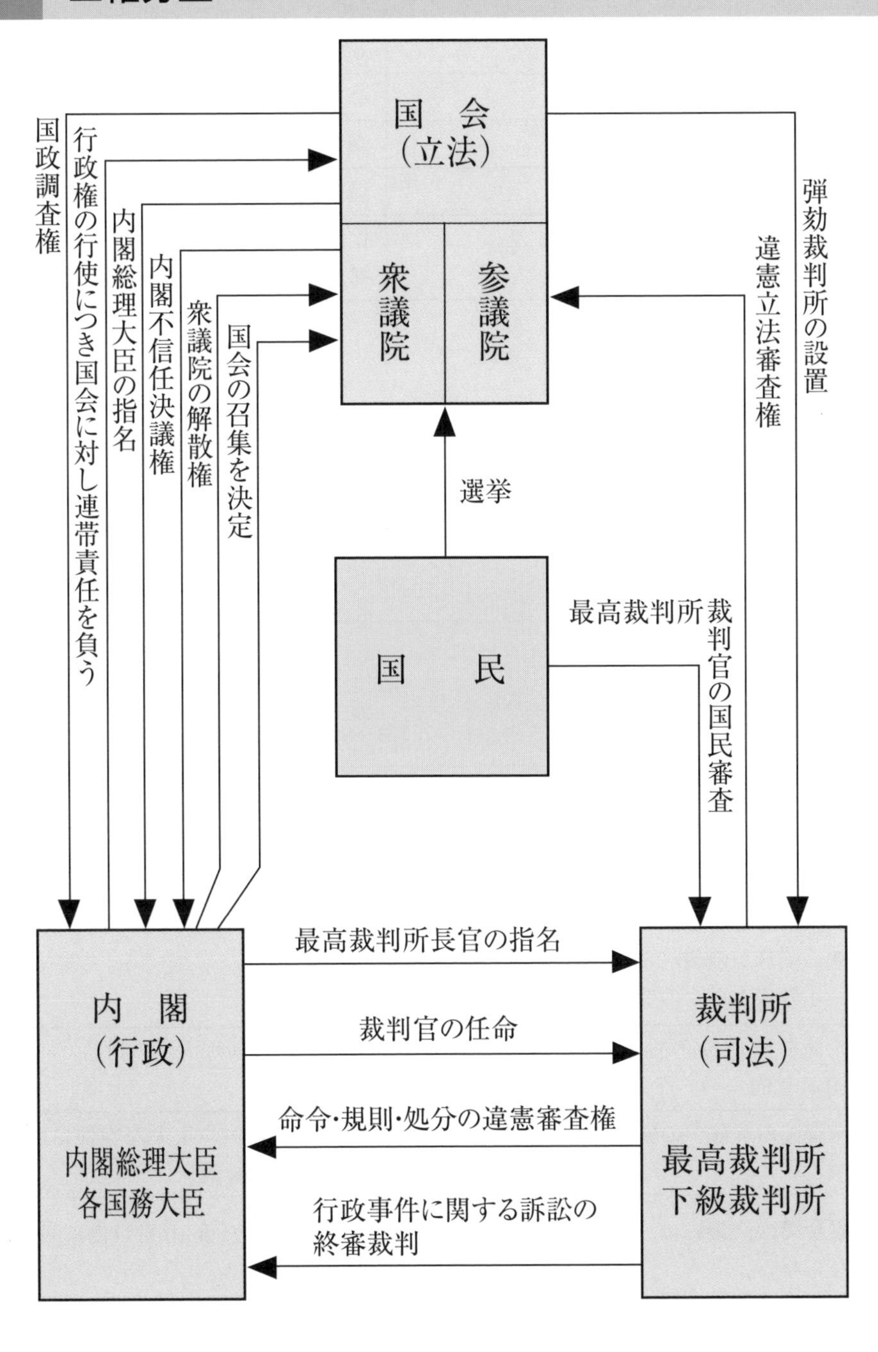
国会
(立法)
衆議院
参議院
国民
選挙
内閣
(行政)
内閣総理大臣
各国務大臣
裁判所
(司法)
最高裁判所
下級裁判所
国政調査権
行政権の行使につき国会に対し連帯責任を負う
内閣総理大臣の指名
内閣不信任決議権
衆議院の解散権
国会の召集を決定
弾劾裁判所の設置
違憲立法審査権
最高裁判所 裁判官の国民審査
最高裁判所長官の指名
裁判官の任命
命令･規則･処分の違憲審査権
行政事件に関する訴訟の
終審裁判

2　衆議院と参議院の比較

	衆　議　院	参　議　院
議員定数	465人	248人
任　　期	4年	6年
解　　散	あり	なし（3年ごとに半数改選）
選挙権	満18歳以上	満18歳以上
被選挙権	満25歳以上	満30歳以上
選挙区	比例代表選挙176人 小選挙区選挙289人	比例代表選挙100人 都道府県別選挙区選挙148人
衆議院の優越	法律案の議決権 予算先議権・予算議決 条約承認権 内閣総理大臣の指名権 内閣不信任決議権（衆議院のみに認められる）	
両院対等	国政調査権 弾劾裁判権 憲法改正発議権	

3　国会の種類

名　称	召集時期	会　期	主な議題
常　会 （通常国会）	毎年1回，1月	150日 1回延長可	予算の審議
臨時会 （臨時国会）	●内閣が必要と認めた場合 ●いずれかの議院の総議員の4分の1以上の要求	不定期 2回延長可	国政上必要な案件の審議
特別会 （特別国会）	衆議院解散後の総選挙の日から30日以内	不定期 2回延長可	内閣総理大臣の指名
参議院の緊急集会	衆議院の解散中の緊急時	不定期	緊急かつ重大な案件についての審議

※参議院の緊急集会での決議には，衆議院選挙後に特別国会が召集された後10日以内に衆議院の同意を得なければならない。

4 国会の権限

- **法律の制定**
- 条約の承認
- 憲法改正の発議
- **内閣総理大臣の指名**
- **内閣不信任決議権（衆議院のみ）**
- 財政処理
- 課税に関する議決
- 予算の議決
- 決算の審査
- 財政状況の報告を受ける
- 弾劾裁判所の設置
- 議員の資格争訟裁判権
- 国政調査権
- 規則制定権
- 議員の懲罰権

5 衆議院の優越

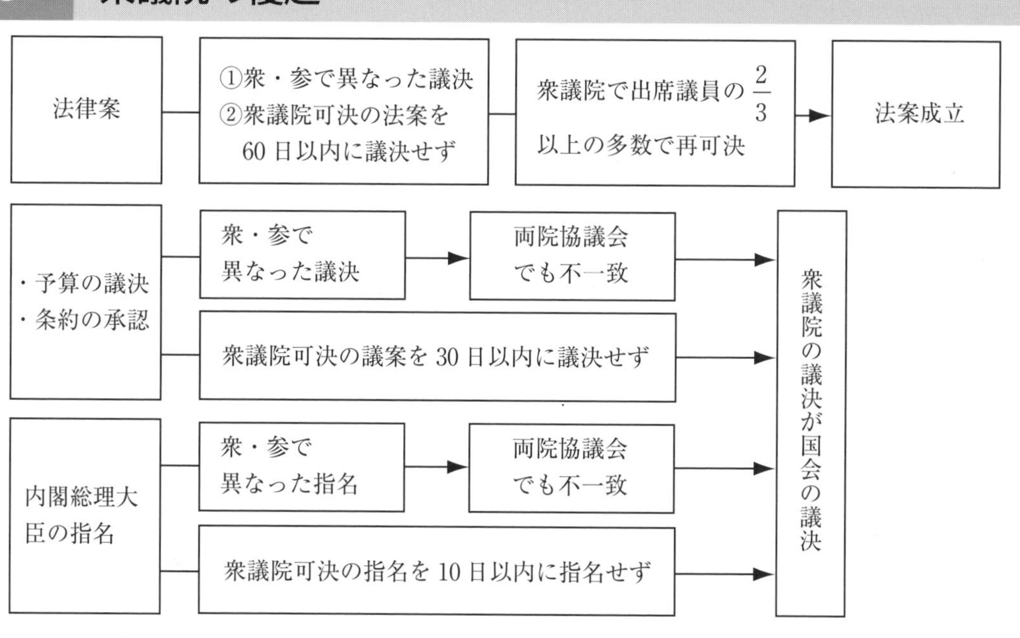

No.1

（解答 ▸ P.7）

A～Cに適合する語句の正しいグループはどれか。

現在の日本において，国会は国権の（　A　）であり，唯一の（　B　）である。また（　C　）は内閣に属し，（　C　）の行使について内閣は国会に対し連帯して責任を負うと規定されている。

	A	B	C
①	行政機関	最高機関	立法権
②	最高機関	司法機関	司法権
③	最高機関	立法機関	行政権
④	最高機関	立法機関	司法権
⑤	最大機関	立法機関	行政権

No.2

（解答 ▸ P.7）

日本の国会が持つ機能として妥当なものは，次のうちどれか。

① 予算の議決権がある。
② 国務大臣の任免権がある。
③ 最高裁判所長官を任命する。
④ 条例の制定権がある。
⑤ 選挙権は衆議院が満 20 歳以上，参議院が満 25 歳以上である。

No.3

（解答 ▸ P.7）

日本の国会に関する記述として妥当なものは，次のうちどれか。

① 被選挙権は衆議院，参議院とも満25歳以上である。
② 衆議院と参議院の二院制を採っているが，公平を期すため選挙方法は同じである。
③ 現在，議員定数は衆議院，参議院とも300人である。
④ 衆議院，参議院それぞれに国政調査権が認められている。
⑤ 憲法改正の発議には，衆議院の優越が認められている。

No.4

（解答 ▸ P.7）

現在，国会が持っている機能とはいえないものはどれか。

① 内閣総理大臣を指名することで，行政機関の担い手を決める。
② 政治的に重要な問題を，公開の討論を通じて国民に知らせる。
③ 国民の意見を裁判に反映させるため，判決の是非について審議する。
④ 法律や予算の議決に対して，国民の意見を求める。
⑤ 職務上の義務違反を行った裁判官に対して，弾劾裁判を行う。

No.5

（解答 ▸ P.7）

日本の国会の仕組みについて，誤っているものはどれか。

① 衆議院は，内閣不信任決議権を持っている。
② 衆議院は解散がある。
③ 被選挙権は，衆・参両院とも満25歳以上である。
④ 参議院は，定員の半数が3年に1度，改選される。
⑤ 衆議院は，小選挙区比例代表並立制で選挙が行われる。

No.6

（解答▶P.7）

国会の臨時会の召集を決定できるのは，次のうちどれか。

① 天皇
② 両院協議会
③ 衆議院の議長
④ 衆・参両議院の議長会
⑤ 内閣

No.7

（解答▶P.7）

国会に関する記述として正しいものは，次のうちどれか。

① 衆議院で可決され，参議院で否決された法律案は，衆議院で総議員の過半数の多数で再び可決したときは，法律になる。
② 両議院は，おのおのその総議員の３分の２以上の出席がなければ，議事を開くことができない。
③ 両議院の会議は原則非公開だが，出席議員の３分の１以上の多数で議決したときは，公開することができる。
④ 国会の臨時会は，毎年１回召集され，会期はその都度議決されるが，２回を限度に延長することも認められている。
⑤ 国会には，罷免の訴追を受けた裁判官を裁判する弾劾裁判所が設けられており，衆参同数の国会議員によって構成されている。

No.8

（解答▸P.7）

国会に関する記述として正しいのは，次のうちどれか。

① 法律案は衆議院・参議院どちらに先に提出してもよいが，予算は先に衆議院に提出しなければならない。
② 法律の発案権は内閣と常任委員会が有しており，議員はその権利を有していない。
③ 両院協議会は国会開会直後，議事の順序を決めるために，衆・参両議院から同数の委員を出して開かれる。
④ 衆・参両議院の議員は現行犯の場合を除いて，議員の任期中に逮捕されることはない。
⑤ 衆議院議員および参議院議員の任期はそれぞれ４年と６年であるが，解散があった場合は，衆・参両議員とも，その任期は期間満了前に終了する。

No.9

（解答▸P.7）

国会は衆議院及び参議院により構成されており，その機能に相違がみられるが，次のうち衆議院のみがなし得るものはどれか。

① 予算の審議
② 内閣不信任案の決議
③ 憲法改正の発議
④ 内閣総理大臣の指名
⑤ 条約の承認

No.10
（解答 ▸ P.7）

次のA～Eのうち衆・参両院の関係が対等なものの組合せとして正しいのはどれか。

A　条約の承認
B　弾劾裁判所の設置
C　内閣総理大臣の指名
D　内閣不信任案の決議
E　憲法改正案の発議

①　A，B
②　A，C
③　B，E
④　C，D
⑤　D，E

No.11
（解答 ▸ P.8）

以下は予算の議決に関する説明であるが，空欄A～Cにあてはまる語句の組合せとして正しいのはどれか。

予算について両院の議決が異なった場合，（　A　）を開いても意見の一致が見られないとき，または（　B　）で可決された予算案を，（　C　）が受け取った後，国会休会中を除いて，（　D　）日以内に議決しないときは，（　E　）の議決がそのまま国会の議決となる。

	A	B	C	D	E
①	予算特別委員会	参議院	衆議院	20	参議院
②	予算特別委員会	衆議院	参議院	30	衆議院
③	両院協議会	参議院	衆議院	30	参議院
④	両院協議会	衆議院	参議院	20	衆議院
⑤	両院協議会	衆議院	参議院	30	衆議院

No.12

（解答 ▸ P.8）

衆議院の優越に関する次の文中のA～Cにあてはまる語句の組合せとして，正しいのはどれか。

（　A　）は先に衆議院に提出しなければならない。（　A　），条約，（　B　）で両議院の議決が異なり，両議院の協議会で意見が一致しないとき又は参議院が議決しないときは，衆議院の議決を国会の議決とする。また，（　C　）で，内閣不信任の決議案を可決し，又は信任案を否決したときは，10日以内に衆議院が解散されない限り，内閣は総辞職しなければならない。

	A	B	C
①	法律案	内閣総理大臣の指名	衆議院
②	法律案	予算	衆・参両議院
③	予算	内閣総理大臣の指名	衆議院
④	予算	内閣総理大臣の指名	衆・参両議院
⑤	予算	法律案	衆・参両議院

No.13

（解答 ▸ P.8）

次のア～エの事項は，衆議院の参議院に対する優越が認められているものであるが，このうち，参議院で衆議院と異なった議決をした場合に，両議院の協議会を開いても意見が一致しないとき，又は参議院が衆議院からこれを受け取った後，国会休会中の期間を除いて30日以内に議決しないときは，衆議院の議決が国会の議決となるものはどれか。

ア　予算を議決する。
イ　内閣総理大臣を指名する。
ウ　法律を制定する。
エ　条約を承認する。

①　ア，ウ
②　ア，エ
③　イ
④　イ，エ
⑤　ウ

No.14

（解答▸P.8）

次の文章は，日本の衆参両議院に認められた「ある権限」について書かれたものであるが，それは次のうちどれか。

国会が立法や行政監督などの機能を，有効かつ適切に行使するために必要とされる権限であり，国の政治の実際を国民に知らせる役割を果たしている。

この権限によって，両議院は証人の出頭や必要な記録の提出を要求できる。

① 国政調査権
② 違憲立法審査権
③ 内閣不信任決議権
④ 弾劾裁判所の設置権
⑤ 両院協議会の開催

No.15

（解答▸P.8）

国会議員の身分保障や特権について正しいものは，次のうちどれか。

① 議員の資格争訟裁判において議員の資格を失わせるには，総議員の３分の２以上の多数による議決が必要である。
② 国会議員が国庫から受ける歳費は，その在任中減額できないことが憲法に規定されている。
③ 議院内で行った演説，討論，表決について，国会議員が院外で責任を問われることはない。
④ 国会議員は，法律の定める場合を除いては，その在任中逮捕されない。
⑤ 院内の秩序を乱した議員に対して懲罰を与えることはできるが，除名することはできない。

No.16

（解答▶P.8）

以下の記述のうち，正しいものはどれか。

① 内閣総理大臣は，内閣の代表者として国会に法律案を提出することができる。
② 国会議員が窃盗の現行犯で捕まっても，国会の会期中ならば逮捕されない。
③ 国会議員には，選出された選挙区の利益だけを考えることが求められる。
④ 内閣総理大臣は国会によって選出されるが，衆・参で意見が割れてはいけないので，その選出は衆議院のみで行われる。
⑤ 議院内閣制を採用している日本では，法律案の提出権は内閣にのみ認められる。

No.17

（解答▶P.8）

憲法第52条に「国会の常会は，毎年1回これを召集する。」とされているが，「毎年1回」と定めた趣旨として正しいのは，次のうちどれか。

① 国会開催中は，審議がすべてに優先されるため，各省庁の行政運営に支障をきたさないよう年1回とされている。
② 国会は唯一の立法機関であり，長期間休むわけにはいかないので，年1回は開会する。
③ 国会は立法権だけでなく，財政の責任もあり，予算の一年制度に対応して年1回は開会する。
④ 対外的な条約の承認を遅らせることができないため，年1回は開会する。
⑤ 国会議員の歳費支出額が予算額内に収まるよう年1回とされている。

No.18

（解答▶P.8）

国会の種類に関する記述として正しいものは，次のうちどれか。

① 通常国会は，毎年1回，1月に召集されることが憲法上明記されている。
② 通常国会の会期は120日で，会期の延長は2回まで認められている。
③ 臨時国会は内閣の要求のみで召集され，会期は60日，会期の延長は1回のみ認められる。
④ 特別国会は衆議院総選挙後30日以内に召集され，内閣総理大臣の指名が行われる。
⑤ 参議院の緊急集会は，衆議院の解散中に参議院の総議員の4分の1以上の要求で召集される。

No.19

（解答 ▸ P.8）

日本の政治制度に関する以下の各文のうち，正しいものはどれか。

① 衆議院の比例代表選挙の当選者が，合併や分割の事情がないのに，その選挙で名簿を提出していた違う党へ移籍した場合，議員の地位を失う。
② 小選挙区で当選した衆議院議員は，自分の選挙区の有権者の３分の２以上の署名によって解職請求された場合は，衆議院から除名される。
③ 全国の有権者の３分の１以上の署名によって，衆議院の解散が請求された場合，内閣は衆議院を解散しなければならない。
④ 全国の有権者の 50 分の１以上が法律の改正を要求した場合，国会はその審議を開始しなければならない。
⑤ 内閣は，国会の審議によって成立した法律案が，国政に重大な影響を与えると判断した場合には，それを国民投票にかけることができる。

No.20

（解答 ▸ P.8）

国会審議を活性化するために，現在の日本で採用されている制度について正しいものは，次のうちどれか。

① 国民に対して，どのような審議が行われているか分かるようにするために，国会審議はすべて公開される。
② 国会には，内閣総理大臣と野党各党党首が一対一で討論する党首討論制度が設けられている。
③ 内閣総理大臣は，国会のすべての常任委員会に出席しなければならない。
④ 野党は，政権担当能力を国民に示すために，シャドー・キャビネット（影の内閣）を組織しなければならない。
⑤ 専門的な知識を活かすために，行政官僚が担当大臣に代わって答弁する政府委員制度が設けられている。

MEMO

第5章 行政権・内閣

行政とは，国会によって制定された法律に基づいて，国家の仕事を運営することを指す。日本で行政権を担っているのは，内閣である（憲法第65条）。国の仕事全般の運営や外交関係の処理，条約の締結など，幅広い仕事内容がある。

内閣は，内閣総理大臣とその他の国務大臣によって組織される。内閣総理大臣は国会の議決によって指名され，天皇が任命し，他の国務大臣は内閣総理大臣によって任命される。大日本帝国憲法下では「同輩中の主席」にすぎなかった内閣総理大臣は，内閣の首長として内閣を代表し，国務大臣の任免，行政各部の指揮監督を行い，国務大臣の訴追に対する同意権や自衛隊の最高指揮監督権を有するなど，権限が強化されている。なお，各大臣の資格としては，「文民（軍人ではない者）であること」（憲法第66条），内閣総理大臣は「国会議員であること」（憲法第67条），各国務大臣は「その過半数が国会議員であること」（憲法第68条）が規定されている。

日本では議院内閣制を採用しているため，内閣は国民の代表機関である国会の信任を受けて成立する。そのため，国政の運営について国会に対して連帯して責任を負い，国会の信任を失った場合は，総辞職するか，衆議院を解散して国民に信を問う。なお，内閣総理大臣が欠けたとき，衆議院議員総選挙後，初めて国会の召集があったとき（憲法第70条）も総辞職しなければならない。

内閣は，内閣総理大臣と14人以内の国務大臣（ただし，特別に必要がある場合においては，3人を限度にその数を増加し，17人以内とすることができる。また復興庁及び東京オリンピック競技大会・東京パラリンピック競技大会推進本部設置期間中は特例措置として「16人以内の国務大臣で必要である場合は19人以内」となる）をもって，これを組織するとなっていて，現在は法務省，外務省，農林水産省などの各大臣，内閣官房長官，地方創生や少子化対策などの内閣府特命担当大臣などによって構成されている。

内閣の政治方針は，上記の大臣全員が出席する閣議によって決められる。これは内閣総理大臣が主宰し，非公開で全会一致の原則が採られている。

ポイント

1 内閣の組織（2023年1月現在）

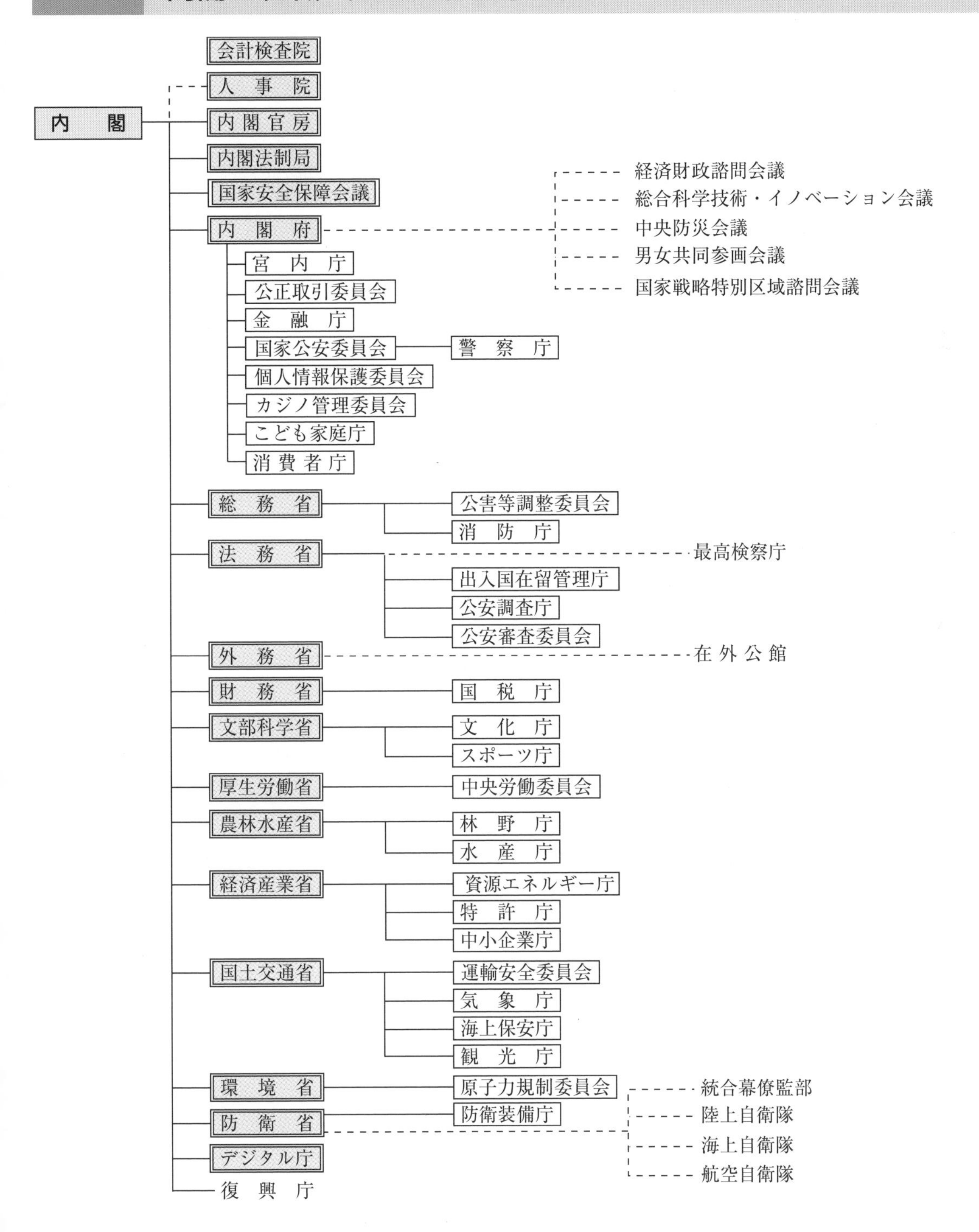

2 内閣の権限

- 法律の執行と国務の総理
- 外交関係の処理
- 条約の締結
- 官吏に関する事務の掌理
- 予算の作成
- 政令の制定
- 恩赦の決定
- 天皇の国事行為に対する助言・承認
- 臨時会召集の決定
- 参議院の緊急集会の要求
- 最高裁判所長官の指名
- 最高裁判所長官以外の裁判官の任命

3 内閣総理大臣の職務と権限

- **国務大臣の任免権**
- 国務大臣の訴追に対する同意権
- 内閣を代表して議案を国会に提出
- 一般国務および外交関係について国会に報告
- 行政各部の指揮監督
- 法律，政令への連署
- 自衛隊の最高指揮監督権
- 閣議を主宰

など

4 内閣の総辞職

- 自ら行う
- 衆議院で内閣不信任案が決議され，10日以内に衆議院が解散されないとき
- 内閣総理大臣が欠けたとき
- 衆議院議員総選挙後に初めて国会の召集があったとき（特別会の冒頭）

演習問題

No.1

(解答 ▸ P.9)

下の文は，議院内閣制について説明されている。空欄A～Dに入る適当な語句の組合せはどれか。

議院内閣制では，一般的には内閣が議会の（　A　）によって組織され，議会の信任のもとに（　B　）を行う。内閣が信任を失った場合，議会を解散して（　C　）を問うか，内閣が（　D　）しなければならない。

	A	B	C	D
①	少数党	行政	国民の信	解散
②	少数党	立法	議会の信	解散
③	多数党	行政	国民の信	解散
④	多数党	行政	国民の信	総辞職
⑤	多数党	立法	議会の信	総辞職

No.2

(解答 ▸ P.9)

次のうち，日本において内閣の権限とされるものはどれか。

① 政令の制定
② 最高裁判所長官の任命
③ 国務大臣の罷免
④ 条約の承認
⑤ 国会議員の資格争訟裁判

No.3

（解答 ▸ P.9）

次のうち，内閣総理大臣の権限はどれか。

① 外交関係の処理
② 条約の締結
③ 法律の執行と国務の総理
④ 国務大臣の訴追に対する同意
⑤ 官吏に関する事務の掌理

No.4

（解答 ▸ P.9）

わが国の議院内閣制について正しいものは，次のうちどれか。

① 文民統制（シビリアン＝コントロール）が採られている。
② 内閣不信任案が可決されると，内閣は10日以内に総辞職しなければならない。
③ 内閣は，国民に対して連帯責任を負う。
④ 国会が唯一の立法機関であるため，内閣は命令や規則を制定する権限を有しない。
⑤ 内閣総理大臣および国務大臣は，すべて国会議員で組織される。

No.5

（解答 ▸ P.9）

日本の内閣に関する記述として正しいものは，次のうちどれか。

① 日本の内閣は，内閣総理大臣とその他の国務大臣によって構成される。
② 国務大臣の過半数は，民間人から選ばなければならない。
③ 内閣総理大臣は文民でなければならないが，国務大臣はその限りではない。
④ 内閣総理大臣は，国会が任命し天皇が認証して決定する。
⑤ 内閣総理大臣が死亡したときは，副総理が直ちに内閣総理大臣に昇格する。

No.6

（解答 ▸ P.9）

内閣についての次の記述のうち，正しいものはどれか。

① 内閣総理大臣が国務大臣を罷免する場合は，閣議にかけて過半数の賛成を得ることが必要である。

② 内閣総理大臣及び国務大臣の過半数は，国会議員であることが必要である。

③ 内閣不信任案が衆議院で可決したときは，内閣は直ちに総辞職しなければならない。

④ 国務大臣は主任の大臣として各省の行政事務を分担管理するが，省庁に属さない国務大臣は認められていない。

⑤ 内閣総理大臣及び国務大臣が刑事事件に関連して起訴されたときは，自動的にその職を失う。

No.7

（解答 ▸ P.9）

日本の内閣総理大臣に関する記述として正しいのは，次のうちどれか。

① 衆議院議員の中から選出される。

② 自衛隊の最高指揮権を持つ。

③ 参議院の緊急集会の要求ができる。

④ 衆議院の解散権を持つ。

⑤ 全国家公務員の任命権者である。

No.8

（解答▶P.9）

日本国憲法において，内閣が必ず総辞職しなければならない旨明記されているものの組合せとして妥当なものは，次のうちどれか。

ア　内閣総理大臣が欠けたとき
イ　内閣総理大臣が刑事訴追を受けたとき
ウ　内閣不信任案が可決したとき
エ　衆議院議員総選挙後，初めて国会の召集があったとき
オ　内閣総理大臣に対する問責決議案が可決したとき

① ア，イ
② ア，ウ
③ ア，エ
④ イ，オ
⑤ ウ，オ

No.9

（解答▶P.10）

以下に挙げる日本国憲法に定められた条文のうち，議院内閣制の趣旨を明らかにしているものとして最も妥当であるものはどれか。

① 内閣総理大臣は，国務大臣を任命する。但し，その過半数は，国会議員の中から選ばれなければならない。
② 内閣は，衆議院で不信任の決議案を可決し，又は信任の決議案を否決したときは，10日以内に衆議院が解散されない限り，総辞職をしなければならない。
③ 内閣総理大臣は，内閣を代表して議案を国会に提出し，一般国務及び外交関係について国会に報告し，並びに行政各部を指揮監督する。
④ 法律及び政令には，すべて主任の国務大臣が署名し，内閣総理大臣が連署することを必要とする。
⑤ 国務大臣は，その在任中，内閣総理大臣の同意がなければ訴追されない。但し，これがため，訴追の権利は，害されない。

No.10

（解答 ▸ P.10）

委任立法に関する記述として正しいものは，次のうちどれか。

① 委任立法とは，法律の委任に基づいて行政府などが法規を定めることである。
② 現在委任立法が増大しているが，その要因の一つとして国会議員の削減が挙げられる。
③ 法律の委任があれば，天皇の勅命によって法律の改正を行うことができる。
④ 内閣による政令の制定については，内閣法に規定されているが，憲法には規定がない。
⑤ 政令は法の委任に基づくため，内閣は政令案を国会に提出して審査を受けなければならない。

第6章 司法権・裁判所

司法とは，国民の間で争いが生じた場合や法に基づく罪を犯した者に対して，国家が法律に基づいて裁判を行い，これを解決することをいい，日本ではすべて裁判所が行う（憲法第76条）。

日本の裁判所には最高裁判所と高等，地方，家庭，簡易の各下級裁判所があり，民事裁判（行政裁判を含む）と刑事裁判を担当する。最高裁判所は最高裁判所長官と14人の最高裁判所裁判官の計15人によって構成される。長官は，内閣の指名に基づき天皇によって任命され，14人の裁判官は，内閣によって任命され，天皇の認証を受ける。また，下級裁判所の裁判官は，最高裁判所が指名した者の名簿によって，内閣が任命する。（高等裁判所長官には，天皇の認証がある。）なお，長官を含む最高裁判所裁判官15人についてのみ国民審査があり，投票者の過半数が否認した場合，その裁判官は罷免される。

裁判が公正に行われるためには，裁判所および裁判官が，立法や行政から圧力や干渉を受けずに，独立して司法権を行使できるようにしなければならない。これを「司法権の独立」という。これは大まかに，特別裁判所の禁止や行政機関による終審裁判の禁止（憲法第76条），最高裁判所の規則制定権などの「裁判所の独立」と，職権独立や身分保障などの「裁判官の独立」に分けられる。ただし，権力分立の考え方から，最高裁長官の指名および他の裁判官の任命権を内閣が持ち，裁判官を弾劾するための弾劾裁判所が国会に設置されているなど，一定の権限は他機関に委ねられている。

また，国民の人権尊重と慎重な審議を目指すために，1つの事件について3度目まで裁判が受けられる「三審制」を採用し，裁判は原則として公開の法廷で行わなければならない（憲法第82条）などの規定があることも，裁判を公正に行うための仕組みだということができる。

裁判所は，国会の作った法律や行政が行った処分などが，憲法の規定に違反していないかを判断する違憲立法審査権を持っている。これはすべての裁判所に認められているが，最高裁判所が終審裁判所であり，違憲審査の最終判断がここに委ねられるため，最高裁判所は「憲法の番人」とも呼ばれる。なお，日本の違憲立法審査は，具体的な事件との関連で行われるため，「法律が制定された段階で違憲判決が出る」というようなことはない。

ポイント

1　司法権の独立

A　裁判所の独立

1．すべて司法権は，最高裁判所及び法律の定めるところにより設置する**下級裁判所**に属する。

→ 高等裁判所，地方裁判所，家庭裁判所，簡易裁判所

- 特別裁判所は，これを設置することができない。
- 行政機関は，終審として裁判を行うことができない。

2．裁判所の自立権

- 最高裁判所の規則制定権＝訴訟に関する手続き，弁護士，裁判所の内部規律，司法事務処理に関する事項
- 下級裁判所の裁判官は，最高裁判所の指名した者の名簿によって，内閣でこれを任命する。

B　裁判官の独立

1．すべて裁判官は，**その良心に従い独立**してその職権を行い，**憲法及び法律にのみ拘束**される。

2．裁判官の身分保障

- 心身の故障のため職務を執ることができないと決定。
- 公の弾劾。

（上記2点）これ以外では罷免されない。

- 国民審査に基づく罷免（最高裁判所のみ）。
- 行政機関は懲戒処分を行うことができない。

3．裁判官の経済的保障

- すべて定期に相当額の報酬を受ける。
- 在任中，減額することができない。

C　違憲立法審査権

一切の法律，命令，規則，処分が憲法に適合するかしないかを判断。

2 三審制

1．民事裁判

- 財産権など，個人の間の法的な紛争の解決を求める訴訟
- 少額訴訟：簡易迅速な手続きにより60万円以下の金銭支払を求める訴訟
- 離婚や認知の訴えなどの家族関係についての紛争に関する訴訟
- 行政訴訟：公権力の行使に当たる行政庁の行為の取消しを求める訴訟

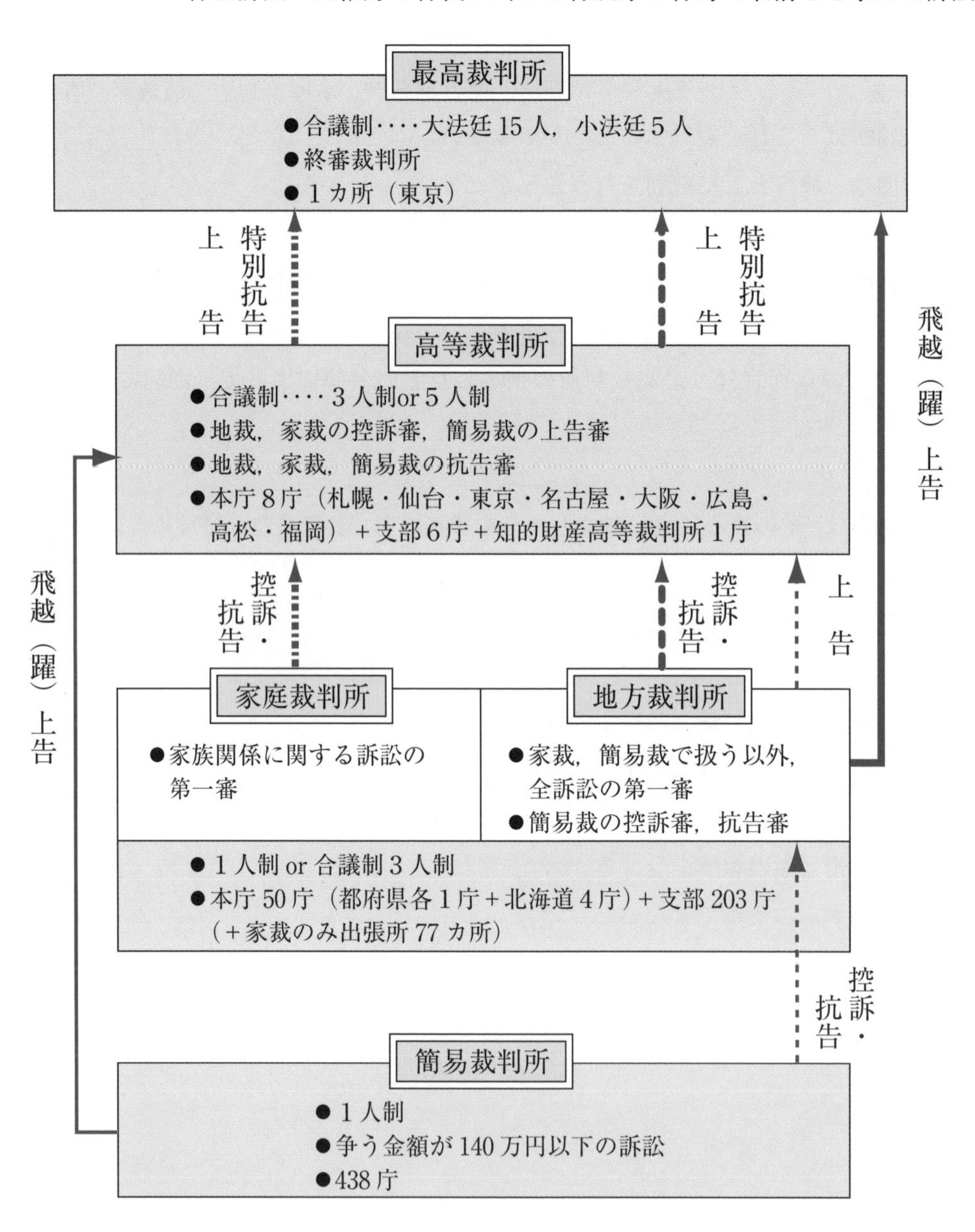

2．刑事裁判　法に定められた罪を犯した疑いがある者に対する裁判

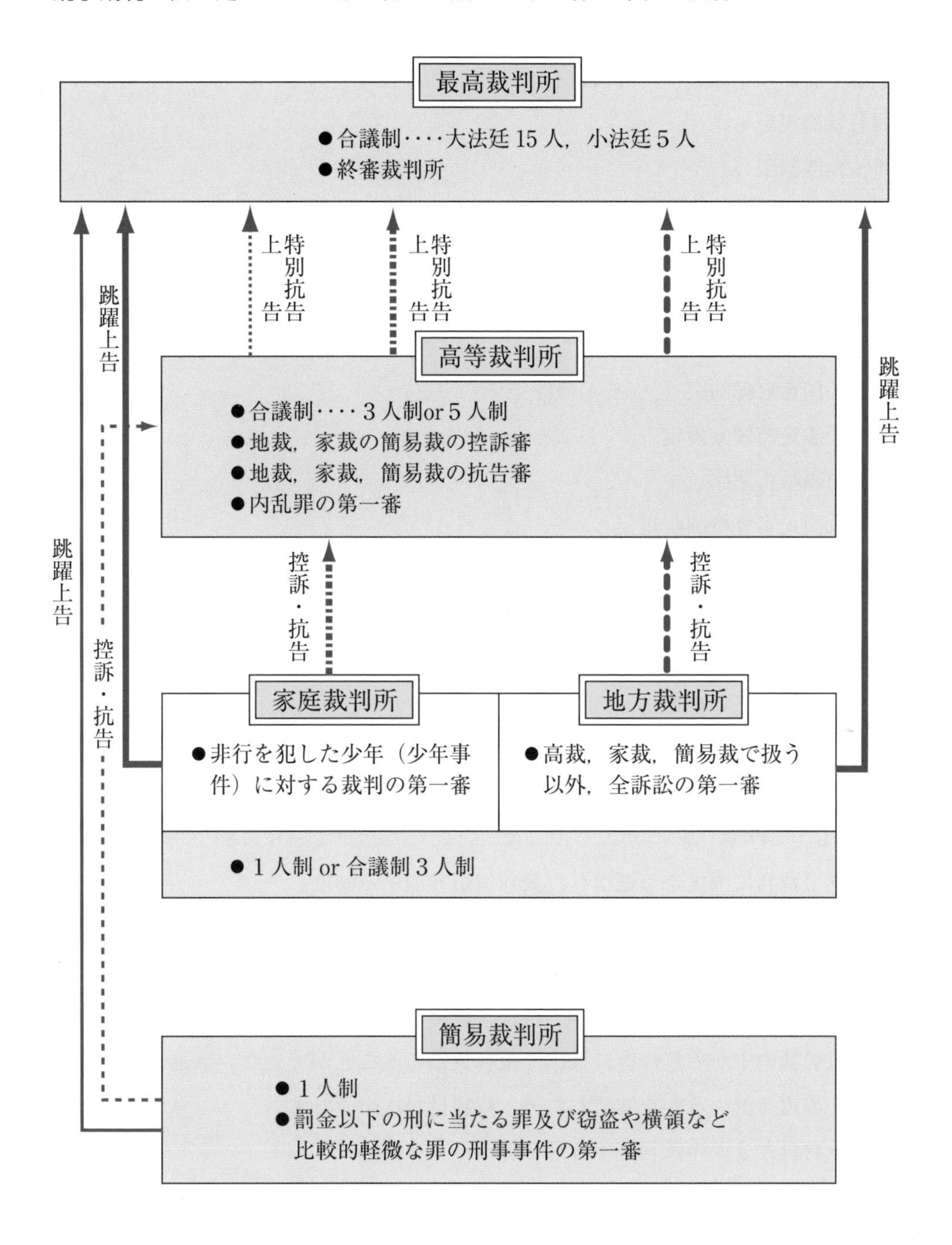

3　最高裁判所違憲判決

1．法令違憲＝法令の全部又は一部に対して違憲とするもの

① 尊属殺重罰規定

② 薬事法距離制限

③ 衆議院議員定数配分規定（1976年と1985年の2回）

④ 共有林分割制限

⑤ 郵便法賠償責任免除規定

⑥ 在外邦人選挙権制限

⑦ 非嫡出子国籍取得制限

⑧ 非嫡出子法定相続分規定

⑨ 女性の再婚禁止期間

⑩ 在外邦人国民審査権制限規定

2．適用違憲＝法令は合憲だが，その法令を当該事件の当事者に適用する場合においては違憲とするもの。

① 第三者所有物没収事件

② 愛媛玉串料訴訟　　など

4　裁判員制度

裁判員制度：刑事裁判に国民から選ばれた裁判員が参加する制度。
2009年（平成21年）5月に施行された。

・対象となる事件は，殺人罪や傷害致死罪，現住建造物等放火などの重大犯罪。

・裁判員は選挙人名簿の中から無作為に抽出。裁判員になることができない事由がないか，または理由があっての辞退を認めるかを判断した後，裁判員が選出される。

・通常は6人の裁判員と3人の裁判官で審理を行う。

・裁判員は審理に出席し，公判審理終了後，被告人が有罪か無罪か，有罪ならばどのような刑罰にするかを裁判官と共に議論し（評議），結論（評決）を出す。裁判長が行う判決宣告に立ち会い，裁判員の仕事は終了する。

・評決は全員一致が原則だが，評議を尽くしても全員の意見が一致しなかったときは，多数決が採られる。ただし有罪の場合は，裁判官1人以上を含む多数が有罪に賛成していなければならない。

・裁判員は，評議の秘密や職務上知り得た秘密を漏らしてはならない。（守秘義務）

演習問題

No.1

（解答▸P.10）

日本の裁判所に関する規定として誤っているものは，次のうちどれか。

① 裁判官は憲法と法律のみに拘束される。
② 特別の場合を除いて，裁判は公開が原則である。
③ 最高裁長官は，内閣の指名に基づいて天皇が任命する。
④ 弾劾裁判所は，両議院の議員で組織される。
⑤ 裁判所は，法律や規則が憲法に適合するか審議した後，国民投票にかけてその真価を問う。

No.2

（解答▸P.10）

日本の裁判制度に関する次の記述のうち，誤っているのはどれか。

① 裁判を受ける権利は憲法で保障されている。
② 刑事裁判には，陪審制度が導入されている。
③ 民事裁判では，原告及び被告は弁護士をつけなくてもよい。
④ 少年犯罪は，まず家庭裁判所で審理される。
⑤ 最高裁判所の裁判官には，国民審査がある。

No.3

（解答▶P.10）

以下の文章は，憲法第80条の条文の一部である。（　）内に入る適語の組合せとして，正しいものはどれか。

「下級裁判所の裁判官は，（　A　）の指名した者の名簿によつて，（　B　）でこれを任命する。その裁判官は，任期を（　C　）年とし，再任されることができる。」

	A	B	C
①	国会	天皇	5
②	最高裁判所	内閣	5
③	最高裁判所	内閣	10
④	内閣	国会	5
⑤	内閣	国会	10

No.4

（解答▶P.10）

裁判官についての次の記述のうち，正しいものはどれか。

① 裁判官のとるべき規範は，自己の主観的な思想や世界観である。
② 裁判官は，弾劾裁判等，憲法上の手続きによらなければ罷免されない。
③ 裁判官は全員，その任命後初めて行われる総選挙の際，国民審査を受けなければならない。
④ 裁判官はその事件につき最高裁判所長官の指示があったときには，これに従わなければならない。
⑤ 裁判官は法律の意味の解釈に迷うときは，独断に陥るのを避けるため，法務大臣の意見を聞かなければならない。

〔政治〕 第6章 司法権・裁判所

No.5

（解答▸P.10）

次のうち，下級裁判所に含まれないものはどれか。

① 簡易裁判所
② 高等裁判所
③ 家庭裁判所
④ 地方裁判所
⑤ 行政裁判所

No.6

（解答▸P.10）

次のうち，司法権の独立とは関係のないものはどれか。

① 最高裁判所の規則制定権
② 特別裁判所の設置禁止
③ 裁判官の身分保障
④ 最高裁判所裁判官の国民審査
⑤ 行政機関による終審の禁止

No.7

（解答▸P.10）

日本における「司法権の独立」に関する記述として正しいものは，次のうちどれか。

① 特別裁判所の設置は，認められていない。
② 裁判官が罷免されることは，一切ない。
③ 下級裁判所の裁判官は，任期がない。
④ 国会は，裁判所に関する法律を制定することができない。
⑤ 最高裁判所裁判官は，定年がない。

No.8

（解答 ▸ P.10）

東京高等裁判所の裁判官を任命するのは，次のうちどれか。

① 最高裁判所
② 国会
③ 内閣
④ 天皇
⑤ 東京都議会

No.9

（解答 ▸ P.11）

日本の三審制に関する記述として正しいものは，次のうちどれか。

① 慎重な審理に基づき判決が下されるので，確定した判決に対して再審は行われない。
② 事件がどのような性質のものであっても第一審の審理は地裁で行われる。
③ 第一審判決後，控訴と上告の二度の上訴が認められている。
④ 最高裁判所が最終判決権を有するので，下級裁判所は判決に関して，最高裁判所の意見を聞かなければならない。
⑤ 必ず三度裁判を受けなければならない。

No.10

（解答 ▸ P.11）

司法権が人々の権利を公正に守り，あるいはそれを侵すことのないように憲法は種々の事柄を規定しているが，こうしたことに関して誤っているのは，次のうちどれか。

① 刑事裁判においては，裁判所で迅速な公開裁判を受けることができる。
② 刑事裁判では，被告は自由に弁護士を頼み，証人を求めることができる。
③ 自分にとって不利益な供述をする必要はない。
④ いかなる場合も，裁判官の令状なしに逮捕されることはない。
⑤ 自分に不利益な唯一の証拠が自分自身による自白である場合，有罪とはならない。

No.11

（解答▸P.11）

次のA～Eは日本国憲法の規定の一部であるが，このうち立法権，行政権に対する司法権の独立を保障しているものは，次のうちどれか。

A「すべて裁判官は，その良心に従ひ独立してその職権を行ひ，この憲法及び法律にのみ拘束される。」
B「公務員を選定し，及びこれを罷免することは，国民固有の権利である。」
C「行政機関は，終審として裁判を行ふことができない。」
D「裁判の対審及び判決は，公開法廷でこれを行ふ。」
E「何人も，裁判所において裁判を受ける権利を奪はれない。」

① A，B
② A，C
③ B，D
④ C，E
⑤ D，E

No.12

（解答▸P.11）

現在の日本の裁判制度に合致するのは，次のうちどれか。

① 出版に関する犯罪が対象となっている裁判において，裁判所は裁判官の全員一致で対審を非公開で行うことを決定した。
② 行政措置に不満を持ったAさんは，行政機関を相手に行政訴訟を起こしたが，司法判断が不相応と判断した裁判所は，行政裁判所に事件を送致した。
③ 傷害罪で起訴されたB被告に対する刑事裁判で，裁判所はB被告に対して被害者への民事上の損害賠償を命じる判決を出した。
④ ある刑事裁判で，一般市民の意見を聞く必要があると判断した裁判所は，陪審制度を利用して，12人の陪審員を指名した。
⑤ ある刑事裁判の第一審で，適用される法律の合憲性が争われたため，裁判所は法律そのものを違憲だと判断し，被告に無罪を言い渡した。

No.13

（解答▸P.11）

日本の違憲立法審査権について正しい記述は，次のうちどれか。

① この制度はイギリスに範をとっている。
② 法律，命令，規則，処分などあらゆる国家行為が審査対象になる。
③ 具体的な事件とは関係なく違憲判断を下すことがある。
④ 違憲立法審査は最高裁判所の専任事項であり，下級裁判所はその権限を有しない。
⑤ 違憲判決を受けた法律は，直ちに条文そのものが削除される。

No.14

（解答▸P.11）

違憲立法審査権に関する記述として正しいものは，次のうちどれか。

① イギリスでは，今世紀に入って違憲立法審査制度が確立された。
② 日本には，ドイツにあるような憲法判断を専門とする「憲法裁判所」が存在しない。
③ 日本では，違憲判断が出された法律は，国会の手続きによらず廃止される。
④ 違憲立法審査権を有するいずれの国でも，行政権の行為に対する違憲判断は行われない。
⑤ 日本では，憲法違反の法令を見つけ次第，誰でも直ちに違憲の訴えを起こすことができる。

No.15

（解答▸P.11）

最高裁判所が違憲判決を出した事例として，正しくないものは次のうちどれか。

① 尊属殺人重罰規定判決
② 愛媛玉串料訴訟判決
③ 共有林分割制限訴訟判決
④ 郵便法・国家賠償制限規定訴訟判決
⑤ 津地鎮祭訴訟判決

No.16

（解答 ▸ P.11）

（　　）内に入る語句の組合せとして，正しいものはどれか。

最高裁判所（　A　）の国民審査は，（　B　）選挙の際に行われ，投票者の（　C　）が罷免に同意した場合，その（　A　）は罷免される。

	A	B	C
①	裁判官	参議院	３分の２
②	裁判官	衆議院	過半数
③	長官	参議院	３分の１
④	長官	衆議院	過半数
⑤	長官	衆議院	３分の２

第1編

第7章 地方自治

大日本帝国憲法では，地方自治に関する規定はなかったが，日本国憲法では地方制度について，「地方自治の本旨に基いて，法律でこれを定める」（第92条）として，地方自治制度を保障している。地方自治の本旨とは，地方政治はその住民の手によって運営されるとする「住民自治」と，地方公共団体（日本では都道府県と市町村）は，その地方に固有の事務を行うため，国から独立して権限を行使するとする「団体自治」の２つの内容をいう。これが憲法に規定されているため，国は地方自治の本旨からはずれた法律は制定することができず，これにより，地方制度は中央集権を排除しているといえる。

地方公共団体は，国から独立して運営される団体である。したがって，執行機関の長である首長（都道府県知事や市町村長）および議決機関である議会（都道府県議会や市町村議会）の議員は，その住民による直接選挙によって選出される。また，国からの指揮や監督を受けることなく，自主的に財産管理や事務処理，行政の運営，（法律の範囲内での）条例の制定などを行うことができる。ただし，国政選挙や戸籍の管理，旅券の発給など，法令によって国の一定関与が認められている事務（＝法定受託事務）もある。

日本の地方自治では，必要署名数や請求先に違いはあるが，条例の制定や改廃（＝イニシアティブ）や議会の解散，首長や議員の解職（＝リコール）など，住民に対して直接請求権を認めている。また，国が特定の地方自治体のみに適用される特別法を制定する場合は，当該地方公共団体の住民投票（＝レファレンダム）における過半数の同意が必要とされている（憲法第95条）。

地方公共団体の財源は，地方税など自主財源によるものと国から交付されるものがあるが，総じて自主財源に乏しい地方公共団体が多く，地方交付税や国庫支出金などの依存財源に頼っているのが現状である。国の財政も悪化してきたことから，2003年よりいわゆる「三位一体の改革」が始まった。これは，①国から地方への補助金削減，②税源移譲，③地方交付税制度の一体的な見直しを行い，行財政改革とともに地方分権を進めるというものであるが，一応の決着を見たとされる現在でも，積み残した課題は多い。

また，2003～2005年にかけて，市町村合併が相次いだ。これにより，1999年に約3,200あった市町村は，2023年9月現在，約1,700に減少したが，これも合併特例債の発行を中心とした，国の地方に対する行財政面の支援が大きい理由とされる。

ポイント

1 地方自治のしくみ

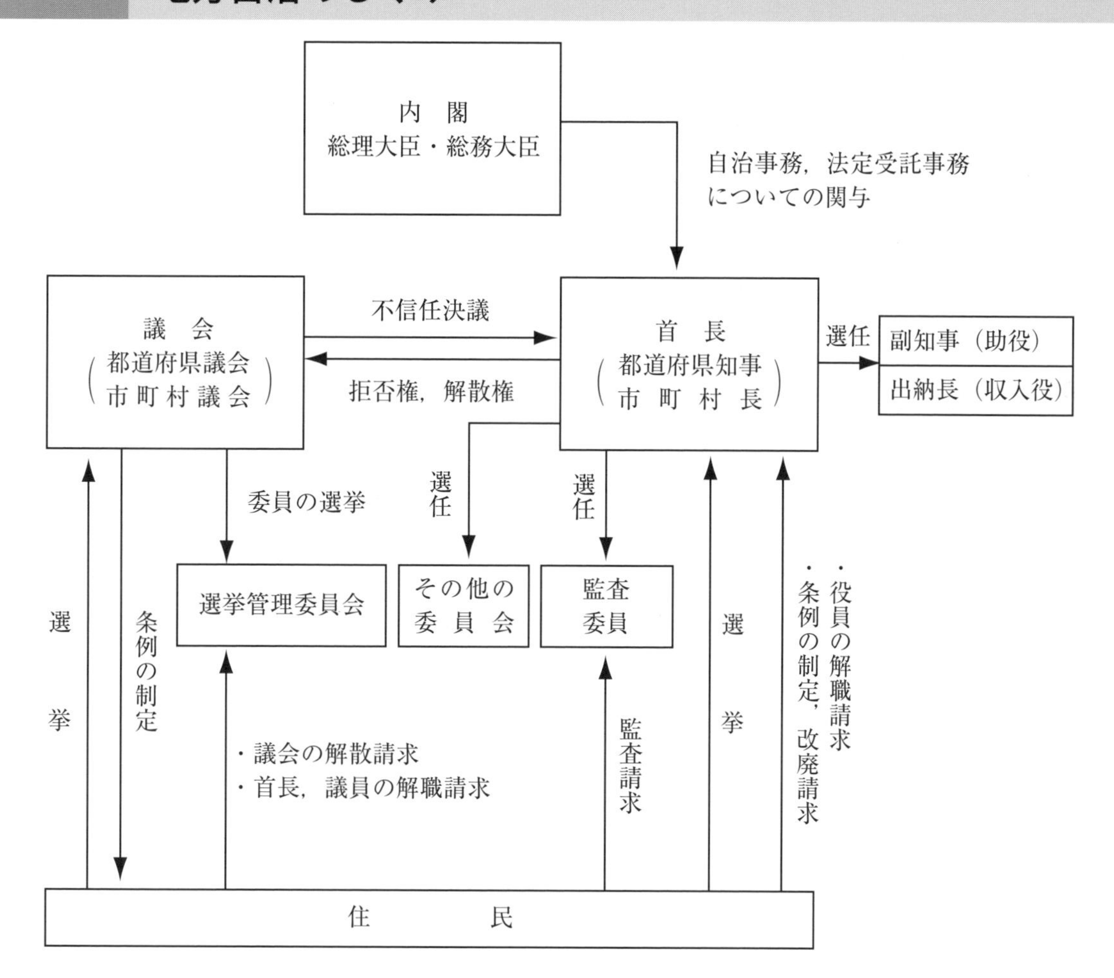

2 地方公共団体の仕事

1. 自治事務：地方公共団体が法令の範囲内で自主的に処理する事務で，法定受託事務を除いたもの。

2. 法定受託事務：本来は国が果たすべき事務だが，適正な処理を特に確保する必要があるとして，法令によって地方公共団体に処理を委任しているもの。

3 直接請求の制度

種　　類	必要署名数	請求先	請求の処理
条例の制定・改廃（イニシアティブ）	有権者の50分の1以上	首　　長	議会にかけ，結果を公表
監　　査	有権者の50分の1以上	監査委員	監査し，その結果を公表
議会の解散	有権者の3分の1以上※	選挙管理委員会	住民投票にかけ，過半数が賛成したときは解散
議員・首長の解職（リコール）	有権者の3分の1以上※	選挙管理委員会	住民投票にかけ，過半数が賛成したときは解職
主要な役職員の解職	有権者の3分の1以上※	首　　長	議会（3分の2以上出席）にかけ，その4分の3以上が賛成したときは解職

◎地方レベルのレファレンダム（住民投票）に関しては，憲法第95条（地方特別法の住民投票）を除いて法律上の規定はない。

※有権者が40万人を超える自治体は『40万人を超える数に6分の1を乗じて得た数と40万人に3分の1を乗じて得た数とを合算して得た数』が必要署名数。

（平成14年9月1日施行）

4 地方公共団体の財源

地方公共団体が自由に使うことができる
- ○地　方　税：地方公共団体が行政に要する経費にあてるために徴収する租税。種類や納税義務者などについては法律で全国一律に定められているが，具体的な税率は地方公共団体が自主的に決めることができる。
- ○地方交付税：地方財政の格差を是正し，各地方公共団体の行政水準を等しくするために，国税収入の一部から交付される税。

使途が決められている
- ○国庫支出金：国が使途を指定して地方公共団体に交付する資金。
- ○地　方　債：公共事業や災害復興などのために，地方公共団体が国などから借り入れる長期の債務。

5 政令指定都市（令和4（2022）年現在）

地　方	道府県名	都市名	指定された日
北海道	北海道	札幌市	昭和47年4月1日
東北	宮城県	仙台市	平成元年4月1日
関東	埼玉県	さいたま市	平成15年4月1日
	千葉県	千葉市	平成4年4月1日
	神奈川県	横浜市	昭和31年9月1日
		川崎市	昭和47年4月1日
		相模原市	平成22年4月1日
中部	新潟県	新潟市	平成19年4月1日
	静岡県	静岡市	平成17年4月1日
		浜松市	平成19年4月1日
	愛知県	名古屋市	昭和31年9月1日
近畿	京都府	京都市	昭和31年9月1日
	大阪府	大阪市	昭和31年9月1日
		堺市	平成18年4月1日
	兵庫県	神戸市	昭和31年9月1日
中国	岡山県	岡山市	平成21年4月1日
	広島県	広島市	昭和55年4月1日
九州	福岡県	北九州市	昭和38年4月1日
		福岡市	昭和47年4月1日
	熊本県	熊本市	平成24年4月1日

No.1

（解答 ▸ P.12）

下の地方自治に関する文の（　　　）内に入る語句の組合せとして正しいものは，次のうちどれか。

現在の地方自治は，その地域に住む住民の手によって行うという（　ア　）と，地域の政治はその自治体みずから行うという（　イ　）を内容とする（　ウ　）に基づいて行われる。これらのことから，地方自治は「（　エ　）の最良の学校」といわれている。

	ア	イ	ウ	エ
①	住民自治	団体自治	地方自治の本旨	人民主義
②	住民自治	団体自治	地方自治の本旨	民主主義
③	住民自治	団体自治	民主主義の本旨	人民主義
④	団体自治	住民自治	地方自治の本旨	民主主義
⑤	団体自治	住民自治	民主主義の本旨	民主主義

No.2

（解答 ▸ P.12）

日本の地方自治の制度について正しいものは，次のうちどれか。

① 地方議会議員の任期は３年である。
② 地方議会は一院制の所もあるが，圧倒的に二院制の所が多い。
③ 都道府県知事の任期は４年，市町村長の任期は６年である。
④ 首長，議員ともに住民の直接選挙によって選出される。
⑤ 地方公共団体の制定する条例には，罰則をつけることができない。

No.3

（解答▸P.12）

日本における戦前の地方自治の状況について誤っているものは，次のうちどれか。

① 憲法に地方自治に関する規定がなかった。
② 知事は天皇が任命した。
③ 市町村長は地方議会によって選ばれた。
④ 地方議会議員は，満20歳以上の男女が選挙によって選出した。
⑤ 内務大臣は，地方議会の解散命令を出すことができた。

No.4

（解答▸P.12）

わが国の地方自治のしくみに関する記述として，妥当なものはどれか。

① 地方公共団体の議会は条例のみならず，その地方公共団体にのみ適用される法律も制定することができる。
② 地方公共団体の住民は，条例の制定や改廃を議会に請求することができる。
③ 地方公共団体の住民は，その地方公共団体の長や議員の解職を，選挙管理委員会に請求することができる。
④ 地方公共団体は，国の仕事である郵便，警察，消防などを除き，水道，交通などの事業を行い，住民に生活の便宜を提供している。
⑤ 地方公共団体の財源はそのほぼ7割が，国が交付する地方交付税交付金と，国の補助金である国庫支出金である。

No.5

（解答▸P.12）

地方自治における住民の直接請求権について，正しいものはどれか。

① 首長や議員の解職請求のことを，レファレンダムという。
② 事務の監査は，首長に対して請求する。
③ 議会の解散を請求するために必要な署名数は，有権者の4分の1である。
④ 選挙で選ばれない役職員の解職は，請求できない。
⑤ 条例の制定は，有権者の50分の1以上の署名をもって，首長に請求する。

No.6

（解答 ▸ P.12）

地方公共団体の住民は直接請求権を有するが，有権者の一定数以上の者の署名をもってしても，請求できない事項はどれか。

① 騒音防止条例の制定
② 地方公共団体の長の解職
③ 地方議会の解散
④ 地方税法の改正
⑤ 地方公共団体の予算の支出に関する監査

No.7

（解答 ▸ P.12）

国民の意見を直接政治に反映させることができる制度の 1 つとしてイニシアティブ（国民発案）がある。これに当たるわが国の制度として正しいのは，次のうちどれか。

① 憲法を改正する際に，国民が直接表決できる。
② 地方公共団体の首長・議員らの解散を請求することができる。
③ 条例の制定・改廃を請求することができる。
④ 最高裁判所の裁判官を罷免することができる。
⑤ 地方議会の解散を請求することができる。

No.8

（解答 ▸ P.12）

事務監査の直接請求は，署名を集めその地方公共団体の監査委員に請求するが，その際に必要な署名数はどれか。

① 有権者の 3 分の 1 以上
② 有権者の 3 分の 2 以上
③ 有権者の 50 分の 1 以上
④ 総人口の 3 分の 1 以上
⑤ 総人口の 50 分の 1 以上

No.9

（解答▶P.12）

条例の制定・改廃の直接請求は，必要署名を首長に提出するが，その際の処理方法について正しいのはどれか。

① 請求どおり調査し，結果を公表

② 住民投票にかけ，過半数を得れば議案通過

③ 議会にかけ，結果を公表

④ ３分の２以上の議会出席で４分の３以上の賛成で可決

⑤ ３分の１以上の議会出席で４分の１以上の賛成で可決

No.10

（解答▶P.12）

有権者が 50,000 人いる地方自治体において，なされる直接請求に関する記述として，正しいものはどれか。

① 議会の解散を請求するには，25,000 人以上の署名が必要である。

② 首長の解職請求があったとき，選挙管理委員会は住民投票にかけなければならない。

③ 条例の改廃を請求するには，5,000 人以上の署名が必要である。

④ 事務の監査は，首長に対して請求する。

⑤ 主要な役職員の解職請求があったとき，首長はそれを議会にかけ，総議員の３分の２以上が賛成すれば，その役職員は解職される。

No.11

（解答▸P.13）

地方自治体の財源に関する以下の記述のうち，正しいものの組合せはどれか。

ア　地方自治体の財源は一般財源と特定財源に分けられるが，地方税は一般財源，地方債は特定財源に含まれる。

イ　地方交付税は，国が使途を指定して公共団体に交付する税で，国税収入の一部がこれにあてられる。

ウ　地方税の種類（税目）及び税率は，地方税法によって定められていて，自治体が独自で税金を課したり税率を変えたりすることはできない。

①　ア　　②　ア，イ　　③　ア，ウ　　④　イ，ウ　　⑤　ウ

No.12

（解答▸P.13）

下のグラフは，総務省が発表した，令和3年度の地方公共団体における歳入総額の内訳を表したものである。A～Cに該当する項目の組合せとして妥当なものは，次のうちどれか。

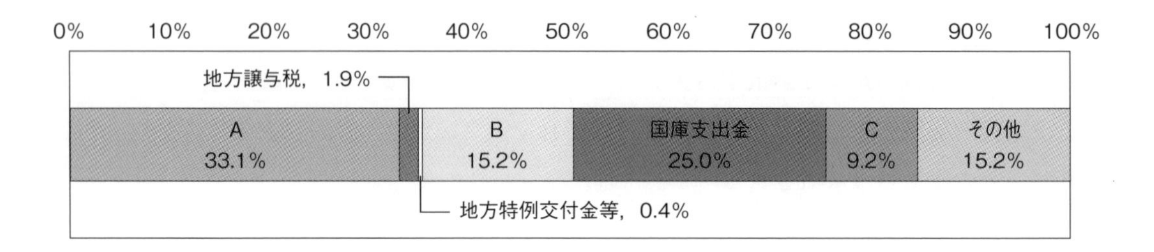

	A	B	C
①	地方税	地方債	地方交付税
②	地方税	地方交付税	地方債
③	地方債	地方交付税	地方税
④	地方交付税	地方債	地方税
⑤	地方交付税	地方税	地方債

No.13

(解答▸P.13)

憲法第92条は「地方公共団体の組織及び運営に関する事項は，地方自治の本旨に基いて，法律でこれを定める」と規定されている。それに関する記述として，正しいものはどれか。

① 条例には罰則を設けることができるが，罰則をつける場合には総務省の許可が必要である。
② 地方議会議員は選挙によって選ばれるが，議員の死亡などにより欠員が出た場合は，首長の指名で選ばれた議員を補充する。
③ ある地方公共団体のみに適用される特別法を制定する場合は，その地方公共団体の住民による投票が必要となる。
④ 地方公共団体の予算案はあらかじめ財務省に提示しなければならないが，予算の議決は各地方議会で行われる。
⑤ 地方の独立を維持するため，地方公共団体を訴えた場合は，地方議会議員で構成される訴訟委員会で裁判を行う。

No.14

(解答▸P.13)

オンブズマン制度について，正しい記述は次のうちどれか。

① 行政部の活動について第三者機関がそれを監視し，行政の適正化，公正化を図る制度である。
② この制度はドイツで創設された。
③ この制度を国家レベルで取り入れている国はない。
④ 監視や勧告は「行政監察官」という国家資格を持っている人間が行う。
⑤ 日本で初めてこの制度を導入したのは横浜市である。

第1編

第8章 選挙制度と政党政治

代表民主制の下では，主権者である国民の代表者を選ぶ選挙は，民主政治を運営する上で最も重要なものであるといえる。そこで，選挙が正当かつ民主的に行われ，国民の意思を正しく反映できるように，普通選挙，平等選挙，直接選挙，秘密選挙という，選挙における基本的な4つの原則が確立していった。これらは，日本国憲法にも明確に規定されている。

国民の意思を正確に反映するためには，選挙制度も重要である。現在では主に小選挙区制，大選挙区制，比例代表制によって選挙が行われているが，どの制度にも一長一短があり，どれがベストとは言い切れない。そこで，これらの選挙制度を組み合わせて選挙を行っている国もある。日本では，衆議院で小選挙区比例代表並立制（小選挙区で289人，地区別ブロックの比例代表制で176人）が，参議院では都道府県別の選挙区制（148人）と全国一区の比例代表制（100人）によって選挙が行われている。

ただし，日本の選挙制度にも課題は多い。まず挙げられるのが「一票の格差問題」である。これは，選出される議員1人当たりの有権者数が選挙区によって異なるため，有権者の1票に重みの差が出るというもので，完全になくすことはできないまでも，他国並み（2倍以内）にすることが求められる。また，投票率の低下（特に若年層）や，選挙運動の規制と自由な選挙との整合性（戸別訪問の禁止が，言論・表現の自由に反していないのかなど）も，課題となっている。

民主政治は多数決を原則としているため，同じような政策や考えを持っている人間を結集させることが，有効な手段となりうる。このような中で，国民の一般的な利益獲得を実現するために，選挙で候補者を立て，政権の獲得を目的とする団体が「政党」である。政党政治の類型には，その数による二大政党制，多党（小党分立）制，一党制の他にも，いくつかの分類方法がある。

日本の政権は，55年体制（巨大な政権政党である自由民主党と，比較的大きな野党である社会党を中心とする体制）が1993年の細川連立政権で崩壊した後，自社さ（自民党・社会党・新党さきがけ）の連立政権→自民党単独政権→自民党・自由党の連立政権→自民党・公明党の連立政権→民主党・社民党・国民新党の連立政権（後に社民党は連立離脱）→自民党・公明党の連立政権（2012年12月～）と，変遷している。

ポイント

1 民主選挙の四原則

普　通	一定の年齢に達したすべての国民に選挙権・被選挙権を与える。
平　等	有権者の一票を同価値と考え，平等に扱う。
直　接	有権者が直接議員を選挙する。
秘　密	有権者の投票の秘密を保障する。

2 選挙制度

	選　出	長　所	短　所
小選挙区制	1つの選挙区から1人	●二大政党制になりやすく，政局が安定する。 ●選挙費用が少なくてすむ。 ●選挙民が候補者を理解しやすい。	●死票が多い。 ●少数政党には不利になる。 ●不正投票の可能性が高くなる。 ●不公平な選挙区割り（ゲリマンダー）の危険性が高くなる。
大選挙区制	1つの選挙区から2人以上	●死票が少ない。 ●少数政党からも当選者が出る可能性が高い。 ●不正投票の可能性が低い。	●小党が乱立しやすく，政局が安定しない。 ●選挙費用がかさむ。 ●選挙民と候補者の結びつきが弱く，判断しづらい。
比例代表制	各政党の獲得票数に比例して当選者数を決定。	●死票がほぼなくなる。 ●比較的正確に民意を反映できる。	●基本的に小党分立になり，政局が不安定になる。 ●党の幹部に権力が集中しやすい。

※1つの選挙区から3～5人を選出する中選挙区制は，理論上は大選挙区制の一種。

3 政党制の特色

	長所	短所	採用国
二大政党制	●政局が安定する。 ●政党の選択が容易になる。 ●政治責任の所在が明白になるので，責任ある政党政治が確立される。	●国民の多様な政治的意見を十分に吸収できない。 ●政党間の政策が接近しがちになる。 ●政党間の政策の差が大きいと政権交代の時に政治の一貫性が失われるおそれがある。	イギリス アメリカ
多党制（小党分立制）	●国民の意思が比較的忠実に政党に反映される。 ●世論の変化による政権交代が容易にできる。	●連立政権になる可能性が高く，政局が不安定になる。 ●政治上の責任の所在が不明確になる。	日本 イタリア フランス ドイツ
一党制	●長期にわたって安定した政局が保てる。 ●強力な政治を推し進めることができる。	●制度的に独裁体制になるため民主政治から離れる可能性がある。 ●民主的な政権交代が行われない。	中国 キューバ 朝鮮民主主義人民共和国

4 ドント方式による当選人の決定方法

当選人７名に対して，A党・B党・C党・D党が候補者名簿を提出した場合

	A党	B党	C党	D党
得票数	1,500	700	500	200
÷1	1,500 ①	700 ③	500 ④	200
÷2	750 ②	350 ⑦	250	100
÷3	500 ④	233.33･･･	166.66･･･	66.66･･･
÷4	375 ⑥	175	125	50
÷5	300	140	100	40
当選人数	4人	2人	1人	0人

1．政党の得票数を１，２，３，‥‥と整数で割っていく。

2．割って得られた商が大きい順に当選人数まで順位をつける。（表中の○数字。この場合は当選人が７人なので７番まで。）

3．順位が付いた人数が各党の当選人数。政党が提出した名簿に従って当選人を決める。

日本の場合

衆議院（拘束名簿式）：名簿に順位が記載されているので，それに従う。
同順位（小選挙区との重複立候補）の場合は惜敗率によって決める。

参議院（非拘束名簿式）：個人名で投票された票の得票数によって順位を決める。

No.1

（解答▶P.13）

民主選挙の原則として正しいものは，どのグループか。

① 公開選挙・平等選挙・直接選挙
② 制限選挙・間接選挙・公開選挙
③ 秘密選挙・制限選挙・普通選挙
④ 秘密選挙・普通選挙・平等選挙
⑤ 普通選挙・間接選挙・平等選挙

No.2

（解答▶P.13）

以下の文章の（　　）内に入る語句の組合せとして，正しいものはどれか。

大選挙区制の選挙は，死票が（　A　），（　B　）政党からの当選者が出やすい。また，小党が乱立し（　C　），選挙民と候補者の結びつきが（　D　）という特徴がある。

	A	B	C	D
①	多く	多数	にくく	強い
②	多く	多数	やすく	強い
③	少なく	少数	やすく	強い
④	少なく	少数	やすく	弱い
⑤	少なく	多数	にくく	弱い

No.3

（解答▶P.13）

各選挙区制の特徴について正しいものは，次のうちどれか。

① 小選挙区制で選挙を行うと，死票が大量に出る。
② 中選挙区制は，小選挙区制の一形態とされる。
③ 大選挙区制は，少数政党にとっては有利な選挙区制とはいえない。
④ 比例代表制は政党に投票するため，個人名を書くと，どの選挙でも必ず無効票となる。
⑤ ゲリマンダーの危険性が最も高いのは，大選挙区制である。

No.4

（解答▸P.13）

小選挙区制の問題点といわれているものはどれか。

① 同一政党内において，同士討ちが生じやすい。
② 候補者選択の幅が広く，選挙民は判断しにくい。
③ 少数党は，議席を獲得できない場合が多い。
④ 議員となった後，どのような活動を行っているのか分かりにくい。
⑤ 小党分立を促し，政局が不安定になりやすい。

No.5

（解答▸P.14）

国会議員の選出手続にはいろいろあるが，その１つである比例代表制の特徴の組合せとして，妥当なものは次のうちどれか。

ア 政党の政策が浸透しやすく，候補者と選挙民の関係が緊密である。
イ 死票が少ない。
ウ 二大政党制よりも多党制になりやすい。
エ 政局は安定する。

① ア，イ　② ア，エ　③ イ，ウ　④ イ，エ　⑤ ウ，エ

No.6

（解答▸P.14）

政党政治の形態や特色の記述として正しいものは，次のうちどれか。

① 二大政党制は，多様な民意を反映させやすい。
② 小党分立制は，政党の選択が容易である。
③ 一党制は，長期間安定した政権が保てる。
④ 二大政党制は，政局が不安定になりやすい。
⑤ 多党制は，政治責任の所在が明白になる。

No.7

（解答 ▸ P.14）

政党制に関する記述として妥当なものは，次のうちどれか。

① 現在，一党制を採用している国はない。
② 代表的な二大政党制の国としては，アメリカとイタリアが挙げられる。
③ 小党分立制は，二大政党制に比べて多様な国民の意見が反映されやすいが，連立政権を作ることが多いため，意見の不一致が起こりやすい。
④ 二大政党制は，政権担当能力を持つ政党が２つあるので，政党間の政策協定に拘束され，指導力がなく，政権が不安定である。
⑤ 二大政党制の国では，３つ以上の政党が存在すること自体が認められていない。

No.8

（解答 ▸ P.14）

二大政党制の長所と短所について書かれたものとして妥当なのは，次のうちどれか。

① 強力な政治を推し進めることが可能であるが，政治上の責任が明確になりにくい。
② 有権者の政党選択が容易であるが，国民の選択余地が限定される。
③ 政局は安定するが，独裁体制に陥りやすい。
④ 世論の変化による政権交代が容易に行われるが，政策は妥協によることが多い。
⑤ 有権者の意思は反映されやすいが，政策が固定化し融通性に乏しい。

No.9

（解答 ▸ P.14）

日本の政治制度の歴史として正しいものは，次のうちどれか。

① 日本で最初に結党された政党は，大隈重信が総裁だった自由党である。
② 第１回貴族院議員総選挙は 1890 年に行われた。
③ 1918 年に本格的な政党内閣を組閣した原敬は，普通選挙法案を可決して，成年男性による普通選挙が実施された。
④ 男女普通選挙が実施されるのは，太平洋戦争後のことである。
⑤ 1950 年，自由民主党と日本社会党が結党された。これ以後の政治体制を「50 年体制」と呼ぶ。

No.10

（解答▸P.14）

以下の選挙に関する記述のうち，誤っているものはどれか。

① 日本では，1925 年に成年男子普通選挙が確立した。
② 公職選挙法の改正により，現在投票時間は午後８時までになっている。
③ 期日前投票は選挙当日に投票できない有権者が事前に投票できる制度であり，投票できない理由は公用，私用を問わない。
④ 日本の定数不均衡問題では，違憲判決が出たことがある。
⑤ 衆議院選挙は，非拘束名簿式比例代表制と都道府県単位の中選挙区制が並立している。

No.11

（解答▸P.14）

日本の選挙に関する記述として妥当なものは，次のうちどれか。

① 公務員の選挙については，成年者による普通選挙を保障する旨，憲法に定められている。
② 憲法には公開選挙を保障する記述はないが，民主選挙における当然の権利として認められている。
③ 以前は一票の格差が問題視されていたが，数度にわたる選挙法の改正を経て，現在では格差が２倍以内に縮小されている。
④ 以前禁止されていた戸別訪問は，最高裁判所で違憲判決が出た結果，現在では認められている。
⑤ 在外邦人（海外在住の日本国民）に対する国政選挙権は，一切認められていない。

No.12

（解答▸P.14）

以下に挙げる選挙制度のうち，日本の参議院議員選挙で採用されている制度の組合せとして正しいものはどれか。

ア 全国１ブロックの大選挙区制
イ 都道府県別の中選挙区制
ウ 全国を 289 選挙区に分けた小選挙区制
エ 全国１ブロックの比例代表制
オ 全国 11 ブロックの比例代表制

① ア，エ　② イ，エ　③ イ，オ　④ ウ，エ　⑤ ウ，オ

No.13

（解答 ▸ P.14）

日本の選挙制度に関する記述として，正しいものは，次のうちどれか。

① 選挙運動の総括責任者が悪質な選挙違反で有罪になると，候補者自身の当選も無効となる。
② 選挙管理委員会からの指名がない限り，比例代表名簿の提出は認められない。
③ 行政官僚は，離職後２年を経過しないと選挙に立候補できない。
④ 公職選挙法に基づき，選挙での得票率に応じて運動に要した費用が，国庫から議員に支給される。
⑤ 一度離職した議員が再度立候補するときは，一定数の推薦者名簿を選挙管理委員会に届け出なければならない。

No.14

（解答 ▸ P.14）

次のうち，公職選挙法の拡大連座制が適用されないのは，次のうちどれか。

① 選挙運動の総括責任者
② 立候補予定者の親族
③ 選挙運動の出納責任者
④ 立候補予定者の秘書
⑤ 立候補予定者の友人

No.15

（解答 ▸ P.15）

日本の議員と選挙に関して誤っているものは，次のうちどれか。

① 俗に「二世議員」と呼ばれる候補者は，知名度の点で他の候補者に比べて有利である。
② 衆・参両院とも，一部の議員は比例代表制で選出されるため，小党分立が常であり，多数党が形成されることはない。
③ 候補者が党の実力者に「カネとポスト」を要求するため，政党内部で派閥が形成されることがある。
④ 議員が地元への利益誘導を通じて，自分の地盤を強化することがよくある。
⑤ 地域における人のつながりが，選挙の際の集票活動に重要な役割を果たすことが多い。

No.16

（解答 ▸ P.15）

比例代表選挙が行われ，各党以下の票数を得た。ドント方式で当選者を 10 人決める場合，B 党の当選者は何人になるか。

A 党　7,500 票
B 党　9,800 票
C 党　3,600 票
D 党　5,500 票
E 党　1,200 票

① 1 人
② 2 人
③ 3 人
④ 4 人
⑤ 5 人

第1編

第9章 国際政治

1618年に始まった，ドイツの三十年戦争を目の当たりにしたオランダの法学者・外交官であるグロティウスは，国際社会にも国家と同様，人間の理性に基づく従うべき一定の規範が存在することを主張した。1648年には，近代史上初の国際会議といわれるウェストファリア会議で，三十年戦争の講和条約（ウェストファリア条約）が結ばれ，近代ヨーロッパにおける国際関係の基礎が築かれた。これが「国際法」と「国際政治」の始まりである。

1914～1918年の第一次世界大戦は，一般市民も巻き込み，膨大な人的・物的被害を出した。終戦後開かれたパリ講和会議では，アメリカ合衆国大統領ウィルソンが発表した「平和原則十四カ条」に基づいて，会議が進められた。ここでうたわれていた国際連盟の設立構想は，ヴェルサイユ条約によって実現し，1920年1月，史上初の世界的集団安全保障機構である「国際連盟」が発足した。しかし，大国の不参加，制裁手段の不備，全会一致の原則など，運営上の欠点が多く見られ，第二次世界大戦の勃発を防ぐことはできなかった。

第二次世界大戦後の1945年，国際平和と国際協力のための新たな機関として，「国際連合（国連）」が発足した。国際連合は，全世界的規模，武力制裁が可能，多数決の原則など，国際連盟失敗の反省を元にした体制を採っている。また，様々な国際的な問題に対処するため，専門機関や委員会など，多くの組織を有している。

第二次世界大戦後，世界はアメリカを中心とする資本主義諸国と，ソ連を中心とする社会主義諸国の対立，いわゆる冷戦体制に突入した。アメリカとソ連が直接戦争に至ることはなかったものの，各地の紛争に両国が介入したり（代理戦争），核兵器の開発が進められるなど，一触即発の状況が続いた。しかし，1980年代後半に始まるソ連の改革開放路線（＝ペレストロイカ）や，東欧諸国の民主化によって，両国の対立は次第に軟化していった。1989年のマルタ会談で冷戦終結が宣言されると，1990年の東西ドイツ統一，1991年のソ連解体によって，冷戦は完全に消滅した。

冷戦終結後も，民族間や宗教間における対立，それに伴う紛争やテロ行為は後を絶たない。また，先進工業国と発展途上国との格差問題（＝南北問題）や，地球規模での環境破壊，核拡散，人口増加，食糧や資源など，問題は山積している。これに対して，国連を中心とする世界各国がいかに取り組んでいくかが，今後の課題である。

ポイント

1 国際連盟と国際連合の比較

	国際連盟	国際連合
設立年	1920年	1945年
本部	スイス・ジュネーヴ	アメリカ・ニューヨーク
加盟国数／原加盟国数	59カ国／42カ国（1934年）	193カ国／51カ国（2023年現在）
不参加国	アメリカ ソ連（1934年加盟，39年除名）	バチカン
脱退国	日本，ドイツ（1933年） イタリア（1937年）	なし（2023年現在）
機関	総会，理事会，事務局，常設国際司法裁判所 専門機関は少ない。	主要機関：総会，安全保障理事会，経済社会理事会，信託統治理事会，国際司法裁判所，事務局 他に専門機関，委員会など多数
表決	全会一致制	原則，多数決制
制裁措置	経済制裁のみ	経済制裁＋武力制裁
軍隊	なし	あり（国連憲章による正式な国連軍が組織されたことはない。）

2 国際連合の組織図

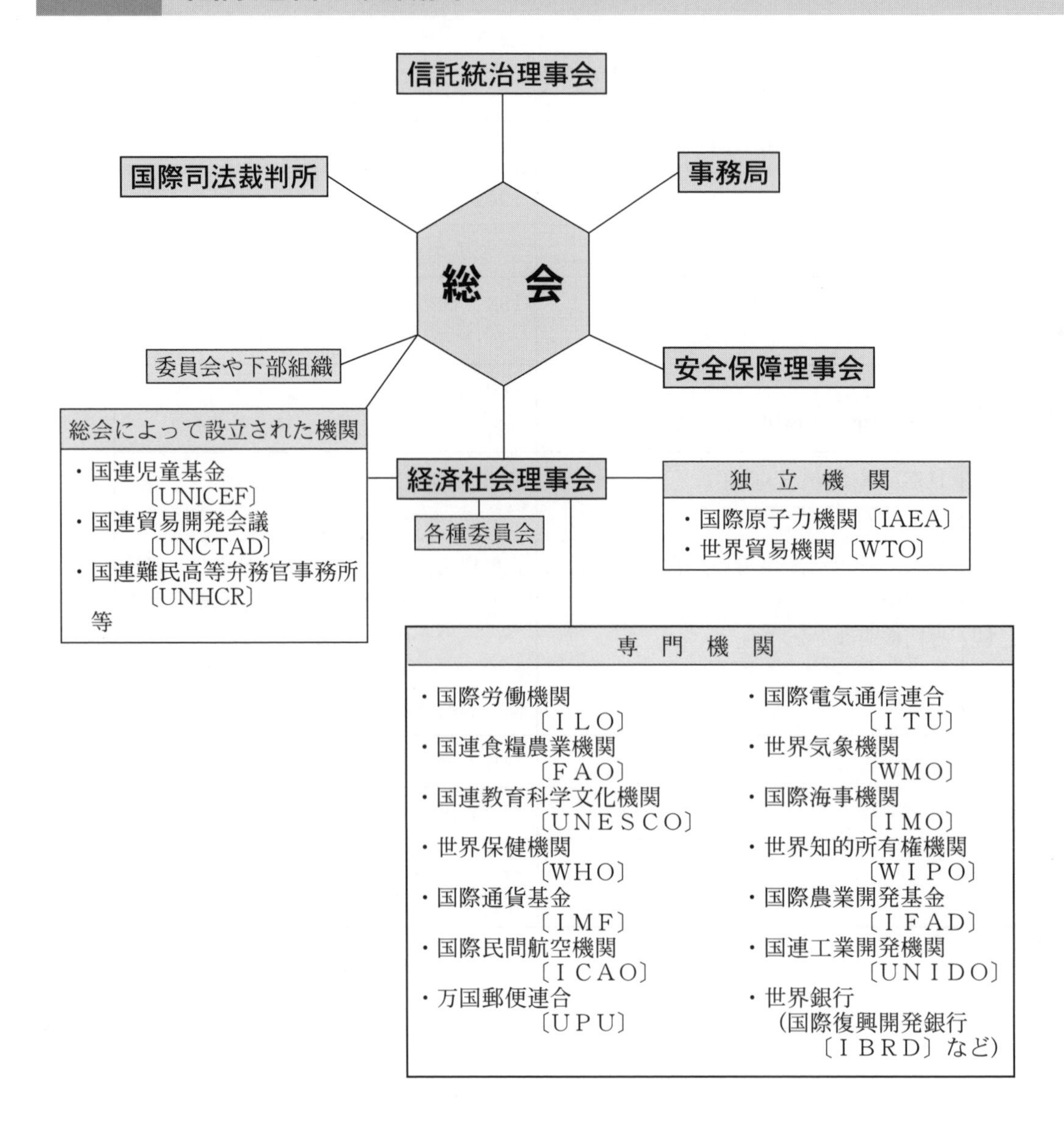

信託統治理事会
国際司法裁判所
事務局
総　会
委員会や下部組織
安全保障理事会
総会によって設立された機関
・国連児童基金〔UNICEF〕
・国連貿易開発会議〔UNCTAD〕
・国連難民高等弁務官事務所〔UNHCR〕
等
経済社会理事会
各種委員会
独　立　機　関
・国際原子力機関〔IAEA〕
・世界貿易機関〔WTO〕
専　門　機　関
・国際労働機関〔ILO〕
・国連食糧農業機関〔FAO〕
・国連教育科学文化機関〔UNESCO〕
・世界保健機関〔WHO〕
・国際通貨基金〔IMF〕
・国際民間航空機関〔ICAO〕
・万国郵便連合〔UPU〕
・国際電気通信連合〔ITU〕
・世界気象機関〔WMO〕
・国際海事機関〔IMO〕
・世界知的所有権機関〔WIPO〕
・国際農業開発基金〔IFAD〕
・国連工業開発機関〔UNIDO〕
・世界銀行（国際復興開発銀行〔IBRD〕など）

3 歴代国連事務総長

トリグブ・リー	(ノルウェー)	1946 ~ 1952 年
ダグ・ハマーショルド	(スウェーデン)	1953 ~ 1961 年
ウ・タント	(ビルマ，現在のミャンマー)	1961 ~ 1971 年
クルト・ワルトハイム	(オーストリア)	1972 ~ 1981 年
ハビエル・ペレス・デクエヤル	(ペルー)	1982 ~ 1991 年
ブトロス・ブトロス＝ガーリ	(エジプト)	1992 ~ 1996 年
コフィー・アナン	(ガーナ)	1997 ~ 2006 年
潘基文	(韓国)	2007 ~ 2016 年
アントニオ・グテーレス	(ポルトガル)	2017 年～

演習問題

No.1

（解答▸P.15）

国際政治に多大な影響を与えた人物と，その関連語句の組合せとして，正しいものはどれか。

① カント ――――『戦争と平和の法』
② グロティウス ――『永久平和のために』
③ ウィルソン ―― 平和原則 14 カ条
④ ローズヴェルト ― 国際連盟
⑤ レーニン ――― 大西洋憲章

No.2

（解答▸P.15）

次のうち，国際連合の主要機関でないものはどれか。

① 総会
② 安全保障理事会
③ 経済社会理事会
④ 国際司法裁判所
⑤ 世界貿易機関

No.3

（解答▸P.15）

国際連盟に関する記述として正しいものは，次のうちどれか。

① 多数の専門機関があった。
② 表決の方法は，全会一致制だった。
③ 武力制裁を行うことができた。
④ 世界の大半の国が加盟していた。
⑤ 理事会の常任理事国には，拒否権が認められていた。

No.4

（解答▶P.15）

国際連盟と国際連合の比較について書かれた以下の記述のうち，正しいものはどれか。

① 国際連盟当時，常設の国際司法裁判所はなかったが，国際連合には常設の国際司法裁判所がオランダのハーグにある。
② 国際連盟，国際連合ともに，総会では全会一致の原則が採用されている。
③ 国際連盟の理事会は全会一致制を原則としていたが，国際連合の安全保障理事会は，五大国に拒否権を認めつつも多数決制を採用した。
④ 国際連盟では侵略に対する制裁措置として武力制裁が規定されていたが，国際連合では経済制裁に限定された。
⑤ 国際連盟では国連軍が組織されていなかったが，国際連合では設立当初から国連憲章に基づいた国連軍が組織されている。

No.5

（解答▶P.15）

国際社会における過去と現在の記述として誤っているものは，次のうちどれか。

① 19世紀のヨーロッパでは，主要国間の勢力均衡（バランス＝オブ＝パワー）が保持されていたため，比較的平穏な状態が続いた。
② 19世紀末から第一次世界大戦に到る約20年間には，経済的利害をめぐって列強各国が激しく対立し，他国との戦争によって植民地や勢力圏を獲得することも行われた。
③ 国際連盟の主要機関である理事会は，日本，アメリカ，ソ連などの5常任理事国と非常任理事国とで構成され，常任理事国には，侵略戦争を行った国に対する武力制裁を行う義務があった。
④ 国際連合の安全保障理事会は，平和に対する脅威，平和の破壊または侵略行為の存在を認定し，それに対する強制措置の発動を決定する権限をもっている。
⑤ 国際連合は安全保障についての諸国間の「地域的取り決め」を認めており，冷戦期には，多くの地域的集団安全保障体制が形成されることになった。

No.6

（解答▸P.15）

次の図は国際連合の主要機関を描いたものである。図中のA～Cに入る機関名の組合せとして正しいものは，次のうちどれか。

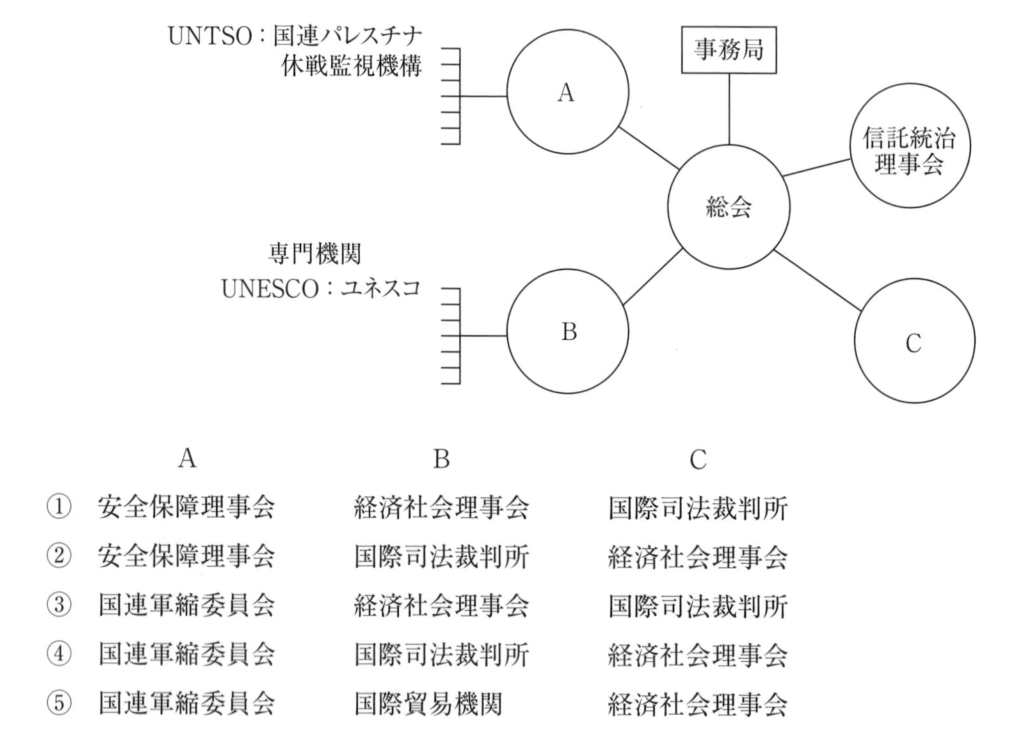

	A	B	C
①	安全保障理事会	経済社会理事会	国際司法裁判所
②	安全保障理事会	国際司法裁判所	経済社会理事会
③	国連軍縮委員会	経済社会理事会	国際司法裁判所
④	国連軍縮委員会	国際司法裁判所	経済社会理事会
⑤	国連軍縮委員会	国際貿易機関	経済社会理事会

No.7

（解答▸P.15）

次の文章中の［　　］内に入る語句の組合せとして正しいものは，次のうちどれか。

国際連合の総会は［ア］に基づく［イ］を採用している。表決について，特に重要事項の際は，［ウ］国の［エ］以上，手続事項については［オ］の賛成を必要とする。

	ア	イ	ウ	エ	オ
①	１国１票制	多数決制	加盟	２分の１	過半数
②	１国１票制	多数決制	出席	３分の２	過半数
③	１国１票制	多数決制	出席	３分の２	３分の２
④	代表制	全会一致	加盟	３分の２	過半数
⑤	代表制	全会一致	出席	２分の１	３分の２

No.8

（解答▶P.16）

国際連合の安全保障理事会に関する記述として正しいものは，次のうちどれか。

① 常任理事国は，アメリカ・イギリス・フランス・ドイツ・ロシアの５カ国である。
② 非常任理事国の任期は３年である。
③ 常任理事国のうち２カ国以上が反対すると，その事項は否決されたことになる。
④ 非常任理事国は，８カ国で構成されている。
⑤ 非常任理事国の選出は，地域配分を考慮して決められる。

No.9

（解答▶P.16）

国際連合に関する次の記述のうち，正しいものはどれか。

① 日本は，1945年の発足当初から，原加盟国として参加している。
② 安全保障理事会の平和維持に関する決議は，五大国の賛成だけで成立する。
③ 以前主要機関であった信託統治理事会は，2005年の総会で廃止されることが決定した。
④ 国際連合憲章の構想は，大西洋憲章に基づいている。
⑤ 国際間の紛争は，当事国の話し合いか国際司法裁判所で解決することとなっており，違法国に対する武力制裁は認められていない。

No.10

（解答▶P.16）

人種・性・言語・宗教の差別なく，教育，科学，文化の相互交流を深めて，諸国間の交流を促進し，それによって平和と安全保障に寄与することを目的とする機関はどれか。

① ＩＬＯ
② ＵＮＥＳＣＯ
③ ＯＥＣＤ
④ ＣＯＭＥＣＯＮ
⑤ ＩＢＲＤ

No.11

（解答 ▸ P.16）

ＷＨＯ（世界保健機関）の本部が設置されている都市はどれか。

① ローマ
② ウィーン
③ ジュネーヴ
④ ハーグ
⑤ パリ

No.12

（解答 ▸ P.16）

国際機関に関する記述として正しいのは，次のうちどれか。

① ＩＬＯは，国際的に労働条件を改善することを目的として，1919 年にヴェルサイユ条約第 13 編「労働」に基づいて成立した機関である。
② ＵＮＥＳＣＯは，第二次世界大戦後の国際通貨制度・金融制度の安定を図るために，1944 年のブレトン＝ウッズ協定に基づいて翌年に設立された機関である。
③ ＷＨＯは，気象観測と気象学の国際協力を促進し，観測網を確立して，気象情報を交換することを目的に，1950 年に設立された機関である。
④ ＩＭＦは，食糧の増産，農民の生活水準の改善，各国民の栄養の向上を目的に，1945 年に設立された機関である。
⑤ ＩＦＣは，国際民間航空の安全を確保し，航空路・空港・気象情報などの発展を促進するために，1947 年に設立された機関である。

No.13

（解答 ▸ P.16）

国際的な人権保障に関する以下の記述のうち，誤っているものはどれか。

① 世界人権宣言は，初めて世界レベルでの人権保障を目指したものであり，その第１条で「すべての人間は，生まれながらにして自由であり，かつ，尊厳と権利とについて平等である。」と規定している。

② 国際人権規約には「経済的，社会的及び文化的権利に関する国際規約」（社会権規約，Ａ規約）と「市民的及び政治的権利に関する国際規約」（自由権規約，Ｂ規約）とがあり，どちらも法的拘束力がある。

③ 難民の地位に関する条約では，難民は母国への送還が効果的な救済方法であるとしており，締約国による住居の提供などの保護措置は，致し方ない場合にとどめるよう規定している。

④ 女子差別撤廃条約は，男女平等社会の実現を目的としており，締約国に対して，男女の平等を促進する法律の整備を義務づけるとともに，差別的な慣行を撤廃するように求めている。

⑤ こどもの権利条約は，すべての児童に対して固有の権利があることを認め，締約国に対しては，児童の生存と発達を可能な最大限の範囲において確保することを求めている。

No.14

（解答 ▸ P.16）

下記の文章に該当する機構はどれか。

1949年に設立された，西側陣営の軍事機構。東西冷戦中はソ連を中心とする東側陣営と対立を続けたが，冷戦終結後は新たな安全保障環境への適応を図っている。

① ＮＡＴＯ
② ＷＴＯ
③ ＯＡＳ
④ ＡＮＺＵＳ
⑤ ＣＯＭＥＣＯＮ

No.15

（解答 ▸ P.16）

第二次世界大戦後に起こった国際紛争の名称とその説明の組合せとして妥当なものは，次のうちどれか。

① 朝鮮戦争：韓国と北朝鮮の朝鮮半島の主権をめぐる紛争。韓国側にイギリス軍を中心とする国連軍が，北朝鮮側にソ連義勇軍が加わった。

② キューバ危機：キューバに向けて配備されたアメリカの核ミサイルに対して，ソ連が反発，核戦争の一歩手前までいった国際的危機。最終的にアメリカの核ミサイルが撤去され，事なきを得た。

③ ヴェトナム戦争：元々は南北ヴェトナムの内戦だったが，南ヴェトナムを支援するソ連が軍事介入して戦闘が激化，北ヴェトナムにアメリカが軍事支援を行うなど，代理戦争の様相を呈した。

④ 第四次中東戦争：1980～88年に起こった，イランとイラクの国境紛争。国連の安全保障理事会による決議を受け，停戦した。

⑤ 湾岸戦争：イラクがクウェートに侵攻したことに端を発する戦争。アメリカ軍を中心とする多国籍軍が派遣され，イラクはクウェートから撤退，停戦した。

No.16

（解答 ▸ P.16）

世界の紛争や対立をめぐる下記の記述のうち，誤っているものはどれか。

① チェチェン問題では1996年，独立を求めるチェチェン人勢力とロシア政府との間で和平合意が成立したが，99年に再び内戦化した。

② 1999年，コソボ紛争に対してＮＡＴＯ（北大西洋条約機構）による空爆が開始されたが，人道的介入の是非に関する議論が起こった。

③ 1993年，パレスチナ問題において，暫定自治の原則に関する合意（いわゆるオスロ合意）が成立した。

④ マレーシアが武力によって併合した東ティモールは，1999年住民投票を行い，独立することが決まった。

⑤ 2000年，大韓民国と朝鮮民主主義人民共和国との間で，初めて最高首脳による会談が実現した。

No.17

（解答 ▸ P.17）

第二次世界大戦後の日本の外交に関する記述について，誤っているものはどれか。

① 1951年，日本はサンフランシスコ平和条約によって連合国側と全面講和し，主権を回復した。
② 1956年，日ソ共同宣言の合意によって，日本の国連加盟が実現した。
③ 1972年，日中共同声明が出され，日本と中国の間に国交が樹立された。
④ 1992年，ＰＫＯ協力法が成立し，自衛隊がカンボジアへ派遣された。
⑤ 2002年, 小泉首相（当時）が訪朝し, 日本と北朝鮮（朝鮮民主主義人民共和国）との間で日朝ピョンヤン宣言が合意された。

第２編
経　済

第1章 市場の形態

18世紀後半にイギリスで起こった産業革命は，市場の形成と資本主義経済の確立をもたらした。イギリスの経済学者であるアダム＝スミスは，自由競争市場において自己利益のみ追求しても，神の「見えざる手」によって需要と供給は自動的に調節されると説いて，政府の自由放任（レッセ＝フェール）を主張した。19世紀後半に入ると，巨大な資本を必要とする産業が発達し，資本の集中によって成立した大企業が支配する独占資本主義が成立し，先進資本主義国は植民地獲得競争を激化させた（＝帝国主義）。そのような中，1929年に起きた世界恐慌は，マルクスの唱える社会主義を採っていたソ連以外の資本主義国を，大不況と大量失業に陥れた。アメリカ合衆国大統領フランクリン＝ローズヴェルトは，自由放任政策に変えて，政府が積極的に経済に介入するニューディール政策を実施した。これを理論的に説明したのが，イギリスの経済学者ケインズである。ケインズは，政府が公共投資などによって完全雇用を実現し，有効需要を創出すべきであると説いた。これによって，自由放任主義に変わる修正資本主義が成立した。

現代の経済は，家計・企業・政府の３つの経済主体の間を，財やサービス，資金（お金）が循環することで成立している。この際，財やサービスを購入しようとする意欲と，それを生産し提供しようとする意欲が働く。前者を需要，後者を供給といい，この両者の関係を需給関係という。自由競争が成立している市場においては，価格の変動によって需要と供給のバランスが取られる。つまり，需要（＝消費者）は価格が高くなれば減り，価格が低くなれば増える。逆に供給（＝生産者）は，価格が高くなると増え，価格が低くなると減る。この結果，価格は需要と供給が等しくなる点に落ち着くことになる。これを価格の自動調節機能という。

しかし，現代の資本主義経済では，生産の大規模化によって，少数の大企業によって生産が集中する寡占市場が多く見られる。この場合，価格の自動調節機能は働かず，一部の大企業によって価格が設定され，供給の増加や需要の減少でも価格が下がらず（＝価格の下方硬直性），広告宣伝などの非価格競争によって価格が上乗せされるなどの弊害も見られるようになる。

なお，各企業が競争を排除して，より多くの利益を獲得するために結びつく独占形態は，多くの国で禁止されている。日本では，その内容や罰則規定が独占禁止法に定められており，監視機関として公正取引委員会が設けられている。

ポイント

1 経済学説

A 古典学派

○**アダム=スミス**（英　1723～90）著書『国富論（＝諸国民の富）』

個々人の利己心に基づく行動→**神の「見えざる手」**によって調和される

⇒自由放任主義（レッセ＝フェール）

○**マルサス**（英　1766～1834）著書『人口論』

人口は幾何級数的（1→2→4→8……：等比数列）に増加するが，食糧は算術級数的（1→2→3→4……：等差数列）にしか増加しない。

⇒貧困と悪徳は食糧問題から起こる。→人口抑制策を主張。

○**リカード**（英　1772～1823）著書『経済学と課税の原理』

比較生産費説：各国がそれぞれ相対的に生産費の安い商品を専門的に生産し，他の商品は他の国から輸入するのが最も利益があるとする考え方。

⇒国際分業，自由貿易を主張。

B 社会主義学派（マルクス経済学）

○**マルクス**（独　1818～83）著書『資本論』

唯物弁証法（弁証法的唯物論）を人間社会にあてはめた唯物史観（史的唯物論）

→資本主義から社会主義への移行を説く。

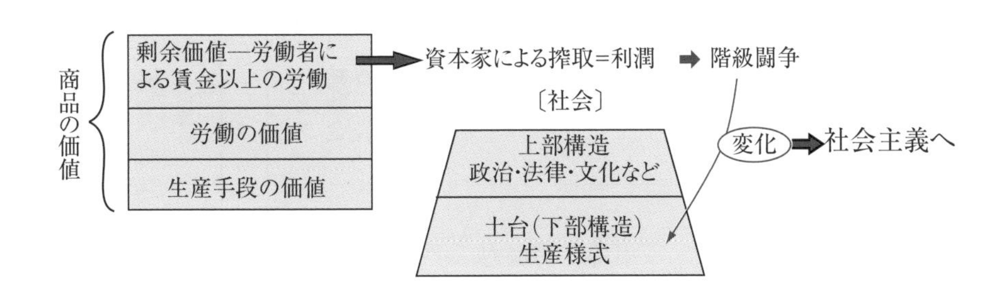

○**レーニン**（露　1870～1924）著書『帝国主義論』

マルクス主義の発展→ロシア革命の指導

C　近代経済学

1. 新古典学派

○**ワルラス**（仏　1834～1910）著書『純粋経済学要論』

ローザンヌ学派の創始者。限界効用理論を発表し，一般均衡理論へ展開。

○**マーシャル**（英　1842～1924）著書『経済学原理』

ケンブリッジ学派の創始者。古典学派の上に限界効用学派などの成果を摂取して，新しい経済学を樹立。経済理論を政府の経済政策に具体化。

2. ケインズ学派

○**ケインズ**（英　1883～1946）著書『雇用・利子および貨幣の一般理論』

所得と雇用の大きさは有効需要の大きさで決定する。

＝実際に貨幣の支出を伴う需要

→公共投資による有効需要の増大によって完全雇用が実現される。

⇒自由放任経済への批判，政府の経済への積極的介入：**修正資本主義**

※アメリカがニューディール政策で活用

2　経済主体

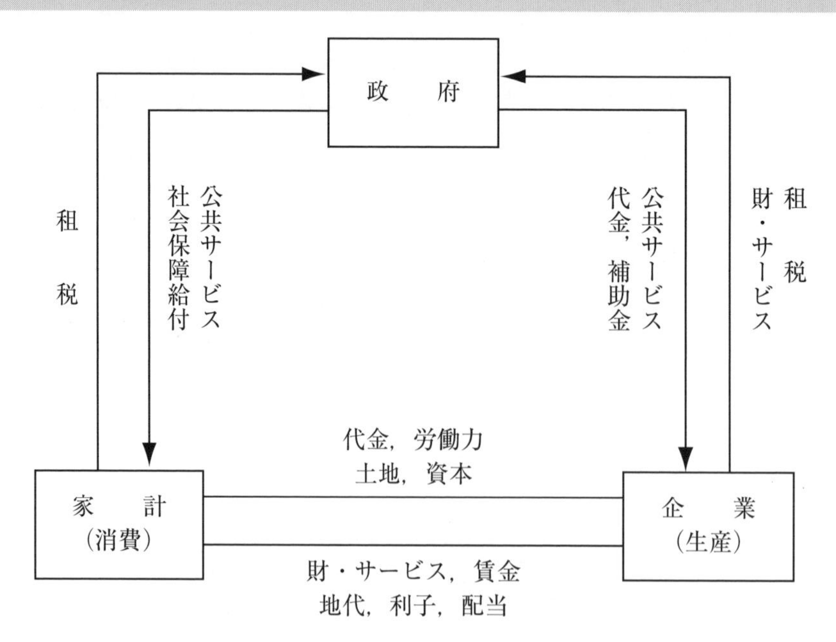

3　企業の種類

1．**私企業**：すべて民間資本からなる企業

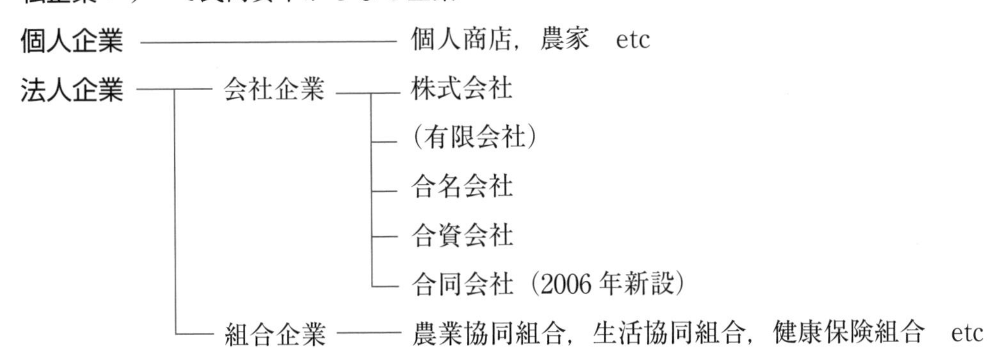

※　2006 年から，1 円の資本金から株式会社を設立できるようになった。
　また有限会社の新設は禁止された（存続は可）。

2．**公私合同（混合）企業**：国，地方公共団体と民間が共同出資する企業

例）日本銀行，ＪＴ（日本たばこ産業株式会社），ＮＴＴ（日本電信電話株式会社）etc

3．**公企業**：すべて国や地方公共団体の公共資本からなる企業

国営企業 ―――― 国有林野
特殊法人 ―――― 公庫・公団・公社　etc
独立行政法人 ―――― 国立印刷局，造幣局　etc
地方公営企業 ―――― 水道，バス，地下鉄　etc

4　市場と価格

A　完全競争市場

需要者（買い手）と供給者（売り手）が共に多数存在し，

① 市場で決定された価格に従って行動する。

② 価格を変動させる影響力を誰も持っていない。

状況で競争が行われている市場。

「価格の自動調節機能」がはたらき，均衡価格が生まれる。

→神の「見えざる手」（アダム＝スミス）

★需要曲線と供給曲線

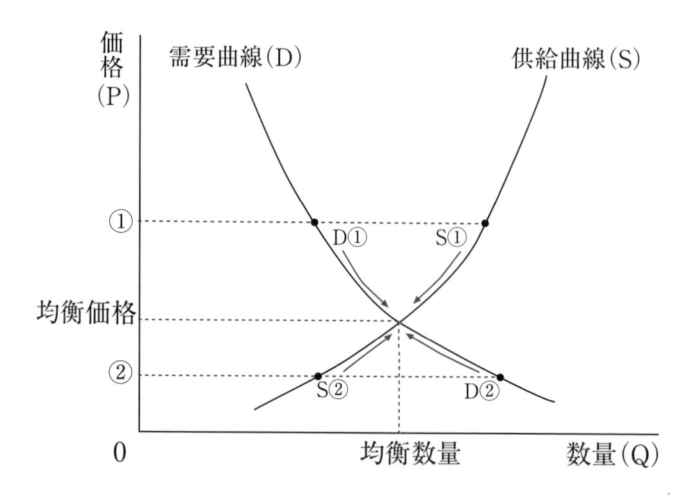

a　需要曲線（D）＝買い手（消費者）の行動

○価格が高ければ需要は減少する
○価格が安ければ需要は増加する
} 右下がりの曲線（上の図）になる。

b　供給曲線（S）＝売り手（生産者）の行動

○価格が高ければ供給は増加する
○価格が安ければ供給は減少する
} 右上がりの曲線（上の図）になる。

①　供給超過（上のグラフ①）の時

S：価格を下げ，生産量を減らす（グラフS①）
D：価格が下がるので，需要が増加する（グラフD①）
} 均衡価格へ

②　需要超過（上のグラフ②）の時

S：価格を上げ，生産量を増やす（グラフS②）
D：価格が上がるので，需要が減少する（グラフD②）
} 均衡価格へ

◎曲線の移動と傾き

1．需要曲線のシフト

① 需要曲線の右へのシフト（$D_1 \rightarrow D_2$）：需要の増加
⇒供給が変わらない（供給曲線が移動しない）ならば価格上昇（$P_1 \rightarrow P_2$）
要因例：1．所得の向上
　　　　2．人気がある商品

② 需要曲線の左へのシフト（$D_1 \rightarrow D_3$）：需要の減少
⇒供給が変わらない（供給曲線が移動しない）ならば価格下落（$P_1 \rightarrow P_3$）
要因例：1．必要性のなくなった商品
　　　　2．人気がなくなった商品

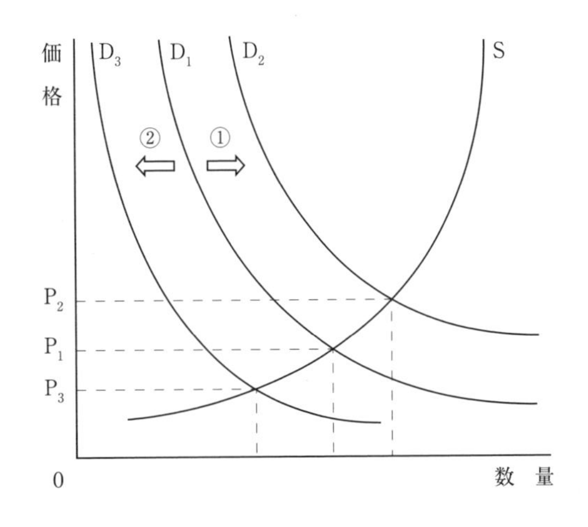

2．供給曲線のシフト

① 供給曲線の右へのシフト（$S_1 \rightarrow S_2$）：供給の増加
⇒需要が変わらない（需要曲線が移動しない）ならば価格下落（$P_1 \rightarrow P_2$）
要因例：1．生産技術の進歩（技術革新）
　　　　2．その分野への新規参入の増加

② 供給曲線の左へのシフト（$S_1 \rightarrow S_3$）：供給の減少
⇒需要が変わらない（需要曲線が移動しない）ならば価格上昇（$P_1 \rightarrow P_3$）
要因例：1．農作物などにおける天候不順
　　　　2．戦争や大災害による生産設備の壊滅的打撃

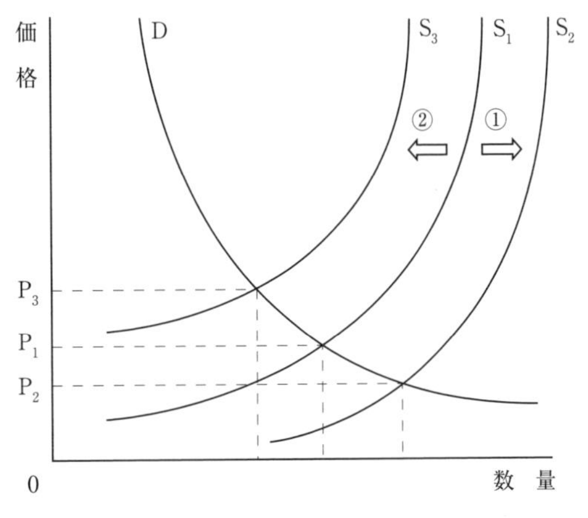

3．需給曲線の傾き

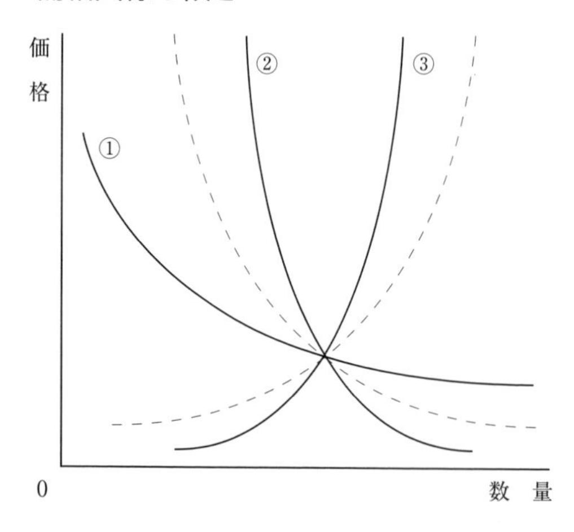

① 傾きが緩やかな需要曲線
⇒価格の影響を受けやすいもの
例：ぜいたく品

② 傾きが急な需要曲線
⇒価格の影響を受けにくいもの
例：生活必需品

③ 傾きが急な供給曲線
⇒供給量に限りのあるもの
例：土地

B 不完全競争市場

1．寡占市場：供給者（あるいは需要者）が少数の企業（あるいは人）で占められている市場。

特徴 ① プライス＝リーダー（価格先導者）によって**管理価格**が設定される。
② 価格の下方硬直性。
③ 非価格競争の激化。

2．独占市場：供給者（あるいは需要者）が１社（もしくは１人）しかなく，競争がない市場。独占価格が設定される。

◎独占形態

① **カルテル**（企業連合）

同一産業に属する複数企業が，独立性を保ちながら価格や生産量について協定を結び，市場の独占を狙うこと。

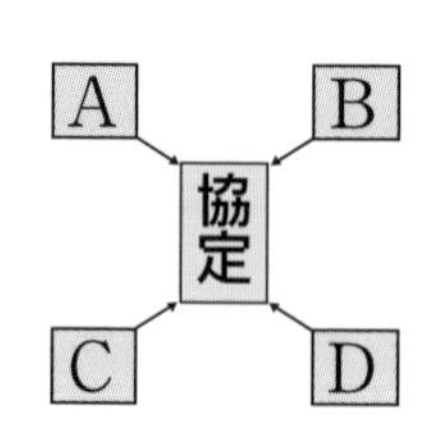

② トラスト（企業合同）

同一産業に属する複数企業が，独立性を捨てて合併し，独占体を形成すること。

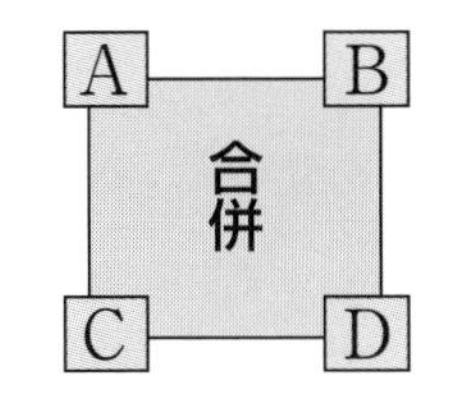

③ コンツェルン（企業連携）

親会社が，法的には独立している各産業の複数の企業を株式保有などを通じて，直接・間接的に支配する企業連合体。

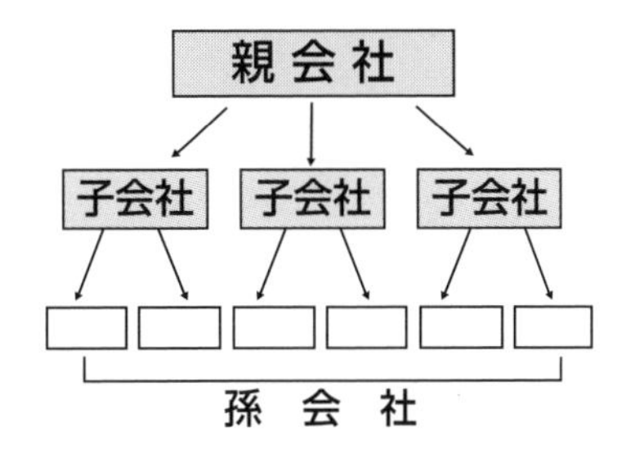

No.1

（解答▸P.18）

文中の空欄A，Bに入る語句の組合せとして妥当なものは，次のうちどれか。

イギリスの経済学者アダム＝スミスは，その著書『（　A　）』において，重商主義に反対して，自由主義的経済政策が望ましいことを論じた。この理論を背景に（　B　）経済が発展していった。

	A	B
①	諸国民の富	資本主義
②	資本論	資本主義
③	諸国民の富	社会主義
④	資本論	社会主義
⑤	経済学と課税の原理	資本主義

No.2

（解答▸P.18）

以下の語句は，経済学史上の重要用語である。それぞれの語句と人物の組合せとして，正しいものはどれか。

A　有効需要
B　比較生産費説
C　唯物史観

	A	B	C
①	アダム＝スミス	ケインズ	マルサス
②	アダム＝スミス	マルサス	マルクス
③	ケインズ	マルサス	アダム＝スミス
④	ケインズ	リカード	アダム＝スミス
⑤	ケインズ	リカード	マルクス

No.3

（解答▸P.18）

需要が供給を上回ると価格が上昇して，需要減，供給増となり両者は一致する。また，需要が供給を下回ると逆の現象が発生し，結局需要と供給は一致する。このことを表した言葉として妥当なものは，次のうちどれか。

① 有効需要
② 労働価値説
③ 剰余価値
④ 神の「見えざる手」
⑤ デモンストレーション効果

No.4

（解答▸P.18）

次のうち，学者名，著書名，経済学派がすべて正しいものはどれか。

	学者名	著書名	経済学派
①	マルクス	『帝国主義論』	社会主義学派
②	マルサス	『人口論』	重農主義
③	ケインズ	『経済学原理』	ケンブリッジ学派
④	J.S. ミル	『純粋経済学要論』	歴史学派
⑤	アダム＝スミス	『諸国民の富』	古典学派

No.5

（解答▶P.18）

下の図は，３つの経済主体について書かれたものである。Ａ～Ｃに入るものの組合せとして，正しいものはどれか。

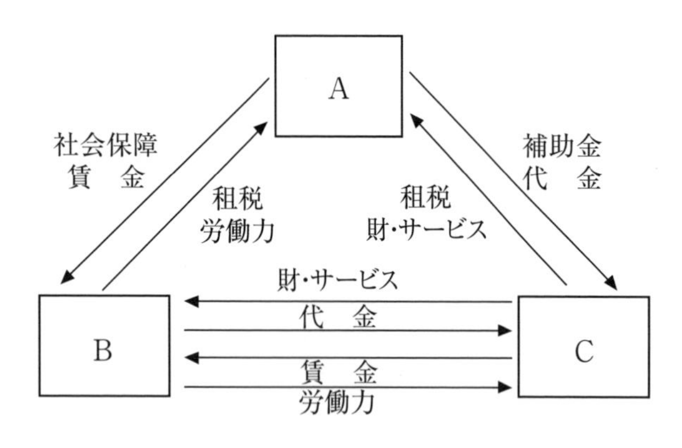

	A	B	C
①	家計	政府	企業
②	企業	家計	政府
③	企業	政府	家計
④	政府	家計	企業
⑤	政府	企業	家計

No.6

（解答▶P.18）

出資者は，無限責任と有限責任の社員からなり，前者のみが経営の任に当たり，後者は出資額の範囲で責任を負う。経営者でない出資者が存在するこの企業形態は次のうちどれか。

① 株式会社
② 合資会社
③ 合名会社
④ 合弁会社
⑤ 有限会社

No.7

（解答▸P.18）

株式に関する記述として，正しいものの組合せは次のうちどれか。

A　株式は，企業が事業の拡大などのために，長期的に資金を借り入れるために発行する証書のことで，出資者は会社の利益に関係なく，一定額の配当金を受け取ることができる。

B　株式は，自由に転売譲渡できる。また一定の条件を満たせば株式市場への上場が認められるため，幅広く出資者を募ることが可能となる。

C　株主は有限責任である。したがって，会社が負債を抱えて倒産しても，出資額以上の弁済義務は一切ない。

①　A
②　A，B
③　A，C
④　B
⑤　B，C

No.8

（解答▸P.18）

わが国の株式会社について誤っているものはどれか。

①　株式制度の普及によって，株式に大衆化現象が起こり，膨大な小株主の意向に企業経営が左右されてきた。

②　株式会社の発達によって，資本の所有と経営が分離され，必ずしも企業の経営者が株主とは限らなくなっている。

③　株式会社の最高機関は株主総会であるが，企業経営は取締役会が行っており，株主総会の機能は低下している。

④　株式会社が発達した理由の１つに，重化学工業の発展に対応して必要な設備投資の額が巨大化したことが挙げられる。

⑤　株式会社において，株主数をみると個人株主が圧倒的に多いが，株保有数を見てみると法人株主が圧倒的比重を占めている。

No.9

（解答 ▸ P.18）

日本の企業経営に関する記述として正しいものはどれか。

① バスや地下鉄などの交通機関を地方自治体が経営する場合，公共性重視の観点などから，独立採算制の採用は認められていない。
② 民間企業でも公共性が高い事業を営む場合には，製品やサービスの価格が規制されることがある。
③ 自由主義経済体制を採っているので，国が直接出資したり，経営したりする企業は存在しない。
④ 経済活動に対して，国は一切の力を示さず，経営者の独断にまかせている。
⑤ 法律により企業の権利や義務の主体が明らかとされる機能を法人企業とよぶが，日本では大企業にしか認められていない。

No.10

（解答 ▸ P.18）

企業に関する以下の記述のうち，誤っているものはどれか。

① 独占禁止法はカルテルを独占形態として禁止しているが，厳しい不況期には企業が共倒れにならないようにするため，カルテルを組むことを例外的に認めている。
② 現代の企業経営は出資者自身が行うことは少なく，専門的な経営者集団に委ねられているのが一般的である。
③ 持株会社は自由競争の阻害をもたらすとして禁止されていたが，効率的な組織作りによる国際競争力の向上のために，1997 年に原則として解禁された。
④ 大企業が支配的な産業分野でも，激しい競争が行われることがある。その場合は，品質やサービスなど価格以外の面で競争することが多い。
⑤ 現代産業の中核的分野は，一部の大企業が支配的な地位を占めていて，それが国全体の経済政策に多大な影響を与えている場合が多い。

No.11

（解答▸P.18）

リストラクチャリングの説明について，正しいものは次のうちどれか。

① 企業の事務，情報処理をコンピュータなどの電子情報機器を使って自動化，効率化すること。
② 複数の異業種企業を買収，合併してできた巨大企業のこと。
③ 不採算部門からの撤退，組織の簡略化など経営の組み換えによって，企業の成長維持，収益力向上を図る事業の再構築のこと。
④ 複数の国に工場，販売，研究などの企業活動の拠点を持ち，世界的視野で戦略展開，意思決定を行う企業のこと。
⑤ 革新的な技術，サービス，経営システムを導入し，知識集約型で経営を行う小規模企業のこと。

No.12

（解答▸P.19）

次は価格のしくみの説明であるが，ア～クには「需要」か「供給」のいずれかの語が該当する。「需要」が該当するところを正しく列記しているのはどれか。

資本主義経済においては，商品の価格が上がれば（ア）は減り，（イ）は増える。逆に価格が下がれば（ウ）は増え，（エ）は減る。
このように価格は，商品の社会的な「買う意思」である（オ）と「売る意思」である（カ）をつりあわせる働きを持っている。もちろん，（キ）が増えれば価格が上がり，（ク）が増えれば価格が下がるというように，需給の変化が，逆に価格の変動をもたらすことも多い。しかし，長期的にみると，個々の商品の価格は，それぞれ一つの水準に引きつけられる傾向を持っている。

① ア，ウ，オ，キ
② ア，ウ，カ，ク
③ ア，エ，オ，ク
④ イ，エ，オ，キ
⑤ イ，エ，カ，ク

No.13

（解答▶P.19）

自由競争市場における需要と供給について，正しいものの組合せは次のうちどれか。

A　供給者が決定した価格に従って，需要者が行動する。
B　S－D曲線のうち，S曲線は右上がりで表される。
C　供給超過のときは，価格が上昇する。
D　需要超過の場合，生産量は増加する傾向が見られる。

① A，C
② A，D
③ B，C
④ B，D
⑤ C，D

No.14

（解答▶P.19）

図は需要・供給曲線を示したものであるが，A～Cの記述の正誤の組合せとして正しいのは，次のうちどれか。

A　需要曲線は，一般にぜいたく品のほうが必需品よりもその傾きが緩やかである。
B　供給曲線は，一般に技術革新などでコストが下がると，下図においてS′のほうにシフトする。
C　需要曲線は，一般に所得の増大などで需要が増えると，下図においてD′のほうにシフトする。

	A	B	C
①	正	正	誤
②	正	誤	正
③	正	誤	誤
④	誤	正	正
⑤	誤	正	誤

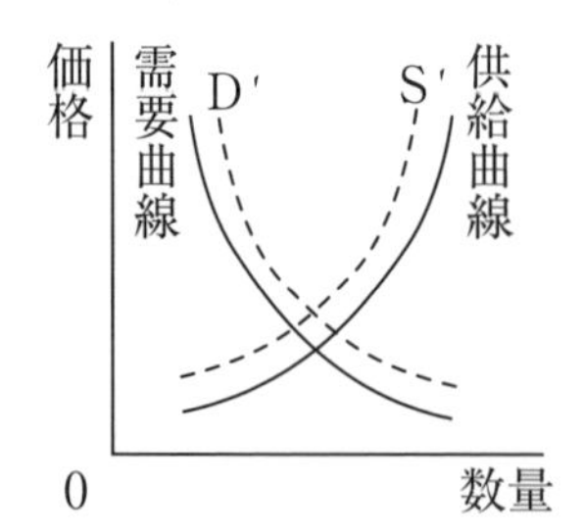

No.15

（解答▸P.19）

完全競争市場において，下図のように供給曲線SがS'にシフトした場合，考えられる商品とその要因として最も適当なものは，次のうちどれか。

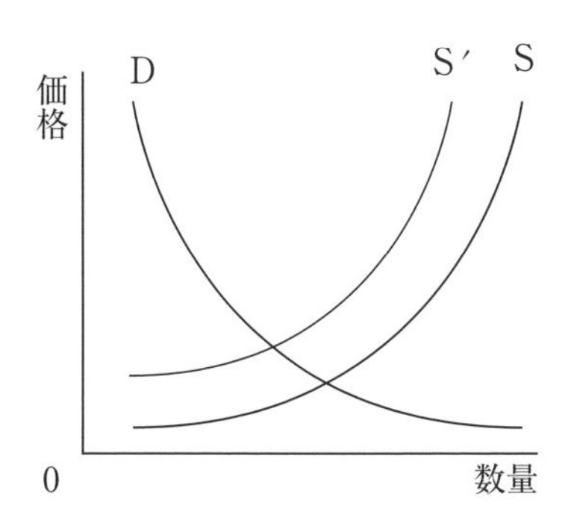

① 景気の回復で，家計収入が上がったときのデジタル家電。
② 天候不順によって収穫量が減少したときの農作物。
③ 新規参入企業が操業を開始したときのコンピュータ部品。
④ 価格が高騰したときの石油。
⑤ 発売されて間もない人気ゲーム。

No.16

（解答▸P.19）

寡占市場で見られる価格として正しいものはどれか。

① 価格の自動調節機能が失われ，プライス＝リーダーなどによる価格が生じる。
② お互いの利益を確保するため，協定を結んで決定される。
③ 政策上の必要から，国家により価格が統制される。
④ 企業間の自由競争のもとで成立する。
⑤ 需要と供給のバランスにより価格が決定される。

No.17

（解答 ▸ P.19）

寡占市場における特徴として誤っているものは，次のうちどれか。

① 非価格競争が激化する。
② 価格が下がりにくくなる。
③ 価格の自動調節機能が働きにくくなる。
④ 統制価格が設定される。
⑤ 有力企業がプライス＝リーダーとなる。

No.18

（解答 ▸ P.19）

商品の市場価格において，いわゆる価格の下方硬直性についての説明として適切なのはどれか。

① 商品の価格は，基本的には，その商品の生産に要した費用に最小の利潤を考慮して決定されること。
② 自由競争が行われている市場で本来季節に応じて価格が変動する商品が，いったん値下がりするとなかなか上昇しないこと。
③ 市場が少数の大企業によって支配される場合に顕著に見られる現象で，価格がいったん決定されると，需要が減少しても価格が下落しないこと。
④ 自由競争の行われている市場では，価格を固定させることによって消費者の生活を安定させることができること。
⑤ 企業間で協定が結ばれているわけではないが，有力企業が価格先導者として価格を決定し，それに他の企業が追随すること。

No.19

（解答 ▸ P.19）

独占形態として正しい組合せはどれか。

A　同一産業に属する各企業が，競争を排除して中心企業のもとに合併し，資本を集中する組織。
B　中心企業が，株式所有や融資などの方法を通じて，異種・同種を問わず多くの企業を傘下において支配する，巨大な組織。
C　同一産業に属する各企業が，独立したままで価格・生産数量・販売地域などで協定を結ぶ組織。

	A	B	C
①	カルテル	コンツェルン	トラスト
②	カルテル	トラスト	コンツェルン
③	コンツェルン	カルテル	トラスト
④	トラスト	カルテル	コンツェルン
⑤	トラスト	コンツェルン	カルテル

No.20

（解答 ▸ P.19）

統制価格に関する記述として最も妥当なものは，次のうちどれか。

①　消費者にとって不当に高い価格帯のときに設定される。
②　統制価格は，公正取引委員会が定める。
③　主に，石油などの資源が高騰したときに設定される。
④　統制価格は，一度設定されると変動しない。
⑤　公共料金などがこれに当たる。

No.21

（解答 ▸ P.19）

以下の表は，ビール，新聞，乗用車の日本国内における市場占有率を示したものである。ア～ウの組合せとして，正しいものはどれか。

産業	1位企業の占有率	上位3社の占有率	上位5社の占有率
ア	40.3%	72.3%	85.2%
イ	43.4%	94.1%	100.0%
ウ	19.8%	43.7%	56.3%

（注）新聞は発行部数，ビールは発泡酒を含まない課税出荷数量，乗用車は軽自動車を除く販売台数である。

	ア	イ	ウ
①	乗用車	新聞	ビール
②	乗用車	ビール	新聞
③	新聞	ビール	乗用車
④	ビール	乗用車	新聞
⑤	ビール	新聞	乗用車

No.22

（解答 ▸ P.19）

日本の独占禁止法について正しくないものは，次のうちどれか。

① 一部の商品では，再販売価格維持行為が認められている。
② 公共事業の入札価格を，各企業が事前に協議することはできない。
③ 企業は，需要低迷時には商品価格を引き下げなければならない。
④ 市場占有率の高い企業同士のM＆Aは，制限されることがある。
⑤ 不当な取引制限があった場合，公正取引委員会はその行為を差し止めることができる。

No.23 （解答▸P.20）

日本の公正取引委員会がなし得るものとして適当なのは，次のうちどれか。

① 寡占企業に対する管理価格設定の見直し命令
② リコールを出した企業に対する業務改善命令
③ 賞味期限切れ商品を販売した企業に対する営業停止命令
④ 独占禁止法違反企業に対する排除措置命令
⑤ 脱税をした企業に対する追徴金の支払い命令

第2章 景気と金融政策

社会の経済活動全体の状況を景気という。これを見る一つの指標として,「物価」が用いられる。物価は,様々な商品の平均水準のことで,企業間における取引段階(卸売り段階)の物価を卸売物価,消費者による購入段階(小売り段階)の物価を消費者物価という。一般的に,好況期(景気が良いとき)には物価上昇,不況期(景気が悪いとき)には物価下落が見られる。

例えば,ある商品の価格が100円から200円になった場合,貨幣価値は相対的に下落したということができる。このような状態が商品全体で起こり,その結果,物価水準が持続的に上昇し,貨幣価値が下落し続ける現象を,インフレーションという。逆に,需要の減少などによって,物価水準が持続的に下落する現象を,デフレーションという。また,景気停滞時のインフレーションをスタグフレーションという。

インフレーションやデフレーションは,経済に悪影響を与える。インフレーションの場合は,物価の上昇によって土地などの資産価値は上昇するものの,預貯金などは貨幣価値の下落によって目減りする。また,年金で生活している人や生活保護を受けている人などの低額所得者は,物価上昇の影響を受けやすく,給与所得者にしても,物価上昇が賃金上昇を上回ると,実質賃金が下落する。デフレーションは,物価の下落によって企業収益が減少し,その結果,賃金低下,失業増加,消費低迷などが起き,ますます物価が下落するという「デフレスパイラル」に陥ってしまう。このような状況になると,国家経済や国民生活に多大なダメージを与えてしまうので,政府や中央銀行は,財政政策や金融政策を行うことによって,景気と物価の安定化を図る。

日本における金融政策は,日本銀行を中心に行われる。日本銀行は日本の中央銀行として「発券銀行」,「政府の銀行」,「銀行の銀行」としての役割を担っているが,金融政策の実行も重要な役割の一つである。具体的には「政策金利操作」,「公開市場操作(オープン＝マーケット＝オペレーション)」,「預金(支払)準備率操作」を行うことで,市場における通貨量を調整して,景気の安定化を図る。以前は,公定歩合操作(金利政策)による調整が主であったが,金融自由化の影響などもあり,現在の主軸は公開市場操作に移行している。

ポイント

1 インフレーションとデフレーション

A インフレーション

好況期に，通貨量や需要の増加によって**貨幣価値が下落し，物価が急激に上昇**すること。

影響 ① 名目賃金は上昇するが，それ以上の物価上昇が起こると実質賃金は下落する。

② 年金生活者や生活保護受給世帯の生活は，苦しくなる。

③ 借金がある場合，実質的な負担は軽くなる。一方，預貯金は実質的に減少する。

種類 ① **ディマンド＝プル＝インフレ**：需要が供給を上回ることで発生。

- **財政インフレ**　公共投資の拡大，財政支出の増大で発生。
- **信用インフレ**　信用創造の拡大で発生。

② **コスト＝プッシュ＝インフレ**：生産費用などコストの上昇によって発生。

- **輸入インフレ**　輸入原材料や輸入製品の価格上昇によって発生。
- **管理価格（マークアップ）インフレ**
  寡占市場の「価格の下方硬直性」によって発生。

③ **生産性格差インフレ**：生産性の高い大企業における賃金上昇が，労働力確保のために生産性の低い中小企業の賃金上昇も促し，結果賃上げ分を商品価格に転嫁することによって発生。

B デフレーション

不況期に，通貨量や需要の減少によって**貨幣価値が上昇し，物価が下落**すること。

影響 ① 企業収益が悪化するため，賃金引き下げや人員整理が行われる。

② ①によって，消費が低迷する。

③ ②によって，通貨量が減少し，ますます企業の収益が悪化する。

④ ①～③が繰り返される「デフレスパイラル」の状況になる。

2　銀行の役割

A　日本銀行の役割

① **発券銀行**　管理通貨制度の下，日本銀行券（紙幣）の発行を独占的に行う。

② **政府の銀行**　国庫金の出納や管理，国債の元金や利子の支払などを行う。

③ **銀行の銀行**　市中銀行（民間銀行）との取引を行う（一般人や企業との取引は行わない）。

B　銀行の三大業務

① **預金業務**　個人や企業の資金を預かる。

例） 普通預金，定期預金，当座預金　etc

② **貸出業務**　資金を必要とする個人や企業に，資金を貸し出す。

例） 事業融資，住宅ローン，マイカーローン　etc

③ **為替業務**　個人や企業の依頼によって他の口座への送金，小切手や手形の代金の受け取り，海外への送金などを行う。

例） 振込，公共料金の口座振替　etc

3　金融政策

中央銀行が通貨量を調整し，景気対策，物価安定を図る経済政策。

① 公開市場操作（オープン＝マーケット＝オペレーション）

└中央銀行が有価証券を売買して金融市場の通貨量を調整すること。

好況期：売りオペ（レーション）を行い，通貨を吸収する。

不況期：買いオペ（レーション）を行い，通貨を供給する。

※現在，日本銀行が金融政策の中心としているもの。

② 預金（支払）準備率操作

└市中銀行に預けられた預金のうち，強制的に中央銀行に預け入れを義務付けられている割合。

好況期：引き上げて，通貨供給量を減らす。

不況期：引き下げて，通貨供給量を増やす。

※近年，実施されない傾向が強い。

③ 金利政策

└政策金利（中央銀行が市中銀行に資金を貸し出す際の利率）を操作すること。

好況期：引き上げて，貸し出しを抑制する。

不況期：引き下げて，貸し出しを増加する。

※現在，日本銀行は公定歩合（旧名。現在は「基準割引率および基準貸出利率」という）に代えて，無担保コール翌日物（金融機関同士が資金を融通し合う場である短期金融市場の金利）を政策金利としている。

No.1

（解答 ▸ P.20）

下記の文章中の（　　　）内に入る語句の組合せとして，正しいものはどれか。

物価が（　A　）して，貨幣価値が下がり続ける状況を（　B　）という。通常は（　C　）期に起こりやすい。原因は多様で，いくつかの要因が関係し合っている場合が多く，単純に説明することはできないが，要因別に（　D　）＝プル＝（　B　），コスト＝（　E　）＝（　B　），構造（　B　）に大きく分けることができる。

	A	B	C	D	E
①	下落	インフレーション	好況	ディマンド	アップ
②	下落	デフレーション	不況	サプライ	プッシュ
③	上昇	インフレーション	好況	ディマンド	プッシュ
④	上昇	インフレーション	不況	サプライ	アップ
⑤	上昇	デフレーション	不況	サプライ	アップ

No.2

（解答 ▸ P.20）

インフレーション期の諸現象について述べたア～オのうち，正しいものを全て選んでいるものはどれか。

ア　流通する商品の量に対して通貨の量が異常に多くなり，通貨そのものの価値が下がる。
イ　物価が継続的に上昇し，国民生活が圧迫される。
ウ　生産が縮小するとともに国民の購買力が低下し，失業者が増える。
エ　投機が盛んとなり，不生産的な取引によって利益を上げようとする者が増加する。
オ　近年，景気停滞とインフレーションが同時に進行するリフレーションの状態が欧米先進諸国を中心に見られる。

①　ア，イ，ウ　　②　ア，イ，エ
③　ア，オ　　④　イ，エ
⑤　イ，エ，オ

No.3

（解答▶P.20）

次の文章を読んで，適当と思われる語句を選び出すとき，正しいと思われる順序となっているものはどれか。

デフレーションとは，商品取引量に対する通貨の量が相対的に（多く・少なく）なり，通貨の価値が著しく（高く・低く）なって，その結果，物価が（高騰・下落）し，生産活動が著しく縮小する状態をいう。

① 多く　高く　高騰
② 多く　低く　下落
③ 多く　低く　高騰
④ 少なく　高く　下落
⑤ 少なく　低く　下落

No.4

（解答▶P.20）

デフレーションになると一般にどの現象が見られるか。

① 物価が下落する。
② 商品の総生産量が増加する。
③ 財政収入が増加する。
④ 国民所得が増加する。
⑤ 貨幣の流通量が増加する。

No.5

（解答▸P.20）

次の文章はスタグフレーションについての記述であるが，A～Dに入る語句の組合せとして正しいのは，次のうちどれか。

スタグフレーションとは，不況になっても物価が下落せずに，インフレーションが進行する状態のことである。このような状況下で，インフレーションを抑えようとして需要を（　A　）するような金融・財政政策を行えば，不況が深まり，逆に不況を克服しようとして公共投資を（　B　）させたり，金利の（　C　）を行って需要を（　D　）すれば，インフレーションがいっそう進行する。

	A	B	C	D
①	圧縮	拡大	引き上げ	圧縮
②	圧縮	拡大	引き下げ	拡大
③	拡大	圧縮	引き上げ	圧縮
④	拡大	圧縮	引き下げ	圧縮
⑤	拡大	圧縮	引き下げ	拡大

No.6

（解答 ▸ P.20）

A群の経済に関する用語と，B群の記述の組合せとして妥当なものは，次のうちどれか。

A群

a　デノミネーション

b　ビルト＝イン＝スタビライザー

c　エンゲル係数

B群

ア　貨幣の対外価値が変動すること。

イ　通貨単位の呼称を変更すること。

ウ　景気停滞下で，物価が持続的に上昇すること。

エ　景気変動に応じて自動的に働く，財政上の仕組みのこと。

オ　家計の消費支出に占める，飲食費の割合のこと。

カ　家計の消費支出に占める，子育て費用の割合のこと。

	a	b	c
①	ア	ウ	カ
②	ア	エ	オ
③	イ	ウ	オ
④	イ	エ	オ
⑤	イ	エ	カ

No.7

（解答▸P.20）

日本において，中央銀行が行う政策として正しいものは，次のうちどれか。

① 公開市場操作を行う。
② モラトリアム（支払猶予令）を発令する。
③ ダンピングを決定する。
④ 税制を改正する。
⑤ 市中銀行の金利を決定する。

No.8

（解答▸P.20）

下の文中のA，Bに入る語句の組合せとして正しいものはどれか。

金融政策のうち（　A　）は，中央銀行に対する貸出金利を操作することによって，市場利子率の動きを規制するものである。また（　B　）は，市中銀行の預け入れ金の一定額を強制的に中央銀行に預け入れさせ，その預け入れ率を変更することにより，市中銀行の貸出率を規制しようとするものである。

	A	B
①	公開市場操作	貸出限度額規制
②	政策金利操作	貸出限度額規制
③	政策金利操作	預金準備率操作
④	預金準備率操作	公開市場操作
⑤	預金準備率操作	政策金利操作

No.9

(解答▸P.21)

日本銀行の役割に関する記述として正しいものは，次のうちどれか。

① 市中銀行と国債などを売り買いすることによって，市中に流通する通貨の量を調節する。
② 法律に基づいて市中銀行の経営を指導・監督し，全国の金融の働きを調節する。
③ 電源開発，造船等の大規模な産業設備に使用するための資金を投融資する。
④ 郵便貯金などの資金を集めて管理し，地方公共団体や特別事業などへ貸し付けする。
⑤ 国債の発行を決定し，国の財政が円滑に運営されるように協力する。

No.10

(解答▸P.21)

日本の銀行に関する記述として正しいものは，次のうちどれか。

① 日本銀行は一般人や企業との取引だけではなく，市中金融機関とも取引を行うことから，「銀行の銀行」としての役割を持つ。
② 日本銀行が行う金融政策のうち，市中銀行の貸し出しを抑制する効果があるのは，買いオペレーション，預金準備率の引き上げなどである。
③ 銀行は，間接金融を行うという点では保険会社と同じであるが，要求払い預金を受け入れる点で保険会社と異なる。
④ 日本銀行は「政府の銀行」として，国庫金の出納や国債の発行決定などの業務を行う。
⑤ 景気が悪いとき，市中銀行が日本銀行に預ける一定割合である預金準備率は，引き上げられる。

No.11

(解答▸P.21)

不況期の金融政策として，正しいものの組合せは次のうちどれか。

A　政策金利 ―――――― 引き上げ
B　公開市場操作 ―――― 買いオペレーション
C　支払準備率操作 ――― 引き下げ

① A，B
② A，C
③ B，C
④ 3つとも正しい
⑤ 3つとも間違っている

No.12

(解答▸P.21)

日本銀行の金融政策に関する文中の空欄に入る語句の組合せとして正しいのは，次のうちどれか。

日本銀行の金融政策には，大きく分けて（　A　），（　B　），預金準備率操作の3つがある。たとえば景気過熱時，つまり好況期には，市中で流通する通貨を（　C　）しなければならないため，支払準備率を（　D　），（　E　）オペレーションを行う。

なお，日本銀行の金融政策は，かつては（　A　）が中心であったが，金利の自由化が促進された現在，（　B　）を中心に行われている。

	A	B	C	D	E
①	金利政策	公開市場操作	吸収	引き上げ	売り
②	金利政策	公開市場操作	吸収	引き下げ	買い
③	金利政策	公開市場操作	流出	引き上げ	売り
④	公開市場操作	金利政策	吸収	引き上げ	売り
⑤	公開市場操作	金利政策	流出	引き下げ	買い

No.13

（解答▸P.21）

日本銀行がマネー＝ストックを減少させる方法の例として，正しいものの組合せはどれか。

A　政策金利の引き上げ

B　外国為替市場におけるドルの売却

C　市中金融機関が保有する国債の購入

D　預金準備率の引き下げ

① A，B

② A，C

③ B，C

④ B，D

⑤ C，D

No.14

（解答▸P.21）

不況対策として日本銀行が低金利政策を実施するとき，これが有効に機能するための条件として正しいのは，次のうちどれか。

① 企業の設備投資に対する態度が消極的であること。

② 日本銀行に取引可能な有価証券が十分にあること。

③ 市中銀行が中央銀行から独立的であること。

④ 企業の自己資本比率が小さいこと。

⑤ 有価証券の流通市場が整備されていること。

No.15

（解答 ▸ P.21）

以下の銀行業務に関する記述のうち，誤っているものはどれか。

① 銀行は，信用創造の機能によって，当初に受け入れた預金以上の資金を貸し付けることができる。

② 小切手は，商取引で現金同様に利用されていることから，その支払いのため銀行に預けられている当座預金は，預金通貨とも呼ばれる。

③ 銀行が企業に貸し付ける資金の大部分は，家計などの預金が源泉であり，その点で銀行は資金の仲介者の役割を担っている。

④ 銀行が資金を貸し付けるときの金利は，企業などの資金需要が減少すると上昇する。

⑤ 中央銀行は，不況の際には銀行に対し預金準備率を引き下げる機能がある。

No.16

（解答 ▸ P.21）

銀行が最初に受け入れた預金の一部を貸し出すことによって，預金通貨を創造することを信用創造という。最初の預金が 10 億円，預金準備率 10%で，銀行からの貸し出しがすべて再預金されたとすると，新規預金の合計額と新規貸出の合計額はそれぞれいくらになるか。

	新規預金合計額	新規貸出合計額
①	200 億円	100 億円
②	150 億円	140 億円
③	100 億円	90 億円
④	50 億円	25 億円
⑤	20 億円	10 億円

MEMO

第3章 財政政策と税金・通貨

財政とは，国や地方公共団体などが，国民や住民から徴収した税金や保険料を使って，国民生活に必要な公共サービスや福祉，社会資本を提供する経済活動のことである。一般的には，収入（歳入）と支出（歳出）の見込みを「予算」という形にして議会にかけ，その承認を経て執行される。日本では，国家財政の一般的な歳入・歳出会計を一般予算と呼び，１年ごとに決算される。歳入には租税・印紙収入や公債金が，歳出には社会保障関係費や公共事業関係費，地方交付税交付金などがある。公債金は国や地方公共団体が財源調達のために債券を発行して行う借金のことで，国のものを国債，地方公共団体のものを地方債という。基本的には公共事業の財源（＝建設公債）としてのみ発行が認められ，一般会計の赤字を補填することを目的とする赤字公債の発行は，特別立法を成立させないと発行できない。また，インフレーションをもたらすおそれがあるため，日本銀行引き受けによる公債発行は，原則として禁止されている（市中消化の原則）。

財政支出や課税額を調整することで景気の安定化を図る政策を，財政政策という。財政は，自動的に景気を安定させるような仕組みが内包されている（財政の自動安定化装置）が，好況期には増税を行い，公共投資を削減して，景気の抑制を図り，不況期には減税，公共投資増加によって景気回復を目指すことも行われる。このことは，高額所得者に多くの税を課し，低所得者層へ社会福祉の形で還元することで，所得の不平等を調整する「所得の再分配」と，利益を目的とする市場原理では供給されにくいもの（警察消防，道路，教育など）を公共サービスとして補う「資源配分の調整」の機能も担っている。

歳入のうちで，最も大きな割合を占めるのが租税収入である。租税は，国税と地方税，直接税と間接税などに分類でき，日本の場合，その直間比率（直接税と間接税の比率）は直接税の方が高い。課税方法としては，累進課税と比例税に分けることができる。所得などの課税対象額が大きくなるにしたがって税率が高くなる累進課税は，垂直的公平に優れているといえるが，あまり税率が高いと労働意欲を減退させるなどの問題点もある。一方の比例税は，消費税のように同じ税率が適用されるため，水平的公平を図る上で優れているが，所得が高い低いなどの個々人の事情に関係なく，同じ課税対象物なら同じ税金を払わなくてはならないため，逆進的であるともいわれる。

政府や中央銀行が発行し，実際に流通している貨幣を通貨という。この仕組みを通貨制度といい，金本位制度と管理通貨制度がある。ただし現在，金本位制度を採用している国はなく，各国とも管理通貨制度を採っている。

ポイント

1 日本の財政

2023（令和5）年度一般会計予算：総額114兆3,812億円

歳　入

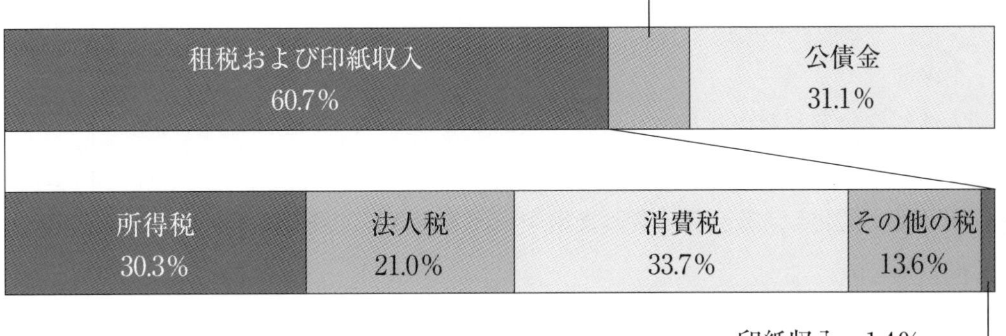

歳　出

基礎的財政収支対象経費
（除地方交付税交付金等）
63.6%
国債費
22.1%
地方交付税
交付金等
14.3%
社会保障関係費
32.3%
防衛
関係費
8.9%
その他
48.7%
文教および科学振興費，4.7%
公共事業
関係費
5.3%
恩給関係費，0.1%

2　財政政策

A　財政の自動安定化装置（ビルト＝イン＝スタビライザー）

①　好況期

<table>
<tr><td>○個人所得や企業利潤が増えるため，累進課税制を採る所得税を中心に実質的な増税となるため，民間の資金が回収される。
○雇用状態がよくなるので，雇用保険金や生活保護費などの社会保障費が減少して，需要が抑制される。</td><td>景気が抑制される。</td></tr>
</table>

②　不況期

<table>
<tr><td>○個人所得や企業利潤が減り，実質的な減税となるため，資金が民間の手元に残る。
○雇用状態が悪化し，社会保障費の支出が増加するため，需要の減少をくい止める。</td><td>景気が回復する。</td></tr>
</table>

B　補整的財政政策（フィスカル＝ポリシー）

財政運用を利用して経済の安定化を図る政策。

○好況期：増税＋公共投資削減➡景気抑制

○不況期：減税＋公共投資増大➡景気回復

3　日本の税金

1．分類

○徴収主体別

- 国　税：国が国民に課して徴収。
- 地方税：地方公共団体が住民に課して徴収。

○徴収方法別

- 直接税：租税負担者と納税義務者が同じである税。
- 間接税：租税負担者と納税義務者が異なる税。

○課税方法別

- 累進課税：課税対象額や数量が大きくなるにしたがって税率が高くなる。
- 比 例 税：課税対象にかかわらず，常に一定の税率を課す。

2．種類

	国　税	地　方　税	
		道府県税	市町村税
直接税	所得税 法人税 相続税 贈与税 地価税	道府県民税・事業税 自動車税・鉱区税 固定資産税（特例分） 水利地益税・狩猟税	市町村民税・固定資産税 軽自動車税・鉱産税 特別土地保有税 都市計画税・事業所税 水利地益税・共同施設税 宅地開発税 国民健康保険税
間接税	消費税・酒税・たばこ税 揮発油税・地方道路税 石油ガス税・航空機燃料税 石油石炭税・関税・印紙税 自動車重量税・とん税 特別とん税・登録免許税 電源開発促進税	地方消費税 不動産取得税 道府県たばこ税 ゴルフ場利用税 自動車取得税 軽油引取税	市町村たばこ税 入湯税

＊東京都は道府県税に相当する税を，特別区は市町村税に相当する税を課税しているが，市町村税に相当する税でも法人市町村民税，固定資産税，特別土地保有税，都市計画税，事業所税，入湯税は東京都が課税している。

4　通貨制度

A　金本位制度

一国で発行される通貨量を，中央銀行が保有する金に基づいて行う通貨制度。

特徴　①　自由に金と交換できる兌換(だかん)紙幣が発行される。

②　通貨価値が安定するため，インフレが起きにくい。

③　経済の拡大に応じて，通貨量を増加させることができない。

B　管理通貨制度

通貨を国の信用に基づいて発行し，発行量を政府と中央銀行の管理下に置く通貨制度。

特徴　①　金と交換できない不換紙幣が発行される。

②　国内の通貨量を調整できるので，景気調整のための金融政策が採りやすい。

③　通貨量の増大によるインフレを引き起こす可能性がある。

No.1

（解答 ▸ P.22）

景気変動を自動的に調節する財政の機能を何というか。

① Ｊカーブ効果
② ＧＤＰデフレーター
③ ポリシー＝ミックス
④ マネー＝ストック
⑤ ビルト＝イン＝スタビライザー

No.2

（解答 ▸ P.22）

次は政府の景気対策について述べたものであるが，文中のＡ～Ｃに入る語句の組合せとして正しいのはどれか。

政府は景気対策を立て，これに従って国民経済を望ましい方向に導こうとする。この政府の誘導は，二つの方向で行われる。一つは投資や消費が拡大して景気が過熱したときに，反動的に極端な不況に陥ることを防ぐため，有効需要が（　Ａ　）するように財政・金融政策を運用することである。例えば，公共投資を（　Ｂ　）することで，全体の需要を抑えることを図るなどである。もう一つは，景気が停滞したときには，減税や低金利政策を実施するとともに，財政支出の操作により有効需要の（　Ｃ　）を図るものである。

	A	B	C
①	増大	拡大	低下
②	増大	抑制	増大
③	低下	拡大	低下
④	低下	抑制	増大
⑤	低下	抑制	低下

No.3

（解答▸P.22）

不況期における景気回復のための政策として正しいものは，次のうちどれか。

① 日本銀行は，市中金融機関が保有する有価証券などを購入して，市中への通貨供給量の増加を図る。
② 政府は，法人税を増税することによって税収を確保し，そのかわりに所得税の減税を行い，消費の拡大を図る。
③ 日本銀行は，為替市場に直接介入し，為替レートを円高に導くことによって，経済の活発化を図る。
④ 日本銀行は，手持ちの株式を証券取引所に売りに出し，株式市場の活性化を図る。
⑤ 政府は，財政引き締めのため公共投資を抑制し，民間投資の促進を図る。

No.4

（解答▸P.22）

好況期において，行うと効果的である財政政策と，ビルト＝イン＝スタビライザーの機能によって起こりうることの組合せとして妥当なものは，次のうちどれか。

A　公共投資を増大する。
B　紙幣の発行量を増やす。
C　税率を上げる。
D　所得税は実質的に減税となる。
E　社会保障関係費が減少する。

① A，B，D
② A，E
③ B，C，D
④ B，D
⑤ C，E

No.5

（解答▸P.22）

財政政策には国民間の所得の開きを調整する働きがある。この働きを直接的に果たす政策を，次の歳入面のＡ～Ｃと歳出面のａ～ｃから，それぞれ一つずつ選んだ組合せとして，妥当なのはどれか。

歳入面　A　国税より地方税の割合を増やす
　　　　B　生活必需品に課税する
　　　　C　累進課税を行う
歳出面　a　港湾や道路の建設に投資する
　　　　b　生活保護費や失業給付金を支出する
　　　　c　教育や文化活動に支出する

	歳入面	歳出面
①	A	a
②	A	b
③	B	c
④	C	a
⑤	C	b

No.6

（解答▸P.22）

日本の財政に関する記述として妥当なものは，次のうちどれか。

① 日本の財政を直間比率（直接税と間接税の比率）で見ると，わずかだが間接税の比率が高い。
② 日本の国内総生産に占める政府最終消費支出（政府による消費財への支払など）の割合は，60%を超えている。
③ 2022年現在，プライマリー＝バランス（国債発行や元利払いを除いた財政収支）は均衡している。
④ 国家財政と地方財政の間のつながりは，一切ない。
⑤ 以前，「第二の予算」といわれていた財政投融資は，2001年に仕組みが変わったことによって，各機関が自主運用するようになった。

No.7

(解答▸P.22)

国家財政についての記述として正しいのは，次のうちどれか。

① 日本の国家財政の会計年度は，毎年1月1日に始まって同年12月31日に終了する。
② 一般会計予算は国会の議決が必要となるが，特別会計予算は国会の議決を必要としない。
③ 国債発行には市中消化の原則があり，年金の運用の際，それを国債の購入に充てることはできない。
④ 郵便貯金や年金は，自動的に公的機関に融資する仕組みになっており，自主運用は認められない。
⑤ 建設国債の発行は，財政特例法の制定を必要としない。

No.8

(解答▸P.23)

国債に関する記述として正しいのは，次のうちどれか。

① 国債の売買は国家間のみに認められ，一般人への販売は禁止されている。
② 日本では，国債を日本銀行が直接引き受けることを禁止している。
③ 日本では財政法上，赤字国債の発行が認められている。
④ 国債の発行によって，財政の硬直化が避けられる。
⑤ 行政改革が進行した結果，日本の国債発行残高は減少している。

No.9

(解答▸P.23)

直接税と間接税の長所，または短所に関する記述として誤っているものは，次のうちどれか。

① 直接税のうち所得税は，垂直的公平を図るうえで優れている。
② 間接税は，景気を自動的に安定させる機能を持っている。
③ 間接税は，各個人に同じ税率が適用されるので，逆進的になりがちである。
④ 直接税のうち所得税は，その負担感のため勤労意欲に影響を与えることがある。
⑤ 直接税は納税者と税負担者が同じため，徴収が的確に分かる。

No.10

（解答 ▸ P.23）

日本の税制に関する記述として，正しいものはどれか。

① 所得税と消費税はともに直接税であるが，所得税は国税，消費税は地方税に含まれる。
② 相続税は，財産の格差縮小に直接的な効果がある。
③ 消費税は，収入が多い者ほど税負担率が高くなる。
④ 消費税が８％から10％に引き上げられたことに伴い，国税収入に占める割合が，所得税を抜いてトップになった。
⑤ 消費税は近い将来，15％に引き上げられることが閣議決定されている。

No.11

（解答 ▸ P.23）

次の文章を読んで，Ａ～Ｅに入る語句の組合せで正しいのはどれか。

歳入の基礎となっている租税は，納税義務者と担税者が同一である直接税と，租税転嫁が行われて納税義務者と担税者が異なる間接税に分けられる。日本では（　Ａ　）の方が納税額が多く，（　Ａ　）のうち特に（　Ｂ　）は，（　Ｃ　）を採用して，いわゆる所得の再分配の働きをしている。また（　Ｄ　）は（　Ｅ　）であるので，必需品では税率を下げ，ぜいたく品では税率を高めるなどの工夫が必要である。

	A	B	C	D	E
①	間接税	固定資産税	累進課税	直接税	逆進的
②	間接税	物品税	比例税	直接税	累進的
③	直接税	間接税	比例税	間接税	累進的
④	直接税	所得税	累進課税	間接税	逆進的
⑤	直接税	所得税	累進課税	間接税	累進的

No.12

(解答▸P.23)

日本の所得税と法人税について，正しい記述はどれか。

① 税収が景気に大きく左右される法人税率を低く抑えているため，税収の大部分は，所得税に依存している。
② 所得税については，納税者の諸条件に応じて，扶養控除等の各種所得控除が認められている。
③ 法人税率は公平性の観点から，法人の利潤に応じて累進課税率が適用される。
④ 日本で企業活動を行う外国企業には，国際税法上日本の法人税率は適用されない。
⑤ 所得税は国税の間接税だが，法人税は国税の直接税である。

No.13

(解答▸P.23)

間接税に関する記述として，正しいものの組合せはどれか。

A 担税力に関係なく課せられるところから，逆進的であるともいわれる。
B 納税義務者と租税負担者は，原則として一致する。
C 国税の間接税は，酒税・贈与税・印紙税などがある。
D 地方税の間接税は，自動車税・自動車重量税・入湯税などがある。

① A　② A，C　③ B　④ B，C　⑤ C，D

No.14

(解答▸P.23)

税の公平性に関する以下の記述のうち，正しいものはどれか。

① 異なる数種類の所得に対して，合計金額ではなくそれぞれに違う税率で課税することは，水平的公平に寄与する。
② すべての国民から同一金額の税を徴収することは，垂直的公平に寄与する。
③ 所得税に適用されている累進課税制度は，垂直的公平に寄与する。
④ 高級品に対して特別消費税の名目で課税したら，それは水平的公平に寄与する。
⑤ 法人税について，中小企業に法人税の軽減税率を適用することは，水平的公平に寄与する。

No.15

（解答 ▸ P.23）

以下の表は，日本の 2023 年度予算と項目別構成比である。A～Eに当てはまる項目の組合せとして正しいものは，次のうちどれか。

（金額単位：億円）

歳入		
（ A ）	694,400	60,7
（ B ）	356,230	31,1
その他収入	93,182	8,2
計	1,143,812	100.0%

歳出		
（ C ）	368,889	32.3%
国債費	252,503	22.1%
（ D ）	163,992	14.3%
（ E ）	60,600	5.3%
文教及び科学振興費	54,158	4.7%
防衛関係費	101,686	8.9%
恩給関係費	970	0.1%
その他	141,014	12.3%
計	1,143,812	100.0%

	A	B	C	D	E
①	租税及び印紙収入	公債金	地方交付税交付金等	社会保障関係費	公共事業関係費
②	租税及び印紙収入	公債金	社会保障関係費	地方交付税交付金等	公共事業関係費
③	租税及び印紙収入	公債金	社会保障関係費	公共事業関係費	地方交付税交付金等
④	公債金	租税及び印紙収入	社会保障関係費	地方交付税交付金等	公共事業関係費
⑤	公債金	租税及び印紙収入	地方交付税交付金等	公共事業関係費	社会保障関係費

No.16

（解答 ▸ P.24）

次の文中のA～Cにあてはまる語句の組合せとして正しいのはどれか。

物の価格は，生産に必要な費用の増減あるいは（　A　）の変化によって上下するほか，（　B　）の増減によっても変化する。その社会で取引される商品の量も一定なら一般に物価は安定するが，（　C　）のもとでは社会の商品流通と無関係に通貨発行が可能だから，通貨の発行が多すぎれば物価が上がり，通貨の量が減少しすぎると物価が下がることになる。

	A	B	C
①	貨幣の流通量	流通速度	金本位制
②	金本位制	需要と供給	管理通貨制度
③	需要と供給	貨幣の流通量	管理通貨制度
④	流通速度	貨幣の流通量	金本位制
⑤	流通速度	需要と供給	管理通貨制度

No.17

（解答 ▸ P.24）

日本の通貨や通貨制度について正しいものは，次のうちどれか。

① 現金通貨は日本銀行券と貨幣（硬貨）からなり，ともに日本銀行によって発行されている。
② 貨幣（硬貨）の発行金額は，日本銀行券の発行金額を常に上回っている。
③ 管理通貨制度の下では，金の保有量に関係なく兌換紙幣が発行されるため，インフレーションが起きやすい。
④ 当座預金は要求払い預金の一種で，小切手を利用して資金の出し入れをするが，普通預金とは違って利子は付かない。
⑤ マネー＝ストック（通貨総量）の指標としてよく使われるのは，預金通貨（普通預金＋当座預金）に定期預金などの準通貨と譲渡性預金を加えたものである。

第2編

第4章 国民所得と景気変動

一国の経済規模を表す指標には，ストックとフローの２つが使われる。ストックは，ある一定時点における存在量や蓄積量のことで，その中でも建物，住宅，工場，機械設備，交通設備などの有形資産を「国富」，国富のうち，道路，鉄道，港湾，工業用地，上下水道など，国や地方公共団体によって供給され，国民が共通で利用するものを社会資本という。一方，ある一定期間に生産，販売された経済活動の量を表すのがフローであり，国内総生産（ＧＤＰ）や国民所得（ＮＩ）で表される。国内総生産は，１年間に一国内で生み出された財やサービスの合計額，国民所得（ＮＩ）は，１年間に一国において新たに生み出された，個人と企業の所得合計である。国民所得には，生産国民所得，分配国民所得，支出国民所得があるが，これらは国民所得の見方を変えただけなので，それぞれの金額は一致する。これを三面等価の原則という。なお，これらの指標は一国の経済規模を知ることに対しては有益であるが，生産するならば公害や環境破壊を起こしてもプラスが出る反面，家事労働やボランティアなどは算出されないため，金額が高いからといって，必ずしも福祉水準が高いとは言い切れない。そこで，このようなことを考慮した指標として国民純福祉（ＮＮＷ）が使われることもある。

その国の経済活動の規模が拡大することを経済成長といい，通常は国民所得またはＧＤＰの年々の増加率によって表される。つまり，対前年度増加率がプラスであるならば経済活動が拡大しており，マイナスならば経済活動が縮小しているということになる。この増加率のことを経済成長率という。経済成長率は前年度と今年度の比較であるため，金額を単純に比較してしまうと，物価が上昇しただけでもプラスになってしまい，実態にそぐわない結果が出る可能性がある。そこで，単純に比較したものを名目経済成長率，物価上昇分をＧＤＰデフレーター（物価指数）で修正して比較したものを実質経済成長率として，別々に算出している。

一国の経済は，経済成長率だけ見ても，大きい年や小さい年，マイナスの年など，周期的な変動を繰り返している。この変動を景気変動という。通常は，経済主体それぞれが利益を増やしている「好況」，消費の低迷や生産，雇用の減少が見られるようになる「後退」，国民総生産が底を打つ「不況」，生産や消費が増加し始める「回復」が循環する。なお，後退期において，急激に不況に陥ることを「恐慌」という。これらは，周期的な上昇・下降を繰り返す。その期間別に，学者の名前をとった４つの波が存在するといわれている。

ポイント

1　国民所得

NＩ（国民所得）＝ 総生産額－中間生産物－減価償却費（固定資本減耗）－ 間接税＋補助金

GNP（国民総生産）＝GNＩ（国民総所得）〔総生産額－中間生産物〕

NNP（国民純生産）〔総生産額－中間生産物－減価償却費（固定資本減耗）〕

○**GDP（国内総生産）**＝ＧＮＰ－海外からの純所得

○ＧＮＥ（国民総支出）：ＧＮＰを支出面からとらえたもの。具体的には民間消費支出，政府消費支出，国内総資本形成（政府投資＋民間投資），在庫品増加，経常海外余剰の合計で表される。

○ＮＮＷ（国民純福祉）：一国の国民の福祉水準の規模を示す１つの指標。ＧＮＰから非福祉的部分（公害，自然環境の悪化など）を差し引き，福祉的部分（家事労働，余暇時間など）を加えて算定する。

※三面等価の原則

○生産国民所得：各産業がどれだけ生産したかの合計。
（産業別国民所得）〔第１次産業＋第２次産業＋第３次産業＋海外からの純所得〕

○分配国民所得：賃金，利潤，地代，利子など，生産要素の提供者に分配されたものの合計。
〔雇用者所得＋財産所得＋企業所得〕

○支出国民所得：国民所得の利用，処分を支出面からとらえたものの合計。
〔消費＋貯蓄＋投資〕

→ これらは，国民所得をそれぞれの面でとらえたものなので，合計額は一致する。
⇒三面等価の原則

◎**経済成長**

経済成長率：一国の一定期間における経済規模の拡大率

このままの数値で計算すると，物価が上昇しているだけでも成長率が上がってしまう。

→物価上昇率を考慮して計算する：**実質経済成長率**

（計算式）

$$実質ＧＤＰ＝\frac{名目ＧＤＰ}{物価指数÷100}$$

$$実質経済成長率＝\frac{今年度実質ＧＤＰ－前年度実質ＧＤＰ}{前年度実質ＧＤＰ}×100〔％〕$$

2 景気変動

A **景気変動** 資本主義経済の活動全体の規模を示す景気が好況→後退→不況→回復の４つの局面を繰り返すこと。

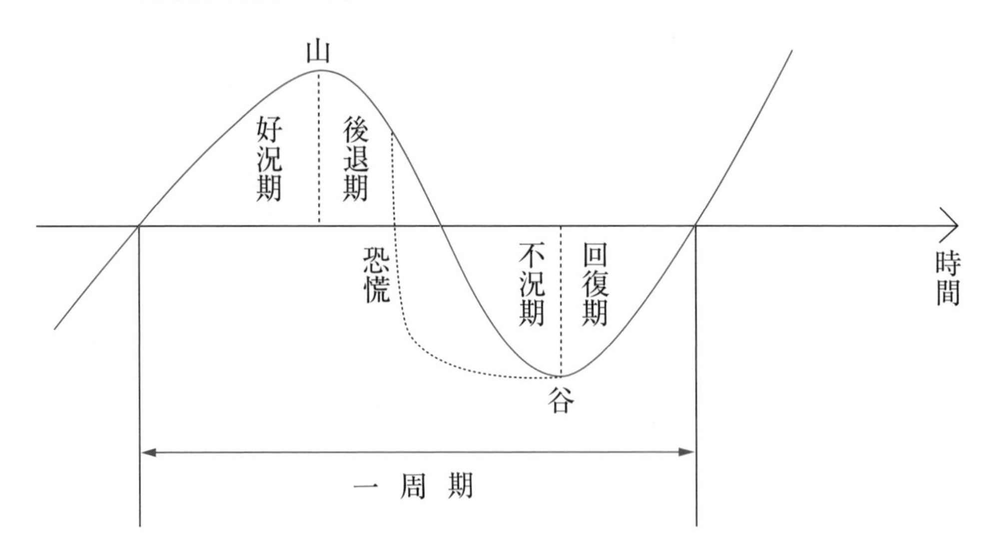

★ **恐慌**：経済が急激に混乱状態になること。失業者の増加，価格の暴落，企業の倒産などが起こる。

B　景気循環の周期

名　前	周　期	原　因
キチンの波	短期波動（約40カ月）	在庫循環。企業の在庫投資による在庫調整の変動。
ジュグラーの波	中期波動（約10年）	主循環。設備投資循環。企業の設備投資による変動。
クズネッツの波	長期波動（約20年）	建設循環。建築物の建て替えによる変動。
コンドラチェフの波	長期波動（約50年）	技術革新，資源開発，戦争，農業生産量などによる変動。

No.1

（解答 ▸ P.24）

下の文中Ａ～Ｃに入る語句として，正しい組合せはどれか。

一国で一定期間（通常１年）の間に新たに生産された生産物の総額を（　Ａ　）といい，フロー（流れ）とよばれる。一方，一国の経済活動によって過去から蓄積された財の量で，（　Ａ　）を生みだす元となるのが（　Ｂ　）で，ストック（蓄積高）とよばれる。（　Ｂ　）には個人の住宅や耐久消費財，企業の機械・工場や商品在庫，国や地方公共団体の道路・港湾・上下水道などの（　Ｃ　）などが含まれる。

	Ａ	Ｂ	Ｃ
①	国富	国民所得	国家資本
②	国富	国民所得	社会資本
③	国民所得	国富	国家資本
④	国民所得	国富	社会資本
⑤	国民所得	国民純福祉	社会資本

No.2

（解答 ▸ P.24）

国民所得に関する記述として最も妥当なものは，次のうちどれか。

① 政府や企業，個人によって一定期間に生産された総生産額から，最終生産物額を引くと，国内総生産（ＧＤＰ）が求められる。
② ＧＤＰに減価償却費（固定資本減耗）を加えたものが国民純生産（ＮＮＰ）である。
③ 国民純生産から生産物額に含まれている間接税を引き，価格を低めている補助金額を加えると，国民所得（ＮＩ）が得られる。
④ 三面等価の原則とは，雇用者所得，企業所得，財産所得の額が，それぞれ一致することをいう。
⑤ 年間を通じて得られた名目国内総生産と実質国内総生産の額は，必ず同じ額になる。

No.3

（解答 ▸ P.24）

国内総生産（ＧＤＰ）を求める式として正しいのは，次のうちどれか。

① 総生産額－中間生産物額
② 総生産額－中間生産物額＋海外からの純所得額
③ 総生産額－中間生産物額－海外からの純所得額
④ 国民総生産－減価償却費
⑤ 国民純生産－減価償却費

No.4

（解答 ▸ P.24）

国民所得を，下図のような順序で求めた。ＡとＢに入る語句の組合せとして妥当なのは，次のうちどれか。

総生産額		中間生産物
国民総生産		（ A ）
国民純生産		（ B ）
国民所得		

	A	B
①	政府消費支出	間接税＋補助金
②	政府消費支出	間接税－補助金
③	政府消費支出	間接税＋輸入
④	減価償却費	間接税＋補助金
⑤	減価償却費	間接税－補助金

No.5

（解答▶P.24）

ＧＤＰに関する記述として，正しいものはどれか。

① ＧＤＰは，一国で一定期間（通常１年）に新たに生産された生産物の総額であり，海外進出企業の生産額も含まれる。

② ＧＤＰの額は，消費額と投資額の大きさによって決まるので，政府支出などはその大きさには影響を与えない。

③ ＧＤＰは，生産要素の増加や就業人口の増加，生産効率の上昇などによっても増大する。

④ ＧＤＰには，家事労働やボランティア，公害や環境問題なども考慮されて算定されるため，一国の福祉水準を見るのに優れている。

⑤ ＧＤＰを使った実質経済成長率は，インフレ率が高まると，名目経済成長率との差が小さくなる。

No.6

（解答▶P.24）

以下の経済成長率に関する文中Ａ～Ｃに入る語句の組合せとして適当なものは，次のうちどれか。

経済成長とは，経済の規模が増大することをいい，具体的には国内総生産（あるいは国民総生産）の増加率によって表される。たとえば，ある国の昨年のＧＤＰが100兆円，今年のＧＤＰが110兆円だった場合，経済成長率は（110 － 100）÷ 100 ＝ 0.1 ＝ 10％となる。これを（　Ａ　）という。

ただし，これには物価が考慮されていない。昨年から増えた10兆円が，ただ単に物価が上昇したことによる増加だとすると，経済成長率は０％ということになる。そこで，物価指数を使って（　Ａ　）を修正し，（　Ｂ　）が算出される。

また，不況時において前年に比べて経済規模が縮小した場合，経済成長率はプラスにならない。このような状態を（　Ｃ　）という。

	A	B	C
①	実質経済成長率	名目経済成長率	マイナス成長
②	実質経済成長率	名目経済成長率	低成長
③	名目経済成長率	実質経済成長率	マイナス成長
④	名目経済成長率	実質経済成長率	低成長
⑤	単純経済成長率	正確経済成長率	低成長

No.7

（解答 ▸ P.24）

一国の経済活動の規模やその拡大を測る指標に関する記述として正しいものは，次のうちどれか。

① ＧＤＰは一国の経済活動の規模を表す指標の一つで，一国の国民が１年間に生産した付加価値を合計したものである。
② 医療や介護は生産に直結しないため，医療費や介護費が増大してもＧＤＰは増大しない。
③ 家事労働やボランティア活動は無償の活動なので，活動が増大してもＧＤＰは増大しない。
④ 公害対策費用は，悪化した環境を正常な状態に戻すための費用なので，ＧＤＰには含まれない。
⑤ 実質経済成長率は，名目経済成長率から株式相場の変動分を除いて算出したものである。

No.8

（解答 ▸ P.25）

次の表は，ある年度の国内総生産（ＧＤＰ）と国内総支出に関する総計表である。この表から分かる国民純生産（ＮＮＰ）として正しいものは，次のうちどれか。

国内総生産		国内総支出	
雇用者所得	288	民間最終消費支出	308
営業余剰	86	政府最終消費支出	48
固定資本減耗	85	国内総固定資本形成	234
間接税	46	在庫品増加	－１
（控除）補助金	4	財貨・サービスの輸出	59
統計上の不突合（ふとつごう）	1	（控除）財貨・サービスの輸入	46
（合計）国内総生産	502	（合計）国内総支出	502

海外からの所得	29
海外への所得	22

（注） 数値は名目値で，単位は兆円である。
（控除）とある項目は合計する際に差し引いたものである。

① 375兆円　② 382兆円　③ 417兆円　④ 424兆円　⑤ 459兆円

No.9

（解答▶P.25）

景気変動に関する記述として，正しいものはどれか。

① 景気変動は，どのような経済体制でも発生する。
② 主循環と呼ばれるのはジュグラーサイクルである。
③ クズネッツの波の要因は設備投資といわれている。
④ 景気変動は必ず起こるものなので，景気が後退しても国は静観する他ない。
⑤ 在庫循環の周期はほぼ２年である。

No.10

（解答▶P.25）

以下の記述は，景気循環をその周期と原因によって分類したものである。波動の呼び方との組合せとして，正しいものはどれか。

A 周期は約 10 年で，中期波動である。設備投資が主因といわれている。
B 40 カ月程度の周期を持つ短期波動である。在庫投資による在庫変動が要因とされる。
C 50 ～ 60 年周期の長期波動である。技術革新，資源開発などによるものとされている。

	A	B	C
①	キチンの波	ジュグラーの波	コンドラチェフの波
②	コンドラチェフの波	キチンの波	ジュグラーの波
③	コンドラチェフの波	ジュグラーの波	キチンの波
④	ジュグラーの波	キチンの波	コンドラチェフの波
⑤	ジュグラーの波	コンドラチェフの波	キチンの波

No.11

（解答▶P.25）

恐慌について書かれた以下の各文のうち，正しいものはどれか。

① 世界で初めて恐慌が起こったのは，フランスである。
② 恐慌が起こる原因の１つに株の高騰がある。
③ 1929 年の世界恐慌はイギリスから始まった。
④ 政府は恐慌が起きないように経済に介入している。
⑤ 今でも 10 年に１回の周期で恐慌が起きている。

No.12

（解答▸P.25）

次の文章のＡ～Ｄに入る語句の組合せとして，正しいのはどれか。

1929年に始まる世界的大恐慌に対応して，アメリカの（　Ａ　）大統領が行ったＴＶＡやＮＩＲＡ法を含む一連の政策を総称して（　Ｂ　）政策と呼ぶ。こうした政策の理論的背景は，それまでの（　Ｃ　）の考え方を大きく転換させた（　Ｄ　）の経済理論によって明確にされた。

	Ａ	Ｂ	Ｃ	Ｄ
①	トルーマン	ニューディール	古典派	マーシャル
②	フーバー	ニューディール	古典派	スミス
③	フーバー	フェアディール	限界知識学派	マーシャル
④	ローズヴェルト	ニューディール	古典派	ケインズ
⑤	ローズヴェルト	フェアディール	限界知識学派	ケインズ

第5章 国際経済

交通機関や通信網の発達によって，国際間における経済活動は，昨今ますます重要度を増してきている。この国際経済の中心となるのが，貿易による資源やエネルギーなどの取引と，金融や投資というお金の取引である。これらの１年間における取引金額は，国際収支という形で表され，この規模と内訳は，その国の経済を見る指標として重要なものとなっている。

国際経済は，前近代的な保護貿易から産業革命後の自由貿易を経て，世界恐慌後のブロック経済へと変遷した。しかし，このブロック経済が第二次世界大戦勃発の一因となったことから，大戦中の1944年，国際経済をより自由で開放的なものにするために，連合国によってブレトン＝ウッズ協定が結ばれ，それに基づいて1945年，ＩＭＦ（国際通貨基金）とＩＢＲＤ（国際復興開発銀行）が発足，1948年に発効したＧＡＴＴ（関税と貿易に関する一般協定）と併せて，為替の安定，発展途上国への援助，自由貿易の拡大と促進を行った。なお，ＧＡＴＴは1995年に国際機関であるＷＴＯ（世界貿易機関）へと発展改組された。

国際間の取引は，外国為替手形で決済される。このとき重要となるのが，両国間の通貨の交換比率である為替レートである。以前は固定相場制が採られていたが，現在は変動相場制となっていて，為替レートはその通貨取引量によって，刻々と変動している。この際，ドルに対する円の価値の上がり下がりで，１ドル100円が１ドル200円の方向に動くことを円安（ドル高），逆に動くことを円高（ドル安）という。

現代のように各国の経済が発展し，他国との結びつきが強まってくると，一国家という枠を越え，人・モノ・お金の動きを自由にしようという動きが出てきた。このような形で生まれたのが，地域的経済統合である。これには，単純に経済統合を進めていくようなものもあれば，ＥＵ（欧州連合）のように，外交や安全保障，通貨，社会までも統合して，より密接に結びついていこうとする動きをするものもある。また企業においては，複数の国にその国の法人格を持つ子会社を置き，世界的規模で活動する多国籍企業（マルチナショナル＝エンタープライズ）なども成立しており，今後国際経済は，ますますその重要度を増していくと考えられている。

ポイント

1　国際収支

国際収支の仕組み

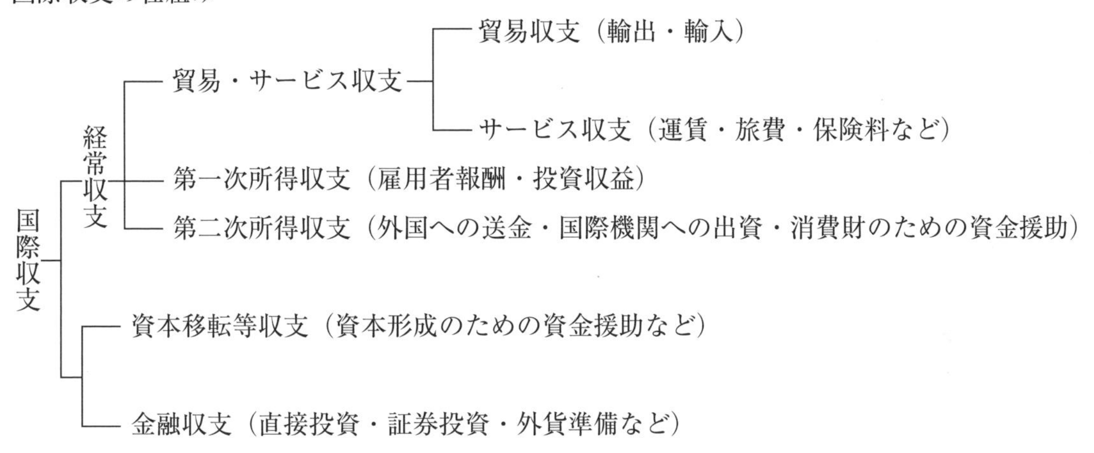

2　国際通貨体制

A　歴史

1944年	**ブレトン＝ウッズ協定**　締結
1945年	国際通貨基金（ＩＭＦ），国際復興開発銀行（ＩＢＲＤ）発足
	➡ブレトン＝ウッズ体制：金・ドル本位制による固定相場制（１ドル＝360円）
1960年代	アメリカ貿易赤字に→金が海外へ流出
1971年８月	金とドルの交換停止（ニクソン声明）：ニクソン＝ショック（ドル＝ショック）
12月	スミソニアン協定：固定相場制の調整＝ドルの切り下げ（１ドル＝308円）
1976年	キングストン合意：変動相場制へ
1985年	**プラザ合意**：ドル高是正のための協調介入

B　外国為替相場

1ドル=100円 ⇄ 1ドル=200円（→ 円安ドル高、← 円高ドル安）

① 輸入の場合（例：1個1ドルの商品を輸入した）

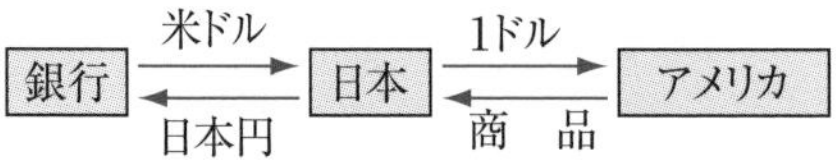

銀行 →米ドル→ 日本 →1ドル→ アメリカ
銀行 ←日本円← 日本 ←商品← アメリカ

ア．1ドル＝100円の時，商品は100円出せば輸入できる。

イ．1ドル＝200円の時，商品は200円出さないと輸入できない。

⇒ **円高のほうが有利になる。**

② 輸出の場合（例：1個1ドルの商品を輸出した）

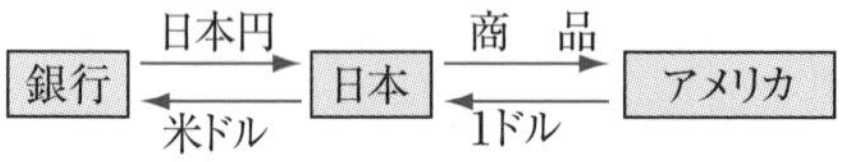

銀行 →日本円→ 日本 →商品→ アメリカ
銀行 ←米ドル← 日本 ←1ドル← アメリカ

ア．1ドル＝100円の時，商品は100円で売れたことになる。

イ．1ドル＝200円の時，商品は200円で売れたことになる。

⇒ **円安のほうが有利になる。**

3　経済機構

1．**欧州連合（ＥＵ）**…1993年，マーストリヒト条約の発効により，欧州共同体（ＥＣ）から改組。
本部　ブリュッセル（ベルギー）

加盟国：原加盟国―フランス，ドイツ，イタリア，オランダ，ベルギー，ルクセンブルク
その後の加盟国―アイルランド，デンマーク（以上1973年），ギリシャ（1981年），スペイン，ポルトガル（以上1986年），オーストリア，スウェーデン，フィンランド（以上1995年），バルト三国（エストニア，ラトヴィア，リトアニア），ポーランド，チェコ，スロヴァキア，スロヴェニア，ハンガリー，キプロス，マルタ（以上2004年），ブルガリア，ルーマニア（以上2007年），クロアチア（2013年）（2023年9月現在27カ国）（下線付きはＥＵ共通通貨であるユーロを採用している国）

目的：経済通貨統合を進めながら共通外交，安全保障，司法，内務協力などの協力も目指す。

※　イギリスは，2020年1月31日をもってＥＵを離脱。

２．経済協力開発機構（ＯＥＣＤ）…1961年，アメリカとカナダを正式加盟国に加え，欧州経済協力機構（ＯＥＥＣ）から改組。本部　パリ（フランス）

加盟国：原加盟国―オーストリア，ベルギー，デンマーク，フランス，ドイツ，ギリシャ，アイスランド，アイルランド，イタリア，ルクセンブルク，オランダ，ノルウェー，ポルトガル，スペイン，スウェーデン，スイス，トルコ，イギリス，アメリカ，カナダ

その後の加盟国―日本（1964年），フィンランド（1969年），オーストラリア（1971），ニュージーランド（1973年），メキシコ（1994年），チェコ（1995年），ハンガリー，ポーランド，韓国（以上1996年），スロヴァキア（2000年），チリ，スロヴェニア，イスラエル，エストニア（以上2010年），ラトビア（2016年），リトアニア（2018年），コロンビア（2020年），コスタリカ（2021年）（2023年9月現在38カ国）

目的：⑴　経済成長：高度な経済成長と雇用，生活水準の向上を図り，世界経済の発展に貢献する。

⑵　開発：発展途上にある国や地域の健全な経済成長に貢献する。

⑶　貿易：多角的，無差別的な世界貿易の拡大に寄与する。

３．アジア太平洋経済協力（ＡＰＥＣ）…1989年創設。本部　シンガポール（シンガポール）

加盟国：環太平洋地域の21の国と地域

原加盟国―フィリピン，インドネシア，マレーシア，タイ，シンガポール，ブルネイ，日本，韓国，アメリカ，カナダ，オーストラリア，ニュージーランド

その後の加盟国・地域―中国，ホンコン・チャイナ（香港），チャイニーズ・タイペイ（台湾）（以上1991年），メキシコ，パプアニューギニア（以上1993年），チリ（1994年），ロシア，ベトナム，ペルー（以上1998年）（2023年9月現在21カ国・地域）

目的：環太平洋地域における経済発展と地域協力。貿易・投資の自由化と円滑化。

４．欧州自由貿易連合（ＥＦＴＡ）…1960年創設。本部　ジュネーヴ（スイス）

加盟国：スイス，ノルウェー，アイスランド，リヒテンシュタイン（2023年9月現在4カ国）

目的：加盟国間の貿易自由化による経済の安定と活性化。

※　スイスを除く3カ国は1994年欧州経済地域（ＥＥＡ）を発足。

5．北米自由貿易協定（ＮＡＦＴＡ）…1994年締結。

加盟国：アメリカ，カナダ，メキシコ

目的：貿易の自由化による経済発展。

6．ラテンアメリカ統合連合（ＡＬＡＤＩ）…1981年設立。本部　モンテビデオ（ウルグアイ）

加盟国：ブラジル，アルゼンチン，ウルグアイ，パラグアイ，チリ，ボリビア，ペルー，エクアドル，コロンビア，ベネズエラ，メキシコ，キューバ，パナマ（2023年9月現在13カ国）

目的：加盟国の経済社会開発の推進と相互貿易の促進。

7．南米南部共同市場（ＭＥＲＣＯＳＵＲ（メルコスール））…1995年発足。本部　モンテビデオ（ウルグアイ）

加盟国：ブラジル，アルゼンチン，ボリビア（※１），ウルグアイ，パラグアイ，ベネズエラ（※２）（準加盟国：チリ，ペルー，エクアドル，コロンビア，ガイアナ，スリナム）（2023年9月現在6カ国）

目的：域内の関税撤廃と貿易自由化。

※１　ボリビアは，2012年12月加盟議定書に署名し，各国議会の批准待ち。現在議決権はない。

※２　ベネズエラは，2016年12月アルゼンチン，ブラジル，ウルグアイ，パラグアイの外相がベネズエラの加盟資格停止を通知。

8．ＡＳＥＡＮ自由貿易地域（ＡＦＴＡ）…1993年設立。

加盟国：ＡＳＥＡＮ諸国

目的：関税を引き下げ，貿易の自由化を図り，域内経済の活性化を促進。

9．石油輸出国機構（ＯＰＥＣ）…1960年発足。本部　ウィーン（オーストリア）

加盟国：イラン，イラク，クウェート，サウジアラビア，ベネズエラ，アルジェリア，リビア，アラブ首長国連邦，ナイジェリア，アンゴラ，ガボン，赤道ギニア，コンゴ共和国（2023年9月現在13カ国）

目的：原油価格を安定させ，産油国の利益を守る。

※　アラブ石油輸出国機構（OAPEC）加盟国

イラク，クウェート，サウジアラビア，アルジェリア，カタール，リビア，アラブ首長国連邦，バーレーン，シリア，エジプト（2023年9月現在10カ国）

4　その他の国際機構，会議

1．北大西洋条約機構（NATO）…1949年発足。本部　ブリュッセル（ベルギー）

加盟国：原加盟国―アメリカ，カナダ，フランス，イギリス，イタリア，オランダ，ベルギー，ルクセンブルク，デンマーク，ノルウェー，ポルトガル，アイスランド

その後の加盟国―ギリシャ，トルコ（以上1952年），西ドイツ（ドイツ）（1955年），スペイン（1982年），ハンガリー，チェコ，ポーランド（以上1999年）ブルガリア，ルーマニア，スロヴァキア，スロヴェニア，バルト三国（エストニア，ラトヴィア，リトアニア）（以上2004年），アルバニア，クロアチア（以上2009年），モンテネグロ（2017年），北マケドニア（2020年）（2023年9月現在30カ国）

目的：国連憲章に基づく集団防衛と平和・安定の維持。

〔冷戦時〕ソ連・ワルシャワ条約機構による侵略への共同対処

⇓

〔冷戦後〕集団防衛＋ヨーロッパ，大西洋地域内の他国とのパートナーシップ，協力，対話の推進

2．東南アジア諸国連合（ASEAN）…1967年設立。本部　ジャカルタ（インドネシア）

加盟国：原加盟国―インドネシア，マレーシア，シンガポール，タイ，フィリピン

その後の加盟国―ブルネイ＝ダルサラーム（1984年），ベトナム（1995年），ラオス，ミャンマー（以上1997年），カンボジア（1999年），（2023年9月現在10カ国）

目的：域内における経済成長，社会・文化的発展の促進と政治・経済的安定の確保。

3．主要国首脳会議（SUMMIT（サミット））…1975年〜年1回持ち回りで開催。

参加国：〔アメリカ，日本，イギリス，フランス，ドイツ，イタリア，カナダ〕

（アメリカ～ドイツ：G5）

（アメリカ～カナダ：G7）

目的：主として経済問題を解決するための各国の協力と調整。

４．非同盟諸国首脳会議…インドのネルー，ユーゴスラビアのティトー，インドネシアのスカルノ，エジプトのナセルらの呼びかけで，1961 年第 1 回会議がユーゴスラビアのベオグラードで開催。

加盟：120 カ国・機構（2016 年ベネズエラ会議）

目的：東西いずれの軍事ブロックにも属さず，非同盟主義を外交方針とする国々の首脳会議。

非同盟主義＝平和共存，反植民地主義，東西軍事ブロック不参加

演習問題

No.1

（解答 ▸ P.25）

次の文中の空欄A～Dに入る語句の組合せとして正しいのは，次のうちどれか。

外国との商品取引，運賃，保険料などの収支を（　A　），海外企業から得た雇用者の賃金，海外資産の利子や配当などの収支を（　B　）という。（　A　），（　B　）および経常移転収支をあわせて（　C　）といい，この（　C　）と，投資収支，（　D　）を合計したものを国際収支という。

	A	B	C	D
①	経常収支	貿易・サービス収支	資本収支	総合収支
②	資本収支	貿易収支	経常収支	短期資本収支
③	貿易・サービス収支	第一次所得収支	資本収支	資本移転等収支
④	貿易・サービス収支	資本移転等収支	経常収支	資本収支
⑤	貿易・サービス収支	第一次所得収支	経常収支	資本移転等収支

No.2

（解答 ▸ P.25）

下の式は，国際収支に関するものであるが，正しいものはどれか。

① 経常収支＋投資収支＝国際収支
② 経常収支＋金融収支＝国際収支
③ 貿易・サービス収支＋第一次所得収支＋第二次所得収支＝経常収支
④ 貿易・サービス収支＋資本移転等収支＝金融収支
⑤ 第一次資本収支＋第二次資本収支＋金融収支＝資本移転等収支

No.3

(解答▸P.25)

次のうち，第一次所得収支に含まれるものはどれか。

① 海外で働く人の本国への送金。
② 港湾施設建設のための無償資金援助。
③ 海外への投資によって得られた配当金。
④ 政府による食料の無償資金援助。
⑤ 商品としての物の輸出入。

No.4

(解答▸P.25)

下記の表は，A～E国の国際収支表である。これから分かることとして，正しいものはどれか。

	貿易収支	サービス収支	第一次所得収支	経常収支	金融収支	資本移転等収支
A国	10	8	4	23	3	3
B国	14	3	－2	20	5	10
C国	33	6	8	45	－10	－4
D国	29	－3	11	32	2	－9
E国	5	6	－1	22	－2	－6

① 貿易・サービス収支が最も高いのは，A国である。
② 第二次所得収支が最も低いのは，B国である。
③ 国際収支が最も高いのは，C国である。
④ 国際収支が最も低いのは，D国である。
⑤ 第二次所得収支が最も高いのは，E国である。

No.5

（解答▸P.25）

国際収支の項目すべてにおいて，現在の収支が±0とした場合，誤っているものは次のうちどれか。

① 海外旅行に行く人間が増えると，サービス収支は黒字になる。
② 国連への拠出金が増えると，第二次所得収支は赤字になる。
③ 発展途上国への社会資本向け資金援助が増えると，資本移転等収支は赤字になる。
④ 海外への証券投資が増えると，金融収支は赤字になる。
⑤ 輸出が増えると，貿易収支は黒字になる。

No.6

（解答▸P.26）

外国為替相場において円が1ドル150円から120円になった場合の，呼び方や輸出入の状況として妥当なものの組合せは，次のうちどれか。

A 円の価値が下がっているので，円安という。
B 円の価値が下がっているので，円高という。
C 円の価値が上がっているので，円高という。
D 日本は輸出がしやすくなり，輸入がしにくくなる。
E 日本は輸入がしやすくなり，輸出がしにくくなる。

① A，D
② A，E
③ B，E
④ C，D
⑤ C，E

No.7

（解答 ▸ P.26）

以下の文章は，国際通貨制度の変遷について書かれたものである。A～Fに入る語句の組合せとして，適当なものはどれか。

1944年の（　A　）協定に基づいて，1947年3月に業務を開始した（　B　）は，国際通貨と為替の安定，国際収支赤字国への（　C　）融資を目的としている。当初は（　D　）為替を基軸とする固定為替相場制が採用されていたが，1970年代の金と（　D　）との交換停止，いわゆる（　E　）＝ショックを経て，1976年の（　F　）合意によって，変動為替相場制が正式承認された。

	A	B	C	D	E	F
①	スミソニアン	IBRD	長期	ポンド	サッチャー	キングストン
②	スミソニアン	IMF	短期	ドル	ケネディ	ブレトン＝ウッズ
③	ブレトン＝ウッズ	IBRD	長期	ドル	ニクソン	キングストン
④	ブレトン＝ウッズ	IMF	短期	ドル	ニクソン	キングストン
⑤	ブレトン＝ウッズ	IMF	長期	ポンド	サッチャー	スミソニアン

No.8

（解答 ▸ P.26）

次の文のA～Dに入る語の組合せとして正しいのはどれか。

わが国の為替相場が上昇する（円高になる）と，ドルで価格を決めている商品の輸出では，円の手取り（利益）は（　A　）。

以前と同じ利益を得るためには，ドル表示価格を（　B　）なければならず，その結果，輸出は（　A　）。

逆に輸入品は（　C　）なるので，物価は（　D　）するのが一般的である。

	A	B	C	D
①	変わらない	維持し	安く	下落
②	減少する	引き上げ	安く	下落
③	減少する	引き下げ	安く	上昇
④	増加する	引き上げ	高く	上昇
⑤	増加する	引き下げ	高く	上昇

No.9

（解答 ▸ P.26）

次のうち，外国為替相場が円高になった場合に起こる事柄として，妥当なものはどれか。

① わが国の輸出品の価格が相対的に安くなって輸出が伸び，一方，輸入消費財の価格が高くなって輸入が抑えられる。

② わが国の輸入原材料の価格が相対的に高くなるため，やがて工業製品の輸出も高くなり，このため輸出が振るわなくなる。

③ わが国の輸入原材料の価格が相対的に高くなるが，工業製品の輸出価格が安くなり，輸出が盛んになる。

④ わが国の輸出品の価格が相対的に高くなって輸出が振るわなくなり，また，輸入消費財の価格も高くなって，国民生活は苦しくなる。

⑤ わが国の輸出品の価格が相対的に高くなって輸出は抑えられるが，一方，輸入原材料の価格は安くなって，輸入が促進される。

No.10

（解答 ▸ P.26）

わが国における円高差益に関する記述のうち，A～Cに入る数字あるいは語句の組合せとして，正しいのはどれか。

一国の通貨の対外価値は為替相場に現れるが，たとえば，1ドル210円の相場が（　A　）円になれば，ドルに対する円の価値は40円高まったことになる。（　B　）の販売価格を円相場上昇以前のまま据え置けば，円高になった分が利益となる。こうして生じる円高差益を受ける代表的な業種として（　C　）などがある。

	A	B	C
①	250	輸出品	家電・鋼鉄
②	250	輸出品	自動車・鋼鉄
③	250	輸入品	石油・電力
④	170	輸出品	自動車・家電
⑤	170	輸入品	石油・電力

No.11

（解答 ▸ P.26）

次の説明文を読んで，内容が正しいものはどれか。

① 円相場が上がるということは，1ドル＝150円という水準から1ドル＝160円になることである。これが円高であり，逆に1ドル＝150円という水準から1ドル＝140円になることは円安であり，円相場が下がったことになる。

② 紙幣である日本銀行券は財務省印刷局が発行し，補助貨幣である硬貨は財務省造幣局が製造する。

③ 外貨準備がどう増減したのか，また政府・日本銀行・外国為替銀行の対外債権，債務はどう増減したかを示すのが金融勘定である。これは総合収支を別の形で見るものであるから当然総合収支に等しい。

④ 国税には企業など法人の利益に課される法人税，個人所得に課される所得税，相続税，贈与税といった直接税の他，酒税等の間接税があるが，わが国では平成元年に直接税である消費税が導入された。

⑤ 総供給が総需要を上回り続けると，物価は次第に上昇する。企業は設備投資を増やすために金融機関から資金を借入れ，流通する通貨の量が増大して需要は次第に拡大する。こうして物価の上昇が続く状況をインフレーションという。

No.12

（解答 ▸ P.26）

ウルグアイ＝ラウンド交渉に関する記述として誤っているのは，次のうちどれか。

① ウルグアイ＝ラウンドは関税引き下げのために行われた，最初の多角的貿易交渉である。

② サービス貿易分野の協定について合意が成立した。

③ アメリカとＥＣの間で，農作物に対する輸出補助金政策をめぐる対立があった。

④ ＧＡＴＴを発展的に解消させる形で，ＷＴＯを設立することになった。

⑤ 1994年，マラケシュ閣僚会議で最終合意に達し，終結した。

No.13

（解答▸P.26）

国際分業の形態として水平的分業と垂直的分業に分けられる。このうち，垂直的分業の例として，正しい組合せはどれか。

ア　社会主義国と資本主義国の間の貿易
イ　第二次世界大戦前の本国と植民地との間の貿易
ウ　先進工業国と発展途上国との間の貿易
エ　ＥＵ諸国間の貿易

① ア，イ
② ア，ウ
③ ア，エ
④ イ，ウ
⑤ イ，エ

No.14

（解答▸P.26）

自由貿易と保護貿易に関する記述として正しいのは，次のうちどれか。

① 重商主義政策が採用されていた時代には，各国は自国商品の市場拡大を図り，著しい自由貿易政策を採った。
② いちはやく産業革命に成功したイギリスでは，比較生産費説に支えられた自由貿易政策を採った。
③ 政治的・経済的に緊密な関係にある一定地域内で行われるブロック経済は，自由貿易の一形態である。
④ 保護貿易は関税によって貿易量を間接的に調整しようとするものであり，輸入数量そのものを規制する方法はそれに含まれない。
⑤ 金を価値尺度とし，一定量の金を本位通貨とする金本位制度は，保護貿易政策を支える重要な通貨制度である。

No.15

（解答▸P.26）

多国籍企業に関する記述として最も適当なものは，次のうちどれか。

① 一般的に，複数の国にまたがって事業を推し進める，大規模企業のことをいう。
② 自己の業種とは関連性のない企業を買収・合併し，複数の産業や業種にまたがって企業活動を行う。
③ 今世紀初めにできた石油メジャーが巨大化して成立したもので，石油業界でしか見られない。
④ 通常は，同業種の複数企業が契約に基づいて結合し，成立する。
⑤ 日本に本社を置く会社で，多国籍企業と呼べる企業は存在しない。

No.16

（解答▸P.26）

次の経済機構と英略称の組合せのうち，誤っているものはどれか。

① 経済協力開発機構 ―――― ＯＥＣＤ
② アジア太平洋経済協力 ―――― ＡＰＥＣ
③ 欧州連合 ―――― ＥＦＴＡ
④ 石油輸出国機構 ―――― ＯＰＥＣ
⑤ ラテンアメリカ統合連合 ―――― ＡＬＡＤＩ

No.17

（解答▸P.27）

次のうち，ＯＥＣＤの説明として妥当なものはどれか。

① 環太平洋地域が参加する，貿易や投資の自由化と技術協力の推進を目指す，経済協力のための組織。
② 南北問題を検討し，貿易や経済援助・経済開発に関して南北交渉を行う国連の会議。
③ 発展途上国に対して先進国が行う，贈与や国際機関への出資などの経済援助。
④ 加盟各国の経済発展と貿易拡大，発展途上国への援助の拡大と調整を図る，先進国の経済協力組織。
⑤ 発展途上国の中で，急速な工業化と高い経済成長を達成している国や地域のこと。

No.18

（解答▸P.27）

次の文で述べられているのは，以下のどこの機関のことか。

1930年代の世界的な恐慌の苦い経験を繰り返さないため設けられた国際社会機構であり，貿易の拡大による世界経済の発展を基本理念とし，関税や輸出入制限を軽減・撤廃し，自由貿易を堅持することを目的としている。この設立の趣旨に沿い，発足以来，交渉による関税引き下げなどを行い，貿易の自由化を推進して第二次世界大戦後の国際経済の中で大きな役割を果たした。

① ＥＵ
② ＧＡＴＴ
③ ＯＥＣＤ
④ ＵＮＣＴＡＤ
⑤ ＩＭＦ

No.19

（解答▸P.27）

世界経済と国際協力に関する記述として正しいのは，次のうちどれか。

① ＩＭＦ（国際通貨基金）は，先進資本主義国を中心として，加盟国間の経済面での国際協力を達成するために設けられたものである。
② ＩＢＲＤ（国際復興開発銀行）は，国際収支が赤字の国に短期資金を融通する機関である。
③ ＵＮＣＴＡＤ（国連貿易開発会議）は，東西貿易発展の諸問題を検討するために設立された国連の機関である。
④ ＷＴＯ（世界貿易機関）は，関税や輸出入制限など貿易上の障害を軽減・撤廃し，世界貿易の拡大を図ることを目的としている。
⑤ ＯＥＣＤ（経済協力開発機構）は，発展途上国に対して，通常の貸し付け条件よりも有利な条件で融資を行うことを目的として設立された，国連の機関である。

No.20

(解答▸P.27)

地域的経済統合について，正しいものはどれか。

① マーストリヒト条約（欧州連合条約）によって，ＥＣ（欧州共同体）がＥＦＴＡ（欧州自由貿易連合）を吸収し，ＥＵが誕生した。

② ＡＳＥＡＮ（東南アジア諸国連合）は，東南アジア諸国による自由貿易協定に基づいて設立された。

③ 中国は，台湾が加盟していたことからＡＰＥＣ（アジア太平洋経済協力）には加盟せず，ＷＴＯ（世界貿易機関）へ加盟した。

④ ＡＬＡＤＩ（ラテンアメリカ統合連合）が行き詰まった後を受けて，ＬＡＦＴＡ（ラテンアメリカ自由貿易連合）が設立された。

⑤ アメリカとカナダが自由貿易協定を結んだのに続いて，メキシコを加えた３カ国によってＮＡＦＴＡ（北米自由貿易協定）が発足した。

MEMO

第6章 日本の経済

第二次世界大戦によって，膨大な人的，物的被害を受けた日本は，ＧＨＱが行った「財閥解体」，「農地改革」，「労働の民主化」の，いわゆる経済民主化政策によって，経済の再出発をすることになった。終戦直後の日本は，原材料の不足によって鉱工業生産が低迷していた。そこでまず，鉄鋼，石炭などの基幹産業の生産拡大に重点を置いた。これを傾斜生産方式という。これによって生産は拡大したが，同時に激しいインフレーションにも見舞われた。1948年，占領軍は経済安定とインフレ収束のために経済安定9原則を指令した。翌年，これを具体化するためにＧＨＱの経済顧問として来日したドッジは，超均衡（黒字）予算の実現，単一為替レート（1ドル＝360円）の設定，復興金融公庫融資の停止などを内容とする，ドッジ＝ラインを実施した。これによって激しいインフレーションは収まったものの，通貨縮小と徴税強化によって中小企業の倒産が相次ぎ，安定恐慌と呼ばれる深刻な不況に陥った。

そのような中の1950年，朝鮮戦争が勃発した。これによってアメリカによる軍需品調達のための需要が増し（朝鮮特需），日本経済は不況から回復し始めた。これをきっかけとして，軽工業から重化学工業へと産業構造が変化し，時には経済成長率が10％を超えるなど，飛躍的な経済成長を遂げた。この1955～1973年の期間を，高度経済成長期とよんでいる。

1971年，当時のアメリカ合衆国大統領ニクソンは，突然金とドルの交換停止を発表した（ニクソン＝ショック）。これによって，円は1ドル＝308円で固定されたため，それまでと比べると円高（ドル安）になり，日本の輸出に少なからず影響を与えた。そして1973年，第四次中東戦争の勃発による中東産油国の供給制限，輸出価格の大幅引き上げなどの戦略によって，第一次石油危機（オイルショック）が起きた。資源の大半を輸入に頼る日本は，経済的に大きなダメージを受け，1974年には戦後初のマイナス成長に転じた。その後日本は，省エネルギーと技術革新を進め，1970年代後半以降，経済は安定成長期に入った。1980年代前半，日本の貿易黒字額は急速に増大したが，その結果，アメリカやヨーロッパとの間における経済摩擦が深刻化した。

1985年，プラザ合意によるドル高是正を受けて，円高不況に陥った。政府の内需拡大政策や企業の技術革新，経営合理化によってこれを乗り切った日本経済は好景気を持続していったが，1980年代後半になると，この好況は次第に投機的色合いを強め（バブル経済），1990年代前半の株価や地価の暴落（バブル崩壊）によって，長い不況に陥ることになった。

ポイント

1　戦後日本経済のおもな出来事

西暦（年号）	出　来　事
1945（昭 20）	終戦，労働組合法公布，第１次農地改革
1946（昭 21）	財閥解体執行，傾斜生産方式採用，労働関係調整法公布
1947（昭 22）	第２次農地改革（～ 50），労働基準法，独占禁止法公布
1949（昭 24）	ドッジ＝ライン（日本経済安定計画）実施 →固定為替レート（１ドル＝ 360 円）設定
1950（昭 25）	朝鮮戦争（～ 53）→朝鮮特需
1951（昭 26）	ＩＬＯ再加盟
1952（昭 27）	ＩＭＦ（国際通貨基金），世界銀行加盟
1955（昭 30）	ＧＡＴＴに加盟
1960（昭 35）	国民所得倍増計画発表
1964（昭 39）	ＩＭＦ８条国に移行，ＯＥＣＤに加盟→資本の自由化，開放経済体制
1971（昭 46）	ニクソン（ドル）＝ショック→１ドル＝￥308 に変更（スミソニアン協定）
1973（昭 48）	変動相場制に移行，第１次オイルショック
1974（昭 49）	戦後初のマイナス成長→高度経済成長時代の終了
1979（昭 54）	第２次オイルショック
1980 年代	貿易不均衡の拡大→貿易摩擦問題の発生
1984（昭 59）	日米農産物交渉決着
1985（昭 60）	電電，専売公社民営化→ＮＴＴ，ＪＴ発足 プラザ合意→ドル高是正，円高不況
1986（昭 61）	前川レポート発表→内需主導型経済への構造転換
1987（昭 62）	国鉄分割民営化→ＪＲ６社発足，バブル経済
1988（昭 63）	牛肉・オレンジ輸入自由化の日米交渉妥結（91 年実施）
1989（平１）	消費税（３％）実施，日米構造協議開始
1991（平３）	バブル経済崩壊
1993（平５）	コメの部分開放を受諾
1994（平６）	預貯金金利の自由化
1995（平７）	１ドル＝ 79 円台と，それまでの最高値を記録
1997（平９）	消費税率５％に
1998（平 10）	金融監督庁・金融再生委員会発足，改正日銀法・改正外為法施行
1999（平 11）	ＥＵ共通通貨「ユーロ」誕生
2000（平 12）	九州・沖縄サミット
2001（平 13）	戦後初めて「緩やかなデフレ」と発表
2002（平 14）	預金保険（ペイオフ）制度部分解禁，シンガポールとのＦＴＡ発効
2003（平 15）	日本郵政公社発足
2004（平 16）	年金制度改革関連法成立，メキシコとＦＴＡ締結
2005（平 17）	ペイオフ全面解禁，郵政民営化関連法案成立

2006（平18）	ライブドア事件，ガソリン価格高騰
2007（平19）	郵政民営化
2008（平20）	リーマン＝ショックによる世界同時株安
2009（平21）	消費者庁発足
2010（平22）	日本年金機構発足，ギリシア財政危機，日本振興銀行破綻で初のペイオフ発動
2011（平23）	東日本大震災
2014（平26）	消費税率８％に
2015（平27）	マイナンバー制度施行
2018（平30）	TPP11 発効
2019（令１）	消費税率10％に

2　戦後日本の実質経済成長率

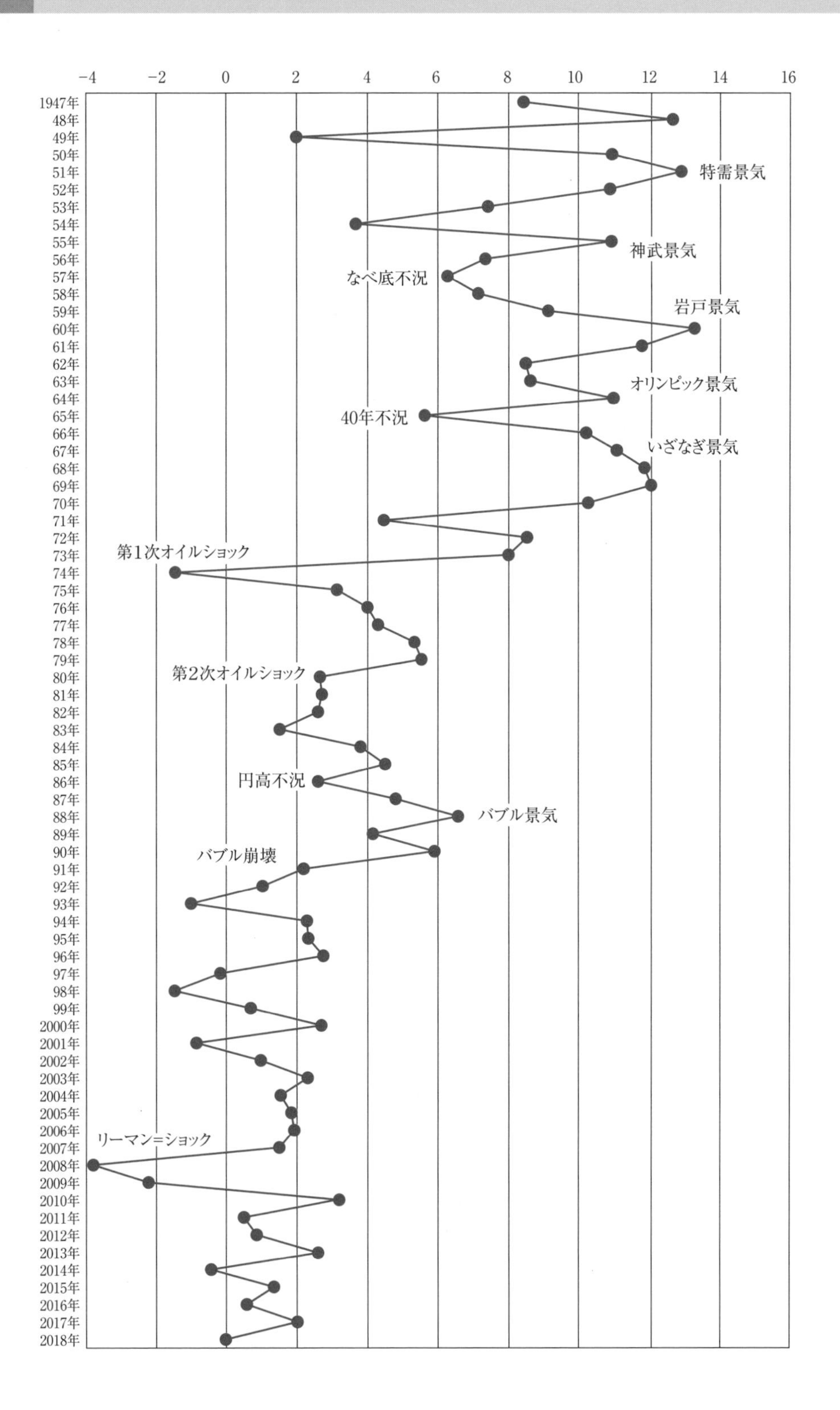

No.1

（解答 ▸ P.27）

日本の戦後の経済民主化に関する記述として，正しいものはどれか。

① 1945年に労働組合法が制定されたが，戦前から存在した労働組合が再結成されただけで，新たな労働組合はほとんど結成されなかった。

② 農地改革が行われ自作農が増えたことに伴って，農民と工場労働者の経済格差はほぼ解消され，農民は戦前の零細経営から脱却した。

③ アメリカが日本の経済民主化を推し進めた背景には，当時表面化しつつあった東西冷戦に備えるため，日本の戦時経済体制を温存するためだった。

④ 戦前戦中の独占・寡占の弊害が生じることがないよう，独占禁止法が制定され，その監視機関として公正取引委員会が設置された。

⑤ 財閥解体が行われたが，急激な変化に伴う日本経済への悪影響を懸念して，解体は四大財閥に限られ，中小財閥はそのまま残った。

No.2

（解答 ▸ P.27）

1950～60年代に，日本が高度経済成長を成し遂げた要因としてふさわしくないものは，次のうちどれか。

① 日本では貯蓄率が高く，その資金が設備投資に回された。

② 為替相場が1ドル＝360円と円安・ドル高に固定されていたため，輸出に有利だった。

③ 政府が所得倍増計画を打ち出し，企業に対する税制優遇政策などを採った。

④ 石油が安価だった。

⑤ 冷戦の進行によって，軍需産業が発展した。

No.3

（解答▸P.27）

高度成長の進行による産業政策について，正しいものの組合せはどれか。

A　高度経済成長初期，政府は「重厚長大（じゅうこうちょうだい）」産業を中心とする産業構造を目指した。
B　政府は経済成長が進むにつれ，輸入制限品目の数を増やした。
C　オイルショック以後，政府は特定産業の育成政策を放棄した。

①　A
②　A，B
③　A，B，C
④　B，C
⑤　C

No.4

（解答▸P.27）

1980年代後半以降の日本の対外経済に関する記述として正しいものは，次のうちどれか。

①　日米構造協議が行われ，日本国内の経済構造が大きな問題とされたが，アメリカの経済構造問題については話し合われなかった。
②　1990年代に入ると，日本国内が景気低迷に陥ったため，貿易摩擦をめぐる問題が生じることはなくなった。
③　知的所有権については，日本がアメリカから侵害を受けているとして問題化した。
④　ＧＡＴＴ（関税と貿易に関する一般協定）のウルグアイ＝ラウンド終了時に，米の輸入は完全に自由化された。
⑤　自動車をめぐる日米貿易摩擦解消のため，輸出自主規制やアメリカでの現地生産を行った。

No.5

（解答 ▸ P.28）

高度経済成長に比べて，最近は家計の消費構造が変化し，家具・衣服などのいわゆる商品支出の構成比が低くなってきている一方で，教養・娯楽費・光熱費・医療費・交際費・通信費などのいわゆるサービス支出の構成比が高くなってきている。次のうち，このような変化をもたらした要因として考えにくいものはどれか。

① 女性，特に主婦の社会進出が進んだため。
② 高齢者世帯が増加したため。
③ 消費者の生活水準が高くなったため。
④ 週休２日制の普及などにより，余暇活動が盛んになったため。
⑤ 家計の実質消費支出の伸びが鈍化したため。

No.6

（解答 ▸ P.28）

日本の企業は，「少数の大企業」と「多数の中小企業」が存在する。両者の間には賃金，生産性，資本装備率などに大きな格差があるが，この現象を何とよぶか。

① 近代化
② 空洞化
③ 産業構造の変化
④ スプロール化
⑤ 二重構造

No.7

（解答▶P.28）

行き過ぎた海外直接投資は国内産業の空洞化をもたらすといわれているが，これに関する説明として正しいものは，次のうちどれか。

① 海外直接投資によって海外生産が増加すれば，これまで国内で生産されていた製品の輸出がいっそう増大する。
② 海外直接投資により国内産業が海外に移転すれば，それらの産業がこれまで国内で生産していた財の輸入依存度が高まる。
③ 本社までも海外直接投資により移転する企業が増大する。
④ 海外直接投資にともない生産技術や経営資源が移転すれば，国内産業の国際競争力が高まる。
⑤ 海外直接投資が本格化すると，国内での投資が増大し，雇用機会が増えるので失業は減少する。

No.8

（解答▶P.28）

同じ財やサービスの海外と国内における価格の差のことを「内外価格差」というが，これに関する記述として最も適当なものは，次のうちどれか。

① ＧＤＰデフレーター（物価指数）は，商品そのものの価値には関係しないので，内外価格差に影響を与えない。
② 円高が進行しているとき，国内での輸入品価格が変わらなければ，内外価格差は発生しない。
③ 規制緩和を進めると，国内競争が進行するため，内外価格差は縮小しやすくなる。
④ 国内の流通費用の大きさは，生産費用と直接関係しないので，内外価格差に影響を与えない。
⑤ タクシーなどの海外との競争にさらされにくいサービスは，労働賃金の格差が小さいほど，内外価格差が発生しやすい。

第3編

倫理・社会

第1章 労働関係

資本主義経済の確立によって，資本・生産手段を所有する資本家と，生産手段を持たず労働力を提供することで賃金を得る労働者が生まれた。利潤追求を目的とする資本家は，労働者に低賃金で長時間労働を課した。また機械化による熟練労働者などの失業問題も起こり，労働者は団結して労働条件の改善や労働者の権利獲得を求めた。これが労働運動のはじまりである。

日本では，明治維新以後の殖産興業政策によって資本主義が発達し，それに伴って労働組合の結成や労働運動が見られ，1916年には不備が多いながらも工場法（労働者の保護規定）が制定された。しかし，1925年に制定された治安維持法によって，労働者の団結権や争議行為は著しく抑圧された。

戦後日本を占領統治したGHQは，労働の民主化政策を採り，日本における労働運動が復活した。まず1945年に労働組合活動の保護を目的とした労働組合法が，1946年には労働争議の予防と解決を目的とした労働関係調整法が，1947年には労働者保護のための最低条件を定めた労働基準法が，それぞれ制定された。また日本国憲法に，労働三権（団結権，団体交渉権，争議権）が明文化された（第28条）。

労働組合には，同一職種・職業に従事する熟練労働者で組織された職業別組合，職種や企業の枠を越えて，同一産業に従事する労働者によって組織された産業別組合，同一企業の従業員で組織される企業別組合がある。欧米では産業別組合が多いが，日本では大半が企業別組合である。

近年，日本では，従来の雇用形態である「終身雇用制」と「年功序列型賃金体制」に変化が見られるようになった。企業のリストラクチャリング（リストラ）や海外移転などによって労働力が流動化し，パートタイマーやアルバイト，派遣労働者などの非正規雇用労働者も急増している。また，長時間労働が問題視されていた労働時間は，労働基準法の改正などによって短縮されてきたものの，ヨーロッパ諸国に比べるとまだ長いのが実情である。改善策としてワークシェアリングやフレックス＝タイム制の導入などが図られる一方，有給休暇取得率が低いことや統計上に表れないサービス残業が多く，過労死が後を絶たないなどの問題点も多い。女性の雇用は，1986年に施行された男女雇用機会均等法（1995年改定）や労働基準法の改正によって年々増加しているものの，賃金や結婚・出産後の雇用状態など，課題点も多く見られる。

ポイント

1　労働三権（憲法第28条）

A　**団結権**　労働者が団結して，労働組合を組織する権利。

B　**団体交渉権**　労働者が労働条件や待遇改善のために，労働組合を通して使用者と交渉する権利。

C　**争議権（団体行動権）**　団体交渉において，労使双方の交渉が決裂したとき，労働組合が争議行為を行う権利。

争議行為
- 労働者：ストライキ（同盟罷業）
  - サボタージュ（怠業）
  - ピケッティング
  - ボイコット
- 使用者：ロックアウト

2　労働三法

A　**労働基準法（1947年制定）**

労働者保護のため，**労働条件の最低基準**を定めた基本的法律。

内容
① 労働条件は，労使対等の立場で決定。
② 均等待遇：差別的取り扱いの禁止。
③ 男女同一賃金の原則。
④ 強制労働の禁止。
⑤ 中間搾取の排除。
⑥ 解雇制限：業務上の疾病や負傷，女性の出産による休業期間，及びその後30日間は解雇禁止。
⑦ 解雇予告：最低30日前に予告するか，予告手当を支払う。
⑧ 賃金：通貨で，直接労働者に，毎月1回以上，一定の期日を定めて全額を支払う。
⑨ 労働時間：1週間40時間以内，1日8時間以内。

⑩　休憩：労働時間が6時間超で最低45分，8時間超で最低60分。

⑪　休日：毎週最低1日（もしくは4週間で4日以上）。

⑫　時間外・休日労働：組合または労働者の過半数の代表との書面による協定が必要（三六協定）。

⑬　割増賃金：時間外，休日，深夜労働は25％以上50％以下の割増賃金（時間外は25％以上，休日労働は35％以上）。

⑭　年次有給休暇：6カ月連続勤務で8割以上出勤の場合に10日，以後，勤続年数ごとに一定日数加算，最高20日。

⑮　最低年齢：満15歳未満の児童の雇用禁止（例外有り）。

⑯　深夜業：満18歳未満の深夜労働禁止（例外有り）。

⑰　産前産後休暇：産前6週間，産後8週間。

⑱　生理休暇の保障。

B　労働組合法（1945年制定）

労働者の団結権を法的に認め，労働組合の活動について規定した法律。

内容　①　労働組合の要件

②　不当労働行為の禁止

└使用者が労働者や労働組合が行う正当な組合活動に対して，権利の侵害や妨害を行うこと。

ア：●労働組合の組合員であること。
　　●組合に加入したり，組合を結成しようとしたこと。
　　●労働組合の正当な行為をしたこと。
　　｝これらを理由とした解雇や不利益取り扱い

イ：労働者が組合に加入しないこと，組合から脱退することを雇用条件にすること（黄犬契約）。

ウ：使用者が，団体交渉を正当な理由なく拒むこと。

エ：使用者が，労働組合の結成や運営を支配，介入すること。

オ：使用者が，労働組合の運営経費を援助すること。

カ：●労働委員会に対する申立
　　●中央労働委員会に対する再審査の申立
　　●労働委員会の調査に対する証拠の提示や発言
　　｝これらを理由とした解雇や不利益取り扱い

③　正当な組合活動・争議行為に対する刑事上・民事上の免責。

④　労働協約について
　　└ 労働組合と使用者の間で結ばれる，労働条件などを規定した協約。

⑤　労働委員会の救済手続き
　　└ 使用者，労働者，公益の代表者から組織される，労働争議の調整や不当労働行為の判定などを行う組織。

C　労働関係調整法（1946年制定）

労使間の自主的な紛争解決が困難な場合に，労働委員会による調整制度を通じて労働争議の予防，または解決を図ることを目的とする法律。

内容　①　斡旋：斡旋員が労使の間に立って助言を与え，自主的解決を図る。

②　調停：調停委員会を設置し，調停案を作成して労使双方に提示，受諾を促す。
　→受け入れなくてもよい。

③　仲裁：仲裁委員会を設置し，労使の意見陳述を受けて仲裁裁定を示す。
　→法的拘束力を持ち，受け入れなければならない。

④　緊急調整

No.1

（解答 ▸ P.29）

労働者の保護とそれを規定している法律の組合せとして，誤っているものはどれか。

① 失業保険 ―――――――― 雇用保険法
② 男女同一賃金の原則 ――― 最低賃金法
③ 日本国憲法第 27 条 ――― 労働基準法
④ 労使関係 ―――――――― 労働関係調整法
⑤ 労働三権 ―――――――― 労働組合法

No.2

（解答 ▸ P.29）

日本の労働組合の特徴として適切なものはどれか。

① 企業別組合がほとんどである。
② クローズド＝ショップ制を採っている所が多い。
③ 官公庁より民間企業の組織率の方が高い。
④ 法律の強制によってできた組合が多い。
⑤ 組合の活動目的は，経済的目的に限定され，政治的目的が追求されることはない。

No.3

（解答 ▸ P.29）

労働関係の当事者（使用者及び労働者）が，その主張を貫徹することを目的として行う業務の正常な運営を阻害する行為を「争議行為」というが，次のうち，使用者のみがなしうる争議行為はどれか。

① ピケッティング
② ロックアウト
③ ストライキ
④ ボイコット
⑤ サボタージュ

No.4

(解答▸P.29)

労働組合に関する記述として誤っているものはどれか。

① 組合の結成や加入を理由とした解雇・不利益取り扱いは，使用者の不当労働行為として禁止されている。
② 組合から賃金引上げ交渉の申し入れがあっても，使用者は企業経営不振の時は団体交渉に応じなくてもよい。
③ 争議権が保障されているので，組合の正当な行為に対しては，刑事上の責任が問われない。
④ 組合はストライキによって使用者に損害を与えても，そのストライキが正当な場合には，使用者に損害賠償を払う必要がない。
⑤ 組合と使用者間で成立した労働協約は，使用者と個々の労働者との間で結ばれた労働契約よりも優先する。

No.5

(解答▸P.29)

日本の不当労働行為について正しいものは，次のうちどれか。

① 使用者は，ストライキを指導した者に対して，損害賠償を請求することができる。
② 使用者は，従業員が企業の枠を超えた労働組合に加盟している場合には，その労組からの団体交渉の申し入れに応じなくてもよい。
③ 使用者は人事裁量権を有するが，組合活動への従事を理由にした人事面での不利益取り扱いはできない。
④ 使用者は雇用権を有しているので，労働者の採用条件として，労働組合に加入しないことを約束させることができる。
⑤ 使用者は，労働組合が経済的困窮に陥った場合は，その費用を援助しなければならない。

No.6

（解答▶P.29）

雇用された労働者は必ず組合に入ること，また組合から脱退，除名されたときは解雇されるという取り決めは，次のうちどれか。

① クローズド＝ショップ
② ロックアウト
③ ストライキ
④ ユニオン＝ショップ
⑤ オープン＝ショップ

No.7

（解答▶P.29）

オープン＝ショップ制に関する記述として正しいものは，次のうちどれか。

① 使用者は，組合員の中からしか従業員を雇用できない。
② 労働者は雇用時には組合員でなくてもよいが，一定期間内に必ず組合に入らなければならない。
③ 労働組合の加入，未加入に関係なく，従業員を雇用することができる。
④ 雇用後は，組合を脱退すると解雇される。
⑤ 日本では，大半の労働組合がこの制度を採用している。

No.8

（解答▶P.29）

以下のものを効力の強いものから順に並べた場合，2番目に優先されるのはどれか。

① 労働協約
② 就業規則
③ 憲法
④ 労働契約
⑤ 法律

No.9

（解答 ▸ P.30）

日本の労働関係の法律で決められていることはどれか。

① 労働者は組合を組織する際，使用者の許可を得なければならない。
② ハローワーク（公共職業安定所）は，労働条件の維持と向上について指導，監督を行う。
③ 労働争議が長引くとき，円満な解決を図るため，政府が直接労使間を調整する。
④ 女子であることを理由に，賃金・定年・解雇について差別的取り扱いをしてはならない。
⑤ 事業所の労働条件は，労働基準法に定められた基準と同一でなければならない。

No.10

（解答 ▸ P.30）

労働問題に関する記述として正しいものは，次のうちどれか。

① 日本では終身雇用制が採られてきたが，これは経営者が従業員を恣意的に解雇できないように労働者の権利を保護した法律に基づく。
② 日本では企業が新たに労働者を雇うときは，労働組合と締結している再雇用計画のために経験者が優先され，失業者は若年層に集中する傾向にある。
③ 日本の企業労働者の賃金は，年功序列型賃金に基づいていたため，経験年数が重視され，会社を辞めて他に移っても賃金水準は変わらない。
④ 日本の労働組合の組織率が80%を超えるのは，大企業の企業別組合が，下請の中小企業の組合の組織化に熱心であるためといえる。
⑤ 欧米では産業別労働組合が主流であるのに対し，日本では企業別組合が中心である。そのため企業別共同体的労使関係が生まれている。

No.11

（解答 ▸ P.30）

日本の賃金に関する法律の規定について正しいものは，次のうちどれか。

① 企業経営が赤字に陥った場合，使用者は賃金の一部を支払えばよい。
② 地域・職種ごとに最低賃金を定めなければならない。
③ 使用者は，賃金２カ月分をまとめて支給することができる。
④ 各企業の賃上げ額の格差を是正するため，春闘後の賃上げ額は労働基準監督署が決定する。
⑤ 未成年者の賃金は，本人にではなくその保護者に渡さなければならない。

No.12

（解答▶P.30）

以下のグラフは，日本・アメリカ・ドイツ・イギリス・フランスにおける労働者１人当たりの年間労働時間の推移である。Ａ～Ｃに当てはまる国名の組合せとして，正しいものはどれか。

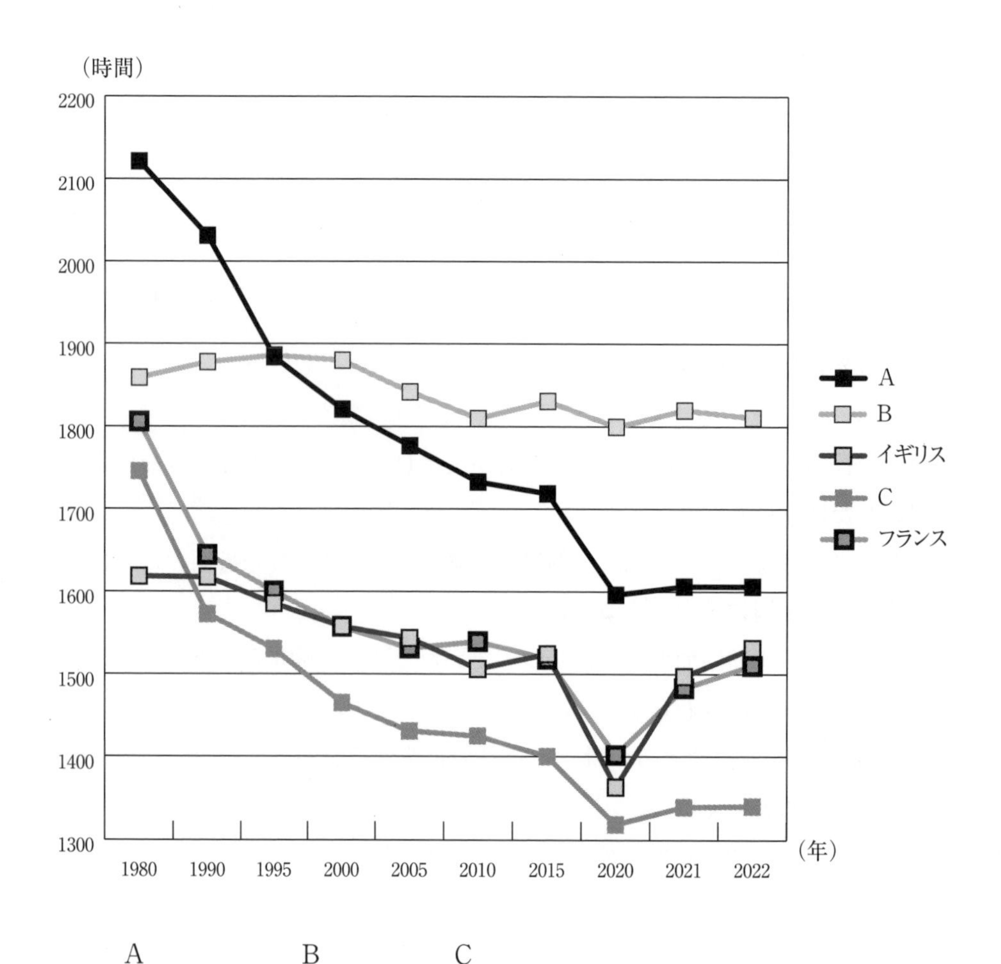

	A	B	C
①	アメリカ	ドイツ	日本
②	アメリカ	日本	ドイツ
③	ドイツ	日本	アメリカ
④	日本	アメリカ	ドイツ
⑤	日本	ドイツ	アメリカ

MEMO

第2章 社会保障制度

社会保障とは，病気やケガ，障害，老齢，失業など，国民の生活上の問題について，国家がこれを社会の責任ととらえて，貧困予防と生活安定のために，所得や医療を保障し，社会サービスを給付することをいう。古くはイギリスのエリザベス救貧法や，ドイツにおけるビスマルクの疾病保険法にも見られるが，現在のような全国民を対象とした本格的な社会保障の始まりは，1942年の「ベバリッジ報告」によって確立されたイギリスの社会保障制度である。「ゆりかごから墓場まで」という言葉で表されるこの社会保障制度は，福祉国家のあり方を表すものとして，その後の世界各国における社会保障制度に影響を与えた。

日本の社会保障は，戦後，憲法に生存権が規定（第25条）されることによって，国民の権利としての制度が確立されることになった。現在は社会保険，公的扶助，社会福祉，公衆衛生の4部門から成り立っている。

現在の日本では，他の国にはなかったようなスピードで少子高齢化が進行しているため，社会保障制度がそれに十分対応できているとは言い難く，様々な課題点を残している。

まず挙げられるのが，年金の問題である。日本の年金制度は，積み立て方式（掛け金を積み立て，老後に支給を受ける方式）と賦課方式（今必要な年金を，現在徴収している税金や年金保険料を使って支払う方式）の中間である修正積み立て方式を採用しているが，若年層が少なくなり保険料収入が落ち込む一方，高齢化によって給付額は増えていくため，財源の確保が必要となる。現在は保険料が徐々に引き上げられ，給付開始年齢も60歳から65歳に引き上げられるなどの対策が採られているが，現役世代の負担増，給付減が懸念されている。

また，高齢化による介護福祉サービスの問題もある。1995年に育児・介護休業法が制定され，介護による休業が認められ（2005年に改正），2000年に介護保険制度がスタートして，介護に対する利用者の金銭負担が和らげられた。しかしながら，介護による休業，老人ホームや特別養護老人ホームなどの施設数は十分足りているとはいえず，低所得者層の1割負担の問題や地方公共団体の財源不足と併せて，対策が必要とされている。

ポイント

1 日本の社会保障制度

社会保険	医療保険	被保険者や，その扶養者の疾病・負傷に対して保険給付を行う。1961年に国民皆保険が確立し，名目上は国民すべてが加入している。	・健康保険 ・国民健康保険 ・共済組合　etc
	年金保険	加齢や障害，死亡に対して，本人もしくは遺族に給付金が支払われる。1961年に国民皆年金が確立し，名目上は20歳以上の国民すべてが加入している。	・国民年金 ・厚生年金保険 ・共済組合
	雇用保険	失業時，一定期間保険金が給付される。公費と本人及び事業主が保険料を負担し，給付はハローワーク（公共職業安定所）を通じて行う。	
	労働者災害保償保険	業務による傷病など労働災害の補償を行う。保険料は使用者が全額負担する。	
	介護保険	老人性の要介護者に対して，要介護認定に基づき１割（所得額に応じて２割または３割）の自己負担で介護サービスの給付を行う。40歳以上の全国民が加入，介護保険料を徴収。	
公的扶助		1946年制定の生活保護法に基づいて実施。生活困窮者に対して，全額公費（国・地方公共団体）負担により，最低限度の生活を保障する。 種類：生活扶助，医療扶助，生業扶助，教育扶助，出産扶助，住宅扶助，葬祭扶助，介護扶助	
社会福祉		児童，高齢者，障害者，母子家庭，寡婦などの社会的弱者に対し，国や地方公共団体が公費を使って，保護・援助・育成などの公的サービスを行う。 福祉六法：生活保護法，児童福祉法，身体障害者福祉法，母子及び寡婦福祉法，知的障害者福祉法，老人福祉法	
公衆衛生		国民の健康を保護するために，生活環境の諸条件を整備する。国や地方公共団体が保健所を中心にして行う。	

2　少子化・高齢化と社会保障

A　少子化

令和４年の**合計特殊出生率**＝ 1.26 人

└15 〜 49 歳までの女性の年齢別出生率を合計したもの。１人の女性が一生に産む子どもの数の平均。

※　一般に「人口を維持するには 2.08 以上の数値が必要」とされる。

原因　①　女性の晩婚化，非婚化。

②　育児・教育費，住宅問題などの経済的理由。

③　仕事と育児の両立が難しい。

④　雇用環境の悪化　etc

B　高齢化

国連・WHO（世界保健機関）の定義：65 歳以上の老年人口の割合が７％以上の社会を高齢化社会。

〃　14％以上の社会を高齢社会。

〃　21％以上の社会を超高齢社会。

日本→高齢化社会＝ 1970 年
高齢社会　＝ 1994 年
超高齢社会＝ 2007 年
}　世界的に見ても早い

原因：①　医療技術の発達による平均寿命の延び

令和４年の平均寿命：男　81.05 歳　　女　87.09 歳

②　少子化

C　少子化対策

1994 年　エンゼルプラン

1999 年　新エンゼルプラン

育児・介護休業法施行

2005 年　子ども・子育て応援プラン（新・新エンゼルプラン）実施

改正育児・介護休業法施行

D　高齢化対策

1989 年　ゴールドプラン

1994 年　新ゴールドプラン

2000 年　ゴールドプラン 21

介護保険法施行

演習問題

No.1

（解答 ▸ P.30）

次の社会保障関係費の中で，一番割合の高い部門は次のうちどれか。

① 雇用労災対策費
② 介護給付費
③ 年金給付費
④ 生活扶助等社会福祉費
⑤ 保健衛生対策費

No.2

（解答 ▸ P.30）

社会保険に当てはまらないのはどれか。

① 健康保険
② 雇用保険
③ 自賠責保険
④ 年金
⑤ 労働災害保険

No.3

（解答 ▸ P.30）

下の表は，わが国の社会保障制度の大枠を示したものである。A～Dに入る語の組合せとして正しいものはどれか。

種類	主な内容
A	医療・年金・雇用・労災
B	生活保護
C	老人・身体障害者・児童
D	伝染病予防

	A	B	C	D
①	社会保険	公的扶助	社会福祉	公衆衛生
②	社会保険	私的扶助	国民福祉	環境衛生
③	船員保険	私的扶助	在宅福祉	環境衛生
④	損害保険	公的扶助	住宅福祉	環境衛生
⑤	損害保険	公的扶助	地域福祉	公衆衛生

No.4

（解答 ▸ P.30）

わが国の社会保障制度について当てはまるものはどれか。

① 社会保障制度は日本国憲法第25条に基づき，社会福祉と公的扶助を二本の柱とし，社会保険がこれらを補足する形で整備された。

② 社会福祉は，各地における保健所を地域の中核として，特に保育所や老人ホームの建設が推進されている。

③ 公的扶助は，生活保護法に基づき国民の最低限度の生活を保障する制度であるが，教育・出産・葬祭などに関することはこの制度に含まれている。

④ 社会保険は，健康保険，生命保険，年金保険，損害保険などがあり，ある一定範囲の国民に適用される。

⑤ 年金制度は最近改革され，全国民に共通の基礎年金を支給する制度が実施されている。

No.5 （解答▶P.31）

わが国の社会保障制度についての記述として正しいものは，次のうちどれか。

① 公的扶助とは，国が国民の健康増進あるいは伝染病の予防などを行う制度のことで，保健所がこれを担当している。
② 社会福祉とは，国が生活困窮者に対して必要な保護を行い，最低限度の生活を保障する制度のことである。
③ 社会保険のうち国家医療保険には，民間の被雇用者や公務員などを対象とするもの（健康保険や共済組合）と，その他の国民を対象とするもの（国民健康保険）とがある。
④ 民間の被雇用者や公務員で加入希望のある人は，だれでも厚生年金保険に加入することができる。
⑤ 国民年金には，被扶養者である配偶者は加入することができないが，一定の所得を有する配偶者は加入しなければならない。

No.6 （解答▶P.31）

公的扶助の中で扶助を受ける割合の高いのは，次のうちどれか。

① 医療扶助
② 住宅扶助
③ 出産扶助
④ 生活扶助
⑤ 葬祭扶助

No.7

(解答 ▸ P.31)

日本の社会保障に関する記述として正しいものは，次のうちどれか。

① 日本の医療保険や年金保険は，保険をかける本人の意思に関係なく，強制的に加入させられるシステムになっている。

② 生活保護法は，福祉六法の一つとして長らく存在してきたが，2003年の「国民生活安定法」の成立によって廃止された。

③ 高齢者が増加し，老後における健康保持と適切な治療を分け隔てなく確保する必要が出てきたため，2002年から老人医療費はすべて無料化された。

④ 2000年に始まった介護保険制度は，指定された医療機関から介護認定を受けた要介護者が，必要な介護サービスを受けることができる制度である。

⑤ 社会保険制度は，疾病や労働災害などの身体的な危機に備えるためのものであり，失業などの経済的危機に備えるための保険はない。

No.8

(解答 ▸ P.31)

高齢化社会の到来に関して，今後起こりうると思われる記述として，誤っているものはどれか。

① 医療費負担が国の財政を圧迫するため，高齢化対策に向けて消費税が増税される。

② 介護を必要とする人の増加によって，介護保険料を負担する年齢が現在より引き下げられる。

③ 定年退職者の増加にともない，税収全体に占める所得税の比重がさらに高まる。

④ 高齢者の増加にともない，国民一人あたりの医療費負担がさらに増加傾向を強める。

⑤ 公的年金受給者の増加にともない，社会保障関連の財政負担増が問題化する。

No.9

（解答 ▸ P.31）

高齢者の自立や介護に関する以下の記述のうち，誤っているものは次のうちどれか。

① 家庭での高齢者介護支援のために，ホームヘルパーサービス，ショートステイ，デイサービスの整備充実が求められる。
② 高齢者の雇用確保や能力開発などのため，企業では年功序列型賃金体系や終身雇用制度の強化が図られている。
③ 介護サービスの充実を目的として，一定年齢以上の全国民に加入を義務づけた介護保険制度がスタートした。
④ 高齢者の自宅内での快適な生活維持のために，バリアフリーの住宅環境を整えることが重要である。
⑤ 高齢者福祉を充実させるために，ホームヘルパーや介護施設の増加目標を掲げたゴールドプラン21が，2000年から実施された。

No.10

（解答 ▸ P.31）

日本の介護保険法に関する記述として，誤っているものは次のうちどれか。

① 保険料は，原則として40歳以上の国民から徴収される。
② 65歳以上の高齢者の保険料は，全国一律である。
③ 訪問介護などの在宅サービスは，指定を受けた民間企業も行える。
④ 介護サービスを利用するには，申請して要介護認定を受けなければならない。
⑤ 基本的には65歳以上の高齢者しか介護サービスを受けられないが，40歳以上でも初期痴呆症などの場合には介護サービスが受けられる。

第3章 青年期の心理

青年期とは，人間の発達段階における児童期から成人期の間のことで，人によって違いはあるが，具体的には，おおまかに12～13歳から24～25歳までの期間である。この時期に，親から精神的に独立し，成人期に必要となる責任や義務，知識や技能を身につけ，一人前の社会人として自立するための基礎をつくる。青年期には，身体的，精神的，社会的な面で様々な発達や変化が見られる。身体的には第二次性徴が表れ，精神的には自我（＝自分自身の意識）が成長し，社会的には一部で大人としての対応が求められるようになってくる。しかし，それらの変化が急激に訪れるため，とまどい，挫折，葛藤，反抗などの心理的影響や態度も表れる。

この時期を表す言葉は多い。まず，大人への準備期間という意味の「モラトリアム期」，大人と子どもの境目という意味の「マージナル＝マン（境界人）」，親から精神的に独立するという意味の「心理的離乳期」，違和感やいらだちによる反抗が表れることを示す「第二反抗期」などである。この時期を「第二の誕生」という言葉で表したのはルソーである。自我の目覚めや内面的世界の確立による精神の誕生を，身体的な誕生（通常の誕生）に続く2回目の誕生，と表現したのである。

アメリカの精神分析学者であるエリクソンは，この時期の課題として「アイデンティティ（自我同一性）の確立」を挙げた。アイデンティティとは，自分自身を知り理解することであり，それに基づいて行動できるようになることが「アイデンティティの確立」である。これが達成できれば，自分らしさの確立と共に，自己責任による判断や行動ができるようになり，成人へと成長すると説いたのである。

アイデンティティの確立には，自分を知ることが不可欠となる。その過程において，人には様々な心の動きがあることを知る。まず挙げられるのが，欲求である。これには，人が生存するために絶対的に必要な第一次（生理的）欲求と，自己実現や社会生活のために必要となる第二次（社会的）欲求があり，いずれも人間の行動の動因となる。しかし，欲求はいつも満たされるとは限らない。そうすると人間は，欲求不満（フラストレーション）をおぼえる。これを解決するために，人は様々な行動を起こす。前向きな反応を見せる「合理的解決」，八つ当たりなどにより衝動的に取り除こうとする「攻撃および近道反応」，不適応状態から自分を守ろうとする「防衛機制」などがそれに当たる。

この時期の心の動きとしては他にも，他人に比べて劣っていると考える劣等感（劣等コンプレックス）や，二つの相反する欲求が対立し，どちらも決めることができない葛藤（コンフリクト）などを感じることが考えられる。

ポイント

1　青年期の特徴

① 心身共に変化が著しく，その成長が不調和であるために精神的に不安定。

② 自我の目覚め，成長，確立。

③ **境界人（マージナル＝マン）**：性質が対立的に異なる２つ以上の集団や社会の境界線上に位置し，いずれにも所属しきれない人間のこと。

④ **第二の誕生**（ルソー著『エミール』）。

⑤ 第二反抗期。

⑥ 心理的離乳期。

⑦ アイデンティティの危機と確立。

⑧ モラトリアム期。

2　欲求の分類

一次的欲求
基本的・生理的・自然的欲求
個体保存の欲求または，種族保存の欲求

二次的欲求
人間を動物から区別する欲求，社会との関連で発達する
社会的欲求または，文化的欲求

3 防衛機制

抑圧	欲求不満または葛藤が，意識的・無意識的抑制により解決されるが，意識の背景にその感情が解決されずに残っているとき抑圧という。
合理化	何らかの口実を見い出して，自分の立場を理屈づけ，正当化しようとすること。イソップ物語の『狐とぶどう』にあるように，手の届かないぶどうをどうしても取れないので，「あのぶどうはすっぱいから取れなくてもよい」とケチをつけたように，自己の立場を理屈づけることをいう。
同一視	他のものと自分を同一のものとみなす。
投射	自分の持っている欲求感情または弱点を，他人のうちにも発見する傾向。
反動形成	ある欲求をそのまま行動に表すと，非難・軽蔑を受ける恐れのある時，その欲求を抑圧して，正反対の行動に走ることをいう。自分の小心や臆病を隠そうとして大胆そうにしたり無遠慮にふるまったり，粗暴な行動を取ったりすること。
退行	現実の生活で欲求の満足が得られないとき，以前の発達段階に戻って行動すること。例えば，幼児が弟や妹が生まれたために，愛情についての欲求不満が起こると，再びおねしょをするようになるなど。
逃避	適応がうまくいかないとき，その状況から逃れる反応を行うこと。
補償又は代償	欲求が満たされない場合，それと似た効果を持つほかの欲求の満足で補うこと。子どものいない夫婦が犬猫をかわいがったり，真珠の代わりにイミテーションで満足するなど。
昇華	抑圧された欲求が，社会的に認められた価値のある目標に置き換えられて展開していくこと。

演習問題

No.1

（解答▶P.31）

人は様々な困難にぶつかり，その欲求を満たしたくても満たせないことがある。その時の心理状態を指す語はどれか。

① アイデンティティ
② コンフリクト
③ フラストレーション
④ ノイローゼ
⑤ スランプ

No.2

（解答▶P.31）

以下の文章のAとBに入る語句の組合せとして適当なものは，次のうちどれか。

「人間の発達課題」について（　A　）は，「自分とは何か」という問いに関する青年期の答えを自分自身の過去や社会的関わりの中で見い出していく「（　B　）」を重要視した。

	A	B
①	フロイト	無意識の発見
②	フロイト	アイデンティティの確立
③	エリクソン	モラトリアムの延長
④	エリクソン	アイデンティティの確立
⑤	レヴィン	モラトリアムの延長

No.3

（解答▶P.31）

以下の文は青年期における特徴を述べたものである。組合せとして正しいものは，次のうちどれか。

A　青年期における直接的思考から理論的思考へ移行する過程で，大人への模倣と反抗を示すこと。

B　自我意識が高まり，親から離れて自主的に行動しようとする自我の確立。

C　子どもでもなく，大人ともいえず不安定な状況にある中間の集団に所属する青年たちのこと。

D　自己の行動の一貫性や社会の中での自己の役割を理解し，生きがいを見い出していこうというもの。青年期の中心的課題として提起されたものである。

	A	B	C	D
①	心理的離乳	自我同一性	境界人	第二反抗期
②	心理的離乳	自我同一性	第二反抗期	境界人
③	第二反抗期	境界人	心理的離乳	境界人
④	第二反抗期	心理的離乳	境界人	自我同一性
⑤	第二反抗期	心理的離乳	自我同一性	境界人

No.4

（解答 ▸ P.31）

下記の文と深く関連する学説をＡ～Ｄから選び，その学説の提唱者を下のア～エの中から選んだとき，その組合せとして正しいものはどれか。

「いろいろな方法で自分自身の個性を知ろうとすることは，「自分探し」の時期にある青年にとっては自然なことであるし，自分がどういう個性を持っているかという意識は，青年期の人格形成と深く結びついている。」

A　青年期は「第二の誕生」の時期である。
B　青年期は「心理的離乳」の時期である。
C　青年期は「マージナル＝マン」の時期である。
D　青年期は「アイデンティティ」を模索する時期である。

ア　ルソー　　イ　フロム　　ウ　レヴィン　　エ　エリクソン

① A －ア
② B －イ
③ C －ウ
④ D －イ
⑤ D －エ

No.5

（解答 ▸ P.31）

□に当てはまる語句として適当なものは，次のうちどれか。

本来□とは，非常事態下で国家が債権債務の決裁を一定期間延期し猶予することであるが，E. F. エリクソンは，この言葉は人間を発達せしめる一定の準備期間を意味する社会心理学用語として用いた。彼によると，青年期は知的，肉体的，性的な能力の面では一人前になっているにも拘らず，なお社会人としての義務と責任を猶予されている状態とされ，これを□といった。

① マージナル＝マン
② モラトリアム
③ アイデンティティ
④ スタグフレーション
⑤ プラグマティズム

No.6

（解答 ▸ P.32）

ハヴィガーストが述べた「青年期の発達課題」として最もふさわしくないものは，次のうちどれか。

① 男性，女性としての社会的役割の獲得。
② 同輩集団との適切な仲間関係の形成。
③ 自己の身体の理解と効果的な活用。
④ 両親や他の大人からの情緒的独立の達成。
⑤ 自己の行動を導く一連の価値観，倫理体系の獲得。

No.7

（解答▶P.32）

以下の図は，マズローの「欲求段階説」を図式化したものである。A，B，Cに入る語句の組合せとして正しいものは，次のうちどれか。

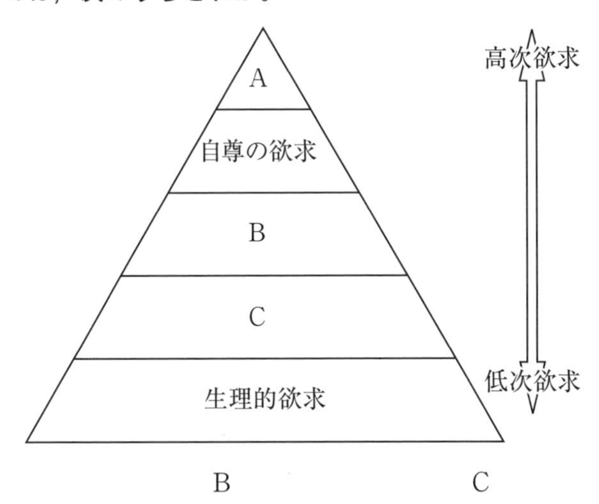

	A	B	C
①	安全の欲求	所属・愛の欲求	自己実現の欲求
②	自己実現の欲求	安全の欲求	所属・愛の欲求
③	自己実現の欲求	所属・愛の欲求	安全の欲求
④	所属・愛の欲求	安全の欲求	自己実現の欲求
⑤	所属・愛の欲求	自己実現の欲求	安全の欲求

No.8

（解答▶P.32）

防衛機制とその説明の組合せとして最も妥当なものは，次のうちどれか。

① 代償：自分の弱みや欠点を，他人や社会に転嫁すること。
② 合理化：欲求不満の原因を，無意識に押さえつけること。
③ 反動形成：問題にぶつかったときに，発達の前段階に戻ること。
④ 昇華：困難な問題を，社会的に価値のある行動へ置き換えること。
⑤ 逃避：抑圧した欲求とは正反対の行動を取ること。

No.9

（解答 ▸ P.32）

以下のような状況に該当する防衛機制として最も適当なものは，次のうちどれか。

Ａさんのことが好きなＢ君が，Ａさんに対して冷たい態度を取り，Ａさんの嫌がることをする。

① 反動形成
② 投射
③ 逃避
④ 合理化
⑤ 抑圧

No.10

（解答 ▸ P.32）

以下の文は防衛機制について述べたものである。正しい組合せは，次のうちどれか。

Ａ 欲求が満足できない場合，それと似た効果をもつ他の欲求の満足で補うこと。
Ｂ 抑圧された欲求が，社会的に認められた価値のある目標に置き換えられて展開していくこと。
Ｃ 現実の生活で欲求の満足が得られないとき，すでに通り越してきた以前の発達段階に戻って行動すること。
Ｄ 自分の言動について論理的，道徳的な欠点などを感じている場合に，何らかの口実を見い出して自分の立場を理屈づけ正当化しようとすること。
Ｅ ある欲求や感情をそのまま行動に表すと，非難を受ける恐れのあるとき，その欲求を抑圧して，表面上はこれと正反対の行動に走ることをいう。

	Ａ	Ｂ	Ｃ	Ｄ	Ｅ
①	反動形成	合理化	昇華	補償	退行
②	反動形成	昇華	合理化	退行	補償
③	補償	合理化	昇華	退行	反動形成
④	補償	昇華	退行	合理化	反動形成
⑤	補償	昇華	退行	反動形成	合理化

No.11

(解答▶P.32)

以下の記述のうち，防衛機制の「代償」の例として適当なものは，次のうちどれか。

① 会社でのストレスから解放されるために，現実とはかけ離れた空想の世界を楽しむ。
② 妹が生まれたことによって，兄が赤ちゃん時代に戻ったように親に甘える。
③ 仕事で大きな失敗をした人が，「こんな仕事を押しつけた上司が悪い」と人のせいにする。
④ 受験に関して多くの問題点を抱えているが，そのことは心の奥に閉じこめられていて意識されない。
⑤ 犬を飼いたいが，アパートに住んでいて飼えないので，ぬいぐるみで我慢する。

No.12

(解答▶P.32)

「合理化」の例として，正しいものは，次のうちどれか。

① プロ野球選手や歌手のファンになることによって，満たされなかったものが実現されたような喜びを感じること。
② 子どものいない夫婦が犬猫をかわいがること。
③ 幼児が弟が生まれたために親の愛情について欲求不満が起こり，再びおねしょが始まった。
④ イソップ物語の『狐とぶどう』にあるように，手の届かないぶどうがどうしても取れずにいる狐は，「あのぶどうはすっぱいから食べなくてよい」とケチをつけて走り去った話。
⑤ 失恋によって勉強に打ち込んだ彼は，今年，博士号を修得した。

第4章 社会集団と現代社会の構造

人間は誰しも一人では生きていけない。そこで共通の関心や依存関係によって集団をつくり，生活を営んでいく。このような集まりを社会集団という。社会集団には，血縁や地縁など，自然発生的に成立し，各人の所属が出生時から運命づけられている「基礎集団」と，学校や職場など，ある特定の目的や機能を果たすために，人為的に形成された集団である「機能集団」に分けられる。

市民革命以後，まず成立したのは「市民社会」であった。しかし，ここでいう市民とは，財産と教養を持った一部の人間に限られていた。この後，資本主義の発達や普通選挙の実施によって，労働者や農民が自由や権利を獲得するようになった。これによって成立したのが「大衆社会」である。この社会にはいくつかの特徴が見られる。まず，大量生産・大量消費やマス＝メディアによる大量の情報が広範囲に流れることによって起こる「生活スタイル，考え方の画一化」，また，国や企業の巨大化と官僚制が発達し，個々人の自己主張が難しくなることによって起こる「主体性の喪失」。さらに，人口移動の激化などによって起こる「地域住民同士の連帯の減少と他人への無関心」などである。また人口は，特に都市に集中する傾向があり，都市化が進展する。これにより，都市には住宅難や交通問題が，地方では過疎化や財政難などの問題が発生する。

これ以外にも，現代社会はコンピュータの発達と，それに伴うインターネットなどの通信網，マルチメディアの発展による「情報化社会」，交通機関や情報網の発達による「国際化社会」であるともいうことができる。

交通機関やコンピュータなどの発展は，技術革新と科学技術の発展によってもたらされた。これは，製品生産の質の向上と量の拡大をもたらし，われわれの生活を便利に，かつ豊かなものにしていった。しかしながら，それと同時に様々な問題も引き起こした。代表的なものが，環境問題である。世界規模では，フロンガスによるオゾン層の破壊，温室効果ガス増加による地球温暖化，硫黄酸化物や窒素酸化物による酸性雨，先進国向け食料や木材供給のために起こった森林破壊などがこれに当たる。また，日本では，高度経済成長期を中心に，公害が発生した。

ポイント

1　現代社会の特徴

19世紀　**市民社会**　財産と教養を持った市民が，封建社会の身分秩序を崩壊して成立した社会。社会運営は市民（＝名望家）が行う。

↓

20世紀　**大衆社会**　労働者階級などの社会の多数が，社会の成員となって政治参加する社会。

特徴：①　大衆民主主義（マス＝デモクラシー）

大衆が主権者として政治参加することを保障している現代民主主義のこと。

大衆の政治的発言力の増大←→有権者意識が希薄化し，政治的無関心層を生み出す。

②　科学技術の発達→大量生産・大量消費

③　組織の巨大化→官僚制の進行

④　都市化：総人口に対する都市人口の割合が増加する。

- ●都市への人口集中→過密化と過疎化
- ●都市型生活様式の拡大
- ●人間関係の希薄化

⑤　マス＝コミュニケーション（マス＝コミ）の発達

└マス＝メディアによる情報を大量に伝達する活動

特　徴　●報道によって世論を形成する。

●娯楽や文化を発達，普及させる。

問題点　●情報が公正，正確か分からない。

●マス＝メディアを利用した世論操作が可能。

●情報が画一化されるため，大衆の意識も画一化する。

●利潤追求のため，メディアがスポンサーの意向に応じた商業主義に走ると，興味本位で低俗な内容に偏りがちになる。

2 官僚制

巨大組織を運営するしくみの1つで，巨大組織に共通している管理や運営の技術的構造，もしくはその形態のこと。

特徴

① 目的を遂行するための権利・義務関係や職務内容が，規則によって固定化されている。（権限の原則）

② 明確な階層構造により，職務の命令系統が固定化されている。

③ 職員と経営，家庭と職場が完全に分離している。

④ 文書によって事務処理がなされる（文書主義の原則）。

⑤ 専門的な知識や技能が重視される。

⑥ 任命制の原則。

官僚制の逆機能

① 規則や命令に従いすぎて，現実への柔軟な対応に欠く（形式主義，儀礼主義）。

② 文書主義によって虚礼（うわべだけの礼儀）になりがち。

③ 専門化の行きすぎによって，中身が一般人に分かりづらい。

④ 命令系統が細分化されることによって，派閥主義に陥る。

3 環境問題

A 世界規模の環境問題

1．オゾン層の破壊

地上から20～30kmにあるオゾン層がフロンガスによって破壊されること。

フロンガス：化学合成物質。クーラーや冷蔵庫などの冷媒，電子部品の洗浄，スプレーのガス等に使用。

↓

破壊―オゾンホールの発見→モントリオール議定書：フロン全廃方針

↓

オゾン層：人体に有害な太陽からの紫外線を吸収。

└ 大量に浴びると皮膚ガン，白内障などになる危険性がある。

2. 地球温暖化

地球全体で気温が上昇すること。

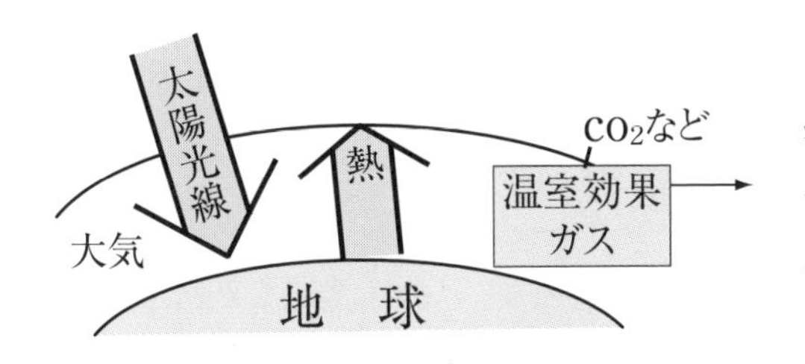

温室効果ガスは太陽光は通すが，地表から熱を放射する赤外線は通さない。

→濃度が上がると気温が上昇する。

→極地の氷が溶け，海面が上昇。

対策：1997 年　COP 3（気候変動枠組み条約　第 3 回締約国会議）

京都議定書――――各国の温室効果ガス排出量の具体的な数値設定。

京都メカニズム――――温室効果ガス削減を国際的に協調して行うルール。

○排出量取引

○共同実施

○クリーン開発メカニズム

3. 酸性雨

車の排気ガスや工場などの排煙中に含まれる硫黄酸化物（SO_x）や窒素酸化物（NO_x）が，大気中の水分と反応して酸性の溶液となって，雨や雪として地上に降ること。

影響：森林の壊滅，湖における魚などの死滅，建築物の侵食など。

4. 森林破壊

熱帯林を中心に，森林の急激な減少が見られること。焼畑農業や木材輸出のための伐採などが要因とされる。

影響：二酸化炭素の増大，土壌侵食，異常気象など。

5. 砂漠化

気候の変化や人間社会の活動によって土地生産力が低下して砂漠が拡大すること。

→ 過放牧，不適切な灌漑

B　日本の公害

年表

19 世紀末～ 20 世紀初頭	足尾銅山鉱毒事件	
1922（大正 11）年	イタイイタイ病発生	四大公害訴訟
1953（昭和 28）年ごろ	水俣病発生	四大公害訴訟
1960（昭和 35）年ごろ	四日市ぜんそく発生	四大公害訴訟
1964（昭和 39）年ごろ	新潟水俣病発生	四大公害訴訟
1967（昭和 42）年	公害対策基本法制定	
1971（昭和 46）年	環境庁設置	
1993（平成 5 ）年	環境基本法制定	
1997（平成 9 ）年	環境アセスメント法制定	
2001（平成 13）年	環境省設置	

四大公害訴訟

	イタイイタイ病	水俣病	四日市ぜんそく	新潟水俣病
発生地域	富山県神通川流域	熊本県水俣地区周辺	三重県四日市市周辺	新潟県阿賀野川流域
原　因	三井金属神岡鉱山から流出したカドミウム	チッソが水俣湾に流した工場排水中の有機水銀	石油化学コンビナートが出した亜硫酸ガス	昭和電工が阿賀野川に流した工場排水中の有機水銀
症　状	骨軟化症 腎臓障害	内臓疾患と神経疾患	呼吸器疾患	内臓疾患と神経疾患
判　決	原告側勝訴 疫学的立証法を導入して公害裁判における原告側の因果関係の挙証責任を緩和した（相当因果関係の認定）。	原告側勝訴 被告企業の注意義務違反を指摘し，過失責任があったことを認めた。	原告側勝訴 結果の発生についての予見可能性がある限り，共同不法行為責任があるとされた。	原告側勝訴 様々な状況証拠によって，汚染源が被告企業に達した場合，被告側が汚染源でないことを証明しない限り原因物質の排出を推認し，法的因果関係があると判断した。

演習問題

No.1

（解答 ▸ P.32）

アメリカの社会学者クーリー等の集団類型論によると，家族や近隣などに代表される第１次集団と，組合や政党などに代表される第２次集団があるという。A～Eについての正しい組合せは，次のうちどれか。

A　意識的に形成される関係。

B　構成員相互の関係は複合的であり，一体感が強い。

C　直接的接触を基礎とする。

D　協同が相互結合に先行している。

E　基本的道徳意識の形成機能を持つ。

	第１次集団	第２次集団
①	A，C，E	B，D
②	A，D	B，C，E
③	B，C，E	A，D
④	B，D，E	A，C
⑤	C，D	A，B，E

No.2

（解答▸P.32）

情報化社会に関する記述として最も適当なものは，次のうちどれか。

① 個人情報保護法は，行政機関による個人情報漏洩を危惧して制定されたものであり，一般企業には適用されない。
② ＰＯＳは，主に外食産業で使用されているシステムであり，客の注文を端末に打ち込むことで，注文を一括管理できることが特徴となっている。
③ テレビのデジタル放送やインターネットにおける情報の送信は，送り手から受け手への一方向型の形態を採っている。
④ 1990 年代以降，携帯電話の普及が急速に進み，現在では多機能化された機種も数多く発売されているが，マナー違反や犯罪利用などの問題点も多い。
⑤ コンピュータや電化製品の発達によって，ＤＶＤやＣＤのコピーが簡単にできるようになったが，著作権保護のための対策は一切採られていない。

No.3

（解答▸P.33）

現代社会の特質や傾向に関する記述として最も妥当なものは，次のうちどれか。

① 価値や意識の多様化が生じ，マス＝メディアの存在価値がなくなる。
② 都市化が進展し，人間関係が希薄になる。
③ 有権者意識が増すことで，政治に関心を持つ層が増加する。
④ 組織が巨大化する一方，官僚制は衰退する。
⑤ 年少人口，老年人口とも増加する。

No.4

（解答▸P.33）

官僚制の特徴について正しいものは，次のうちどれか。

① 職務上の上下関係は存在しない。
② 職務は規則によって決められる。
③ 口頭による事務処理が行われる。
④ 基本的には職員が運営する。
⑤ 専門家が採用されることはない。

No.5

（解答▸P.33）

前近代社会と現代社会の産業別就業人口割合を比較したとき，前近代と比べた現代社会の割合の増減として最も妥当なのは，次のうちどれか。

	第一次	第二次	第三次
①	増	増	減
②	増	減	増
③	減	増	減
④	減	増	増
⑤	減	減	増

No.6

（解答▸P.33）

現代の日本における家族に関する記述として，適当でないものは次のうちどれか。

① 全世帯数に対する核家族世帯と単独世帯を合わせた世帯数の割合は，８割を超えている。

② 核家族に分類される世帯としては，若い世代だけではなく，高齢夫婦のみの世帯や高齢夫婦と未婚の子どもの世帯も増えてきている。

③ 大都市圏では家賃が高いため，結婚後も親と同居する世帯が多く，三世代同居世帯の割合が全国平均に比べて高い。

④ 高齢化の進展によって，高齢者が高齢者の介護をする，いわゆる老老介護が大きな社会問題となっている。

⑤ 世帯員数の減少や地域間のつながりが薄れたことによって，子どもを持つ主婦は一人で子育てをしなければならず，その支援が社会的課題となっている。

No.7

（解答 ▸ P.33）

日本の家族形態に関する記述として正しいものは，次のうちどれか。

① 家族とは，血縁関係を基に同居している人間の集まりのことをいう。したがって，同居していない人間は，親戚であっても家族とは呼べない。
② 祖父母，親，子どもなどの多世代が同居する家族を直系家族というが，近年の少子化の影響を受けて，この家族形態が増加傾向にある。
③ 祖父母，親に親戚までが同居する複合家族は，戦前最も割合が多かった家族形態だが，現在は数は増加しているが，割合は減少している。
④ １人の人間で構成される家族形態を単身家族というが，都市化の進行にともなって，若者や老人層を中心にその数が増加傾向にある。
⑤ 夫婦と未婚の子どもで構成される核家族は，戦前は全く見られなかった家族形態だが，戦後は一貫して増加している。

No.8

（解答 ▸ P.33）

都市化の進展によって引き起こされる，直接的な問題点として適当ではないものは，次のうちどれか。

① 交通ラッシュや交通渋滞
② 産業公害の発生
③ ドーナツ化現象の発生
④ スプロール現象の発生
⑤ スラム街の形成

No.9

（解答▸P.33）

A～Cは2020年のわが国の産業別人口割合を示したものであるが，それぞれの産業に属する業種の組合せとして正しいのは，次のうち どれか。

A — 72.8%　　B — 24.0%　　C — 3.2%
（分類不能があるため，合計が100%にならない）

① A — 通信業，製造業
② B — 鉱業，建設業
③ B — 製造業，倉庫業
④ C — 水産業，運輸業
⑤ C — 林業，鉱業

No.10

（解答▸P.33）

日本の文化や伝統に関する以下の記述のうち，正しいものの組合せはどれか。

A　日本では，季節や人生の節目に様々な行事が行われる。その中には，若者の発達や成長を意識した，通過儀礼的な意味合いを持たせたものもある。
B　日本では，上下関係などの序列がいまだ重視されている。これは，若年層を中心に窮屈さを感じさせることがあるが，対人関係を円滑にさせる面も持っている。
C　日本の伝統的社会生活では，個々人の個性よりも集団への同調が求められる。そのため集団での行動が多く，そのことは現代の若者の行動にも見られる。

① A
② A，B
③ A，B，C
④ B，C
⑤ C

No.11

（解答 ▸ P.33）

わが国における最近の労働事情には様々な変化が見られるが，これについての記述として妥当なのは，次のうちどれか。

① 産業別就業人口を見ると，第２次産業の就業者の比率が増大し，第３次産業の就業者の比率が低下している。
② 労働組合の組織率は低下の一途をたどり，国際的に見ても現在は低い方である。
③ 職業別の就業構造を見ると，作業の比率は下がっているものの全体にブルー＝カラー化が進行しつつある。
④ 女子雇用者の正社員化が進み，非正規雇用の比率は低下し続けている。
⑤ ＦＡ，ＯＡ機器などの導入に伴って，青年層の雇用者の比率が増大したため，中高年雇用者の比率が低下しつつある。

No.12

（解答 ▸ P.33）

人口ピラミッドの型とそのときの出生率，死亡率の組合せとして妥当なものは，次のうちどれか。

① 富士山型 ―― 多産少死
② つりがね型 ― 多産多死
③ つりがね型 ― 少産多死
④ つぼ型 ――― 多産少死
⑤ つぼ型 ――― 少産少死

No.13

（解答 ▸ P.34）

日本における結婚観や家族観の変化に関する記述として最も適当なものは，次のうちどれか。

① 家族を作らず，一生独身でいることがよいとする規範が成立した。
② 核家族の欠点が見えるにしたがって，結婚後に親と同居する風潮が生まれた。
③ 結婚せずに出産・育児を行うことが当然と見なされるようになった。
④ 夫婦の役割分担が変化し，男性の育児休暇取得率が大幅に増えた。
⑤ 結婚適齢期という意識が薄らぎ，平均初婚年齢が上昇した。

No.14

(解答▸P.34)

ボランティア活動に関する以下の記述のうち，誤っているものはどれか。

① ボランティア活動が重要視されるようになり，履歴書にも「ボランティア活動」の欄が作られるなど，活動歴が就職などにも影響を与えるようになった。
② 2003年，労働基準法が改正され，ボランティア活動のための休職や休暇が法的に認められた。
③ 阪神大震災が起こったとき，日本全国から100万人を超えるボランティアが被災地に駆けつけ，この年は「ボランティア元年」といわれている。
④ ＮＰＯ法（特定非営利活動促進法）が施行され，ボランティア団体などの民間の非営利団体が法人格を取りやすくなった。
⑤ ボランティア活動への関心の高まりとともに，授業にボランティア実践を取り入れたり，単位認定を行ったりする学校が増加した。

No.15

(解答▸P.34)

消費者保護に関する記述として妥当なものは，次のうちどれか。

① ケネディ大統領は，「安全である権利」，「選択できる権利」，「被害の救済を求める権利」の，いわゆる「消費者の３つの権利」を示した。
② 消費者主権とは，消費者が生産者である企業の経営に直接参加し，安全な商品が供給されるかを監視することをいう。
③ 日本では1968年に，国・地方公共団体・企業に対する消費者問題に対する責務と，消費者の役割について規定された消費者保護基本法が制定された。
④ クーリングオフ制度の成立により，商品に欠陥があった場合は，売り主にその商品の交換を求めることができるようになった。
⑤ 1994年に制定されたＰＬ法（製造物責任法）は，普通に使っていた商品の故障について，製造者に損害賠償を求めることができる旨定めた法律である。

No.16

(解答▶P.34)

現在，世界各国で酸性雨の被害が報告されているが，そのことに関する以下の記述の正誤を正しく表しているものはどれか。

A　日本のＯＤＡで，中国本土にある企業に対して公害防止施設を設置すれば，日本の酸性雨は抑制できる。

B　酸性雨の原因物質である NO_x や SO_x などの物質は，国境を越えて飛散するので，近隣諸国で二国間協定を結ぶことが被害を食い止める有力な手段となる。

C　先進諸国の酸性雨は，被害発生地付近の工場煤煙が原因であることが多いので，特定地区に重点的に対策を施すことが，被害解消の有効な手段となる。

	A	B	C
①	○	×	○
②	○	×	×
③	×	○	○
④	×	○	×
⑤	×	×	○

No.17

(解答▶P.34)

環境問題に関する記述として妥当なのは，次のうちどれか。

①　半導体の洗浄や，エアゾール製品等に利用されていたフロンガスは，大気圏内に人体に有害なオゾンを発生させるため，製造が中止されている。

②　酸性雨は，南米等の熱帯雨林を中心に被害を与えており，アマゾンでは大きな問題になっている。

③　河川や湖沼に，有リン洗剤などを含む生活排水や農薬等が流れ込むと，水中の植物栄養塩類の濃度が極端に低下し，生物が死滅する。

④　熱帯雨林は樹木の成長が盛んなので，1990 年代まではその破壊・荒廃が問題になることはなかった。

⑤　大気中の二酸化炭素の濃度が高まることなどによる地球温暖化問題は，国際協力が必要とされ，全地球的な研究・観測活動が進められている。

No.18

（解答▸P.34）

地球温暖化問題について，正しく記述されているのは，次のうちどれか。

① 京都議定書は先進各国の賛成によって主だった反対意見も見られず，採択されると同時に発効した。

② 温室効果ガスの削減は，まず自国内の社会整備を第一に考える必要があるため，安易に他国を頼る排出量取引などは禁止されている。

③ 1997年にＣＯＰ３（気候変動枠組み条約第３回締約国会議）で採択された京都議定書は，各国の削除目標を具体的な数値で示した。

④ 各国による国内対策とは別に，国際的に協調して温室効果ガスを削減するためのルールが盛りこまれた。これをＣＦＣという。

⑤ 地球温暖化は紫外線を吸収する温室効果ガスによって起こるが，最も温暖化に影響を及ぼすのはCO_2で，全体の３分の２を占める。

No.19

（解答▸P.34）

地球環境問題に関する記述として最も適当なものは，次のうちどれか。

① 1987年に採択されたモントリオール議定書は，オゾン層を破壊するフロンなどの規制を定めているが，各国の対立によって未だ発効していない。

② 1992年に採択されたワシントン条約は，開発によって失われる生物資源の保全や，遺伝子資源から得られる利益の公平分配を目的としている。

③ ヨーロッパでは，酸性雨を防ぐためにヘルシンキ議定書やソフィア議定書が採択されたが，アジアでは酸性雨自体がまだ問題になっていない。

④ 温暖化ガス削減のための数値目標を定めた京都議定書は2005年に発効したが，アメリカ合衆国は議定書を批准しなかった。

⑤ 土地生産力が低下し不毛地帯が拡大する砂漠化の進行度を，その拡大面積によって大陸別に判定すると，森林伐採が進む南米が最も深刻であるといえる。

No.20

（解答▸P.34）

公害に関する記述として，誤っているものは次のうちどれか。

① ハイテク産業による地下水汚染が深刻になってきたことから，公害対策基本法では地下水汚染が公害の１つに認定された。

② 自動車の排気ガスによる大気汚染に対応するために，低公害車に対する税制上の優遇措置が行われている。

③ 光害は，他から漏れてきた光によって適切な照明環境が阻害される状況をいうが，夜間の安全確保や防犯の観点から考えると解決が難しい。

④ 環境アセスメントは，開発による環境への影響を調査・予測し，環境破壊を未然に防止しようとする制度だが，日本では1997年に法制化された。

⑤ 悪臭は感覚的な公害であり，苦情件数も増加傾向にあるが，近年，その発生源としてサービス業が問題になることが多い。

MEMO

第5章 日本・東洋の思想

古代日本の宗教は，自然物をはじめ，多種多様なものが神として崇拝された。いわゆる多神教であり，「八百万神（やおよろずのかみ）の信仰」とも表される。

6世紀に入ると仏教が伝来し，特に聖徳太子はその興隆に努めた。奈良時代になると鎮護国家の思想が広まり，天皇は国分寺や国分尼寺，大仏などを造築した。平安時代になると，最澄が天台宗を，空海が真言宗を広め，日本の仏教は改革されていった。平安後期以降，社会不安の増大につれて，末法の到来が信じられるようになってきた。それに伴って，阿弥陀仏の慈悲によって極楽浄土へ往生することができるとする「浄土信仰」が広がった。これによって誕生したのが鎌倉仏教である。これらは，仏教の複雑な教えを念仏，坐禅，唱題などに単純化した。このことによって，日本独自の仏教思想が人々の生活の中に浸透していった。

仏教とほぼ同時期に日本に入ってきた儒教が注目されるようになったのは，江戸時代である。幕府はその中でも，階層秩序を重んじた「朱子学」を推奨した。その一方で，朱子学を批判し，直接孔子や孟子の原典にあたり，真の儒教精神を求めようとする「古学派」も生まれた。また，仏教や儒教などの外来思想に影響されず，『古事記』，『日本書紀』，『万葉集』などの日本古典を研究することによって，日本固有の精神を明らかにしようとする「国学」や，神道・仏教・儒教を折衷し，平易な生活哲学として民衆に広めた「石門心学」，農本主義の立場から儒教・仏教を批判し，平等社会の実現を説いた安藤昌益の思想なども形成された。

200年に亘る鎖国政策に終止符が打たれると，和魂洋才の姿勢が示されるようになった。明治時代が始まると，西洋の思想が紹介されるようになり，天賦人権説を主張した福沢諭吉，ルソーの『社会契約説』を翻訳した中江兆民，キリスト教と日本古来の思想的伝統を融合させようとした内村鑑三などが現れた。

東洋で誕生した思想に目を向けると，仏教，儒教，イスラム教が挙げられる。仏教はガウタマ＝シッダールタ（ブッダ）が始めた宗教で，インドから中央アジア，中国，朝鮮，日本，東南アジアなどへ伝播した。儒教は孔子を祖とする思想で，中国で生まれた。なお，老荘思想（道家）も，ほぼ同時期の中国の思想である。イスラム教は6世紀に誕生した比較的新しい宗教で，ムハンマドが開祖，主に西アジアに広まっている。

ポイント

1 鎌倉新仏教

	宗派	開祖	特　徴	主　著	本山	
浄土系	浄土宗	法然	専修念仏 称名念仏	『選択本願念仏集』	知恩院（京都）	他力本願
浄土系	浄土真宗（一向宗）	親鸞	悪人正機説 絶対他力	『教行信証』 『歎異抄』（弟子唯円著）	本願寺（京都）	他力本願
浄土系	時宗	一遍	踊念仏	『一遍上人語録※』	清浄光寺（神奈川）	他力本願
天台系	日蓮宗（法華宗）	日蓮	題目唱和（唱題） 他宗批判・折伏	『立正安国論』	久遠寺（山梨）	
禅宗系	臨済宗	栄西	坐禅・公案	『興禅護国論』	建仁寺（京都）	自力本願
禅宗系	曹洞宗	道元	只管打坐・身心脱落	『正法眼蔵』	永平寺（福井）	自力本願

※　一遍は死の直前に著書，経典を焼却。その法語・消息・和歌などを編集し，江戸後期に刊行。

2 江戸時代

～儒教～

朱子学派 ―― 藤原惺窩・林羅山 ―― 上下定分の理

陽明学派 ―― 中江藤樹・熊沢蕃山 ―― 孝の重視，時・処・位

古学派 ――― 古学：山鹿素行 ― 士道

古義学：伊藤仁斎 ― 仁・愛・誠

古文辞学：荻生徂徠 ― 先王の道，経世済民

～国学～

契沖（けいちゅう）

荷田春満（かだのあずままろ）

賀茂真淵（かものまぶち）―― ますらおぶり（益荒男振），高く直き心

本居宣長（もとおりのりなが）―― もののあわれ，真心，漢意（からごころ）↔惟神（かんながら）の道

平田篤胤（あつたね）

～その他～

石田梅岩（ばいがん）―――― 石門心学（心学），正直と倹約

安藤昌益（しょうえき）―――― 農本主義，自然世，万人直耕

3 近代

佐久間象山（さくましょうざん）―――― 東洋の道徳，西洋の芸術

福沢諭吉 ―――― 明六（めいろく）社，独立自尊，実学（じつがく）

『学問のすゝめ』『文明論之概略（ぶんめいろんのがいりゃく）』

中江兆民（ちょうみん）―――― 『民約訳解（みんやくやくかい）』：ルソーの『社会契約論（しゃかいけいやくろん）』の翻訳（ほんやく）書 →「東洋のルソー」

内村鑑三（かんぞう）―――― 二つのJ，無教会主義，非戦論

西田幾多郎（きたろう）―――― 純粋経験，主客未分（しゅかくみぶん），『善の研究』

和辻哲郎（わつじてつろう）―――― 間柄（あいだがら）的存在，『人間の学としての倫理学』，『風土』

柳田国男（やなぎたくにお）―――― 民俗学（みんぞくがく）

吉野作造（さくぞう）―――― 民本（みんぽん）主義

幸徳秋水（こうとくしゅうすい）―――― 社会主義思想，大逆（たいぎゃく）事件

夏目漱石 ―――― 則天去私（そくてんきょし）

森鷗外 ―――― 諦念（ていねん）（レジグナチオン）

4 仏教

～仏陀の教え～

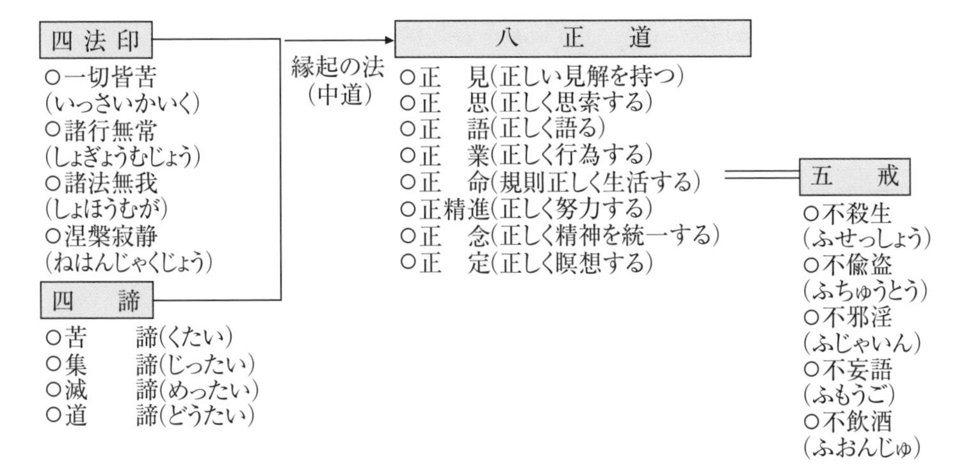

5 儒教

～孔子の思想～

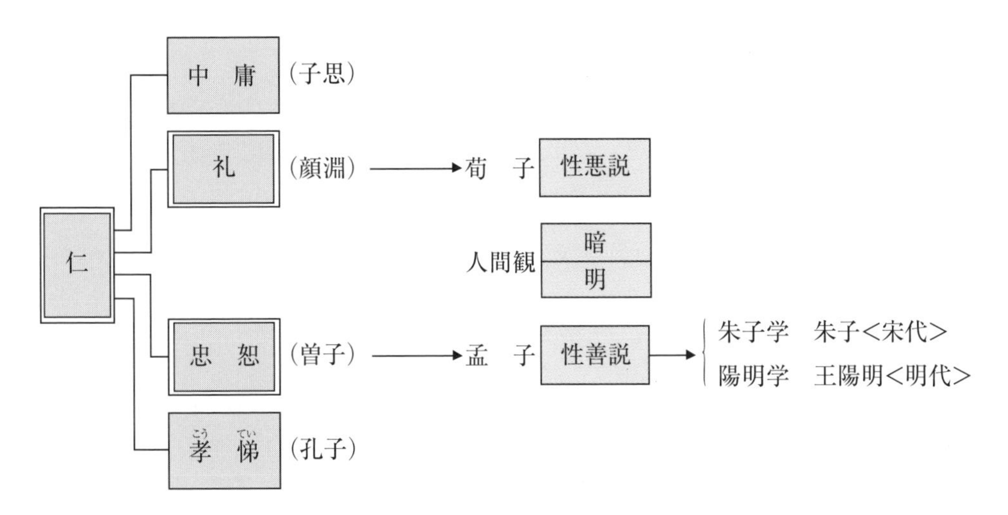

6 老荘思想

老子 →	荘子
道＝万物生成の根源＝無為自然	斉物論＝万物は差別なし（万物斉同）
小国寡民の理想国家	真　人＝天智に遊ぶ生き方

7 イスラム教

○六信：イスラム教徒が信じるもの

神（アッラー），天使，聖典（コーラン），預言者（ムハンマド），来世，天命

○五行：イスラム教徒が行わなければならないこと。

- ●信仰告白：「アッラーの他に神はなく，ムハンマドはその使徒である」
- ●礼　　拝：１日５回メッカの方向に向かって行う。
- ●喜　　捨：貧しい人々への施し。宗教上の救貧税。
- ●断　　食：ラマダーン月（イスラム暦９月），日中に一切飲食しない。
- ●巡　　礼：一生に一度メッカのカーバ神殿に巡礼する。

演習問題

No.1

（解答▶P.35）

鎌倉新仏教の開祖，宗派，特徴の組合せとして，正しいグループはどれか。

① 法然（ほうねん）―― 浄土真宗（じょうどしんしゅう）―― 専修念仏（せんじゅねんぶつ）
② 栄西（えいさい）―― 臨済宗（りんざいしゅう）―― 題目唱和（だいもくしょうわ）
③ 一遍（いっぺん）―― 一向宗（いっこうしゅう）―― 踊念仏（おどりねんぶつ）
④ 親鸞（しんらん）―― 浄土宗（じょうどしゅう）―― 絶対他力（ぜったいたりき）
⑤ 道元（どうげん）―― 曹洞宗（そうとうしゅう）―― 只管打坐（しかんたざ）

No.2

（解答▶P.35）

法然の唱えた「専修念仏」の説明として正しいものは，次のうちどれか。

① 禅を組みながら念仏を唱えること。
② 念仏を唱える間，心の中に仏の姿を思い浮かべること。
③ 他の一切の修行を放棄して，ひたすら念仏を唱えること。
④ 「南無妙法蓮華経」の題目を，心を集中させて唱えること。
⑤ 他人のためにではなく，自分のために念仏を唱えること。

No.3

（解答▶P.35）

下の文章中の空欄A～Cに適合する語句の組合せとして正しいのは，次のうちどれか。

（　A　）は，参禅体験を基に西洋哲学を受容し，（　B　）を展開した人物であり，（　C　）を著した。

	A	B	C
①	西田幾多郎（きたろう）	純粋経験	『善の研究』
②	西田幾多郎	倫理学	『善の研究』
③	西田幾多郎	倫理学	『風土』
④	和辻哲郎（わつじてつろう）	純粋経験	『善の研究』
⑤	和辻哲郎	純粋経験	『風土』

No.4

（解答 ▸ P.35）

江戸時代の儒学者や国学者，思想家と，その人物と関係の深い用語の組合せとして最も妥当なものは，次のうちどれか。

① 山鹿素行（やまがそこう） — 上下定分の理
② 伊藤仁斎（じんさい） — 正直と倹約
③ 賀茂真淵（かものまぶち） — ますらおぶり
④ 本居宣長（もとおりのりなが） — 先王の道
⑤ 安藤昌益（しょうえき） — 真心

No.5

（解答 ▸ P.35）

次の言葉を残した人物は次のうち誰か。

「天は尊く地は卑（いや）しい。天は高く地は低い。上下差別があるごとく，人もまた君は尊く，臣は卑しい。」

① 中江藤樹（とうじゅ）
② 熊沢蕃山（くまざわばんざん）
③ 林羅山（らざん）
④ 石田梅岩（ばいがん）
⑤ 荻生徂徠（おぎゅうそらい）

No.6

（解答 ▸ P.35）

日本の近代思想家と，その人物の考え方を表す言葉の組合せとして最も適当ではないものは，次のうちどれか。

① 福沢諭吉 —— 独立自尊
② 内村鑑三（かんぞう） —— 二つのＪ
③ 吉野作造（さくぞう） —— 則天去私（そくてんきょし）
④ 西田幾多郎 — 主客未分
⑤ 和辻哲郎 —— 間柄的存在

No.7

（解答 ▸ P.35）

本居宣長は，中国の文化に影響される以前の日本文化の姿を追求し，日本文化のあり方を歪めるものとして，中国文化を批判したが，その内容で適合するものは，次のうちどれか。

① 世俗的に幸福だけを追い求め，宗教的な精神のあり方に対する関心を失わせる。
② 作為的な議論によって，神の道に従う生き方を見失わせる。
③ 感覚的な実感に頼るため，論理によって思想を構築することを軽視させる。
④ 政治や経済の問題を偏重し，哲学的な考察をおざなりにさせる。
⑤ 人間の自然性を重んじ，「あるべきよう」を生活の目標とさせた。

No.8

（解答 ▸ P.35）

次の文章と関連の深い人物は，次のうち誰か。

彼は『風土』という書物を1935年に出版し，風土と人間関係についての考察を述べた。また，『人間の学としての倫理学』では，個人を出発点とする西洋の倫理学に対抗して，人間は人と人との関係により存在しているという考え方を示した。

① 中村正直
② 内村鑑三
③ 西田幾多郎
④ 和辻哲郎
⑤ 加藤弘之

No.9

（解答 ▸ P.35）

夏目漱石に関する記述として正しいものは，次のうちどれか。

① 民間伝承や常民の生活文化などを素材として，民族の伝統的文化を研究した。
② 自己を貫かず，自己の置かれた立場を甘受することで，心の安定を得る諦念（ていねん）の立場に立った。
③ 白樺派の文学者として，自然主義に対立する人道主義，理想主義の立場を採った。
④ 人間は間柄（あいだがら）的存在であり，決して孤立した個人的な存在ではないとした。
⑤ 近代的自我を追求し，自己本位から則天去私に至った。

No.10

（解答 ▸ P.36）

日本人の暮らし方のうちに，日本文化の基層を追求することの必要性を説く人物の説明として該当するものはどれか。

① 柳田国男(やなぎたくにお)は，常民が先祖の霊を身近なものとする祖先崇拝を受け継いできたことを指摘した。
② 徳富蘇峰(とくとみそほう)は，一部の上流階級ではなく平民の立場による近代化が必要であると説いた。
③ 夏目漱石は，晩年になると，狭い自己への執着を克服した則天去私の心境を語るようになった。
④ 西田幾多郎は，誠実さが日本の伝統的倫理であり，伝統をふまえ，よりよく正しく生きることを提唱した。
⑤ 西村茂樹は，儒学を基本に西洋の哲学などを部分的に折衷しながら，皇室崇拝を中心におく日本道徳を提唱した。

No.11

（解答 ▸ P.36）

次の中国の思想家のうち，儒家及び道家の思想家の組合せとして正しいのはどれか。

	儒家	道家
①	孔子・荀子	韓非子・曽子
②	孔子・孟子	老子・荀子
③	孔子・孟子	老子・荘子
④	老子・荘子	孔子・孟子
⑤	老子・孟子	荀子・荘子

No.12

（解答 ▸ P.36）

次のうち，儒教の考え方とはいえないものはどれか。

① 兼愛(けんあい)
② 惻隠(そくいん)の心
③ 徳治主義
④ 性悪説
⑤ 忠恕(ちゅうじょ)

No.13
(解答 ▸ P.36)

道家の思想として誤っている文はどれか。

① 「無為自然」を理想とする。
② 「小国寡民」を理想とする。
③ 「仁」を理想とする。
④ 現実世界を相対化し，超越して生きることを説いた。
⑤ 万物の根源は「無」とした。

No.14
(解答 ▸ P.36)

次のうち，孔子の基本的な道徳観として，適当ではないものはどれか。

① 真に優れた人間としての生き方を守るためには，自分の命をかける覚悟を持つべきである。
② 人間は親に対する敬愛の精神を，周囲の人々から広く社会全般にまで広げていかなければならない。
③ 他人を心から思いやり，自分が欲さないことを他人に施してはならない。
④ 利に動かされず真の誠実さによって人に接し，礼に従って行動しなければならない。
⑤ 天の道は人間の相対的区別を持たないので，人は親子などの区別を超えた善を追求しなければならない。

No.15
(解答 ▸ P.36)

下記の各言葉のうち，墨子が説いた根本的主張はどれか。

① 兼愛
② 慈愛
③ 仁愛
④ 友愛
⑤ 忠愛

No.16

（解答▸P.36）

ガウタマ＝シッダールタが，人生の苦悩から救われるための具体的実践として説いたものは，次のうちどれか。

① 四法印（しほういん）
② 六信（ろくしん）
③ 四元徳（しげんとく）
④ 八正道（はっしょうどう）
⑤ 五常（ごじょう）

No.17

（解答▸P.36）

仏教に関する記述として正しいのは，次のうちどれか。

① 仏陀は日常生活にまつわる快楽を捨て，森林での苦行による禁欲生活を送ることにより，悟りの境地に達すると説いた。
② 大乗仏教においては，世俗を離れて出家し，一人悟りを求めて修行する阿羅漢が理想とされた。
③ 親鸞は自分の力で善行を積む自力作善の人は，自力を頼みとし，他力にすがらないため，阿弥陀の本願にふさわしくないと言った。
④ 法然は専修念仏により，凡夫でも極楽に往生できると説いたが，悪人でも念仏により救われるという主張にまでは至らなかった。
⑤ 道元が説いた只管打坐とは，師から公案を与えられ，問答を通して悟りに達しようとすることである。

No.18

（解答▸P.36）

イスラム教についての以下の記述のうち，正しいものはどれか。

① アッラーとムハンマドを神として崇（あが）める。
② 偶像崇拝は禁止されている。
③ ムハンマドは「神の子」とされる。
④ ラマダーン（断食月）は，日中のみ飲食できる。
⑤ 旧約聖書を聖典としている。

No.19

（解答 ▸ P.36）

イスラム教について誤っているものは，次のうちどれか。

① 神は世界の終末をもたらすが，この時に死んだ人間はすべて復活し，天国に入るとされている。

② ユダヤ教徒やキリスト教徒なども，同じく神からの啓示を受けた者として認めている。

③ 神はあらゆる事物を超越した唯一絶対の存在であるから，いかなる偶像でもそれを表現することはできないとされる。

④ コーランはイスラム教の聖典であり，信仰についてだけでなく世俗生活についても戒律が定められている。

⑤ 大切なのは信仰心であり，人間は皆平等であるとする。

第3編

第6章 西洋の思想

西洋思想の始まりは，古代ギリシアの自然哲学者たちが研究した「万物の根源は何か」に見ることができる。紀元前5世紀に入ると，民主政治が発展したアテネにおいて，ソフィストと呼ばれる職業教師たちが現れた。このソフィストが唱える相対主義に対し，人間の普遍的な真理を獲得しようとしたのがソクラテスである。その考え方は，プラトンやアリストテレスに受け継がれた。

これのおよそ100年前である紀元前6世紀，幾多の民族的危機に瀕したイスラエルの人たちは，選民思想・律法主義・メシア（救世主）思想を特徴とするユダヤ教を誕生させた。紀元前1世紀，ローマ帝国の厳しい支配下にあり，メシアの登場を待ち望んだイスラエル人の前に現れたのがイエスだった。イエスは当時の形式的な律法主義を批判し，神を愛することと神からの愛を実践することを説いた。イエスの言動はユダヤ教指導者たちの反発をまねき，十字架刑に処せられたが，死後の弟子の間に復活を信じるものが現れ，イエスこそが救世主（キリスト）であるという信仰が生まれた。こうして誕生したのがキリスト教である。当初迫害されていたキリスト教は，弱者層を中心に徐々にローマ帝国領内に浸透していき，その後のヨーロッパ社会に多大な影響を与えるまでになった。

中世ヨーロッパ社会は，キリスト教が支配していた。そのような中で起こったのが「ルネサンス」と「宗教改革」だった。これによって，真の人間性の探究が始まり，デカルト，スピノザなどの「大陸合理論」や，F.ベーコン，ロックなどの「イギリス経験論」，モンテーニュやパスカルなどの「モラリスト」，カント，ヘーゲルなどの「ドイツ観念論」が生まれた。

19世紀，産業革命の進展の中で，物事の善悪の基準を快楽の量や質に求めた「功利主義」が生まれた。その一方で，失われていく人間の主体性を回復しようとした思想が「実存主義」である。これには，神との関わり合いの中で実存を確立しようとする有神論的実存主義と，神を前提としない無神論的実存主義がある。またアメリカでは，科学の発展を受け止めつつ，その経験を基に知識や行動を検証しようとする「プラグマティズム」が誕生した。

ポイント

1 西洋哲学の源流

自然哲学	ソフィスト	ソクラテス	プラトン	アリストテレス
●万物の根源を求める ●タレス→水 ●アナクシメネス→空気 ●ヘラクレイトス→火 ●デモクリトス→原子	○「弁論術を教える人々」 ○人間中心主義 ○相対主義の考え方 ○自我のめざめ ●プロタゴラス→「人間は万物の尺度」	**無知の知**＝汝(なんじ)自身を知れ 問答法→知への愛 知＝徳＝幸福	理想主義 永遠不滅のイデア 魂の働き→四元徳→哲人政治	現実主義 人間は社会的動物 最高善＝幸福

2 ヨーロッパ近代哲学

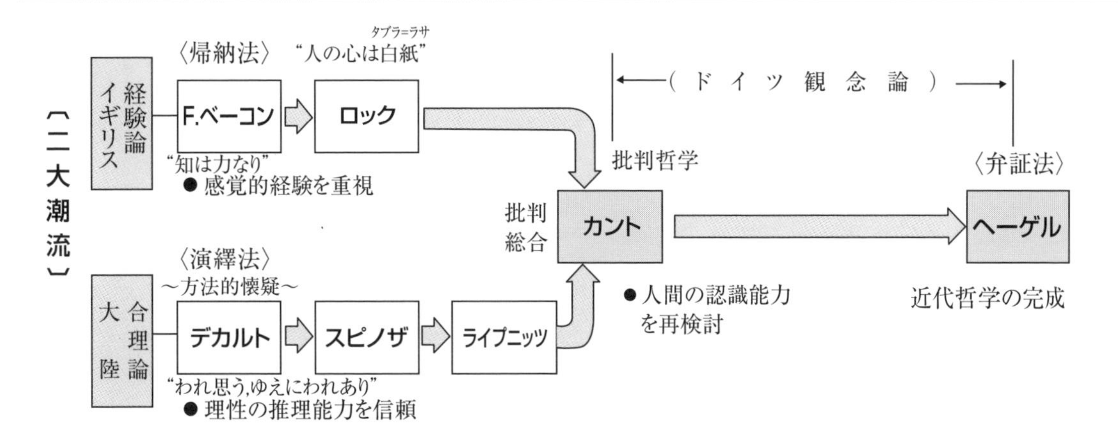

（ア） 功利主義

●快楽の量　ベンサム（最大多数の最大幸福）

●快楽の質　J. S. ミル（満足した豚であるよりは，不満足な人間である方がよく，満足した愚か者であるよりは，不満足なソクラテスである方がよい）

（イ） ドイツ観念論（理想主義）

合 理 論 ┐
　　　　　├批判→●カント ┌動機説 道徳法則 定言命法 ○人格主義
経 験 論 ┘　　　　　　　└善意志

●ヘーゲル 絶対精神〔世界の根源〕弁証法

人 倫

（ウ） 実存主義

個人の人間性回復		
	有神論的実存主義	●キルケゴール〔あれか，これか〕 ●ヤスパース〔限界状況〕
	無神論的実存主義	●ニーチェ〔神は死んだ・超人〕 ●サルトル〔実存は本質に先立つ・自由と責任〕

（エ） プラグマティズム

●デューイ→ 道具主義

有効性・実用性を重視→ プラグマティズム ←イギリス経験論・功利主義の影響

演習問題

No.1

（解答▶P.37）

古代ギリシアの自然哲学者は，万物の根源である「アルケー」を探求したが，自然哲学者名とその人物が考えたアルケーの組合せとして最も適当なものは，次のうちどれか。

① タレス ―――――― 火
② ヘラクレイトス ――― 水
③ ピタゴラス ――――― 数
④ デモクリトス ―――― 無限なもの
⑤ アナクシマンドロス ― 原子（アトム）

No.2

（解答▶P.37）

ソクラテスはデルフォイの神託を解釈して「善く生きる」ことの意味を問うたが，その結果，いきついた考え方として正しいものはどれか。

① 人間は万物の尺度である
② 人間はポリス的人間である
③ 汝（なんじ）自身を知れ
④ 万物は流転する
⑤ 自然に従って生きよ

No.3

（解答 ▸ P.37）

西洋の源流思想を形作った５人の人物と言葉や考え方の組合せとして，正しいものはどれか。

① アリストテレス —— 人間はポリス的動物である —— 問答法
② ソクラテス ——— 汝自身を知れ ——— 中庸
③ プラトン ——— 善のイデア ——— 哲人政治
④ プロタゴラス ——— 相対主義 ——— 万物の根源は水
⑤ タレス ——— 絶対主義 ——— ソフィスト

No.4

（解答 ▸ P.37）

ソクラテスによる無知の自覚に至る考え方として，適当なものは，次のうちどれか。

① 人は生まれてくる時にいったんイデアを忘却しているが，それを思い出すことによって善美そのものを捉えることができる。
② だれにでも通用するような，善悪美醜の絶対的基準は何もないので，人それぞれが持つ尺度をその基準と認める。
③ 先入観や偏見が正しい思考，判断を誤らせるとしてそれを４つに分類し，その４つのイドラから抜け出すことにより真実が解せる。
④ 人間にとって最も大切な事柄である善美については知らないから，そのとおり知らないと認める。
⑤ 善や美のイデアは理性によってのみ捉えられ，どれほど耳を澄まし目を凝らしてみても，感覚によっては決して知りえない。

No.5

（解答 ▸ P.37）

キリスト教の教えに「自分を愛するようにあなたの隣人を愛しなさい。」というものがある。この愛のことを何というか。

① 福音
② トーラ
③ アガペー
④ メシア
⑤ 黄金律

No.6

（解答 ▸ P.37）

下の文章中の空欄A～Eに適合する語句の組合せとして正しいのは，次のうちどれか。

西洋の近代思想として,理性と論理を重視した（　A　）では,（　B　）が（　C　）を説いた。一方,（　D　）は経験論を（　E　）で述べた。

	A	B	C	D	E
①	帰納法	デカルト	合理論	F.ベーコン	演繹法
②	功利主義	デカルト	演繹法	F.ベーコン	帰納法
③	功利主義	F.ベーコン	演繹法	デカルト	演繹法
④	合理論	デカルト	演繹法	F.ベーコン	帰納法
⑤	合理論	F.ベーコン	帰納法	デカルト	演繹法

No.7

（解答 ▸ P.37）

帰納法を主張し，イギリス経験論の祖といわれるF.ベーコンによって指摘された「イドラ」とは，次のうちどれか。

① 先入観や偏見
② 神への愛
③ 経験的な事物の理想的な原型
④ 正しい行為をする習慣
⑤ 近代的自我

No.8

（解答 ▸ P.37）

F. ベーコンの唱えた「イドラ」のうち，「市場のイドラ」に該当するものは，次のうちどれか。

① 目の錯覚
② 権威や伝統への盲従
③ 個人感情に基づく先入観
④ 中傷や噂
⑤ 自然現象の擬人化

No.9

（解答 ▸ P.37）

イギリス経験論の思想家ジョン＝ロックは知識の唯一の源泉を感覚的な経験に求め，人の心を“タブラ＝ラサ”とたとえた。この“タブラ＝ラサ”の例として適当なものはどれか。

① 真っ白な紙
② 女優のいない劇団
③ 絵を盗まれた美術館
④ 植物のない植物園
⑤ 牢獄にいる犯罪者

No.10

（解答 ▸ P.37）

パスカルの考えとされるものはどれか。

① 生命現象と同様に人間生活の中に融合している現象が非有機物である。
② 時々調子が狂うという点では人間と機械は異ならない。
③ 人間は有限であるが，それを考えるところに偉大さが備わる。
④ 人間が自己の責任において意のままに機械は利用できる。
⑤ 人間はいやおうなく自由であり，その責任を引き受けるしかない。

No.11

（解答▶P.38）

「心の働きは快苦を単位として量的に計算する」とされる考え方があるが，このことを表す言葉として適当なものは，次のうちどれか。

① 最大多数の最大幸福
② われ思う，ゆえにわれあり
③ 人間は考える葦である
④ 満足した愚か者であるよりは，不満足なソクラテスである方がよい
⑤ 人間は万物の尺度である

No.12

（解答▶P.38）

西洋の思想家と関係の深い用語，その人物の著書の組合せとして適当なものは，次のうちどれか

	人物	用語	著書
①	ルター	予定説	『キリスト教綱要』
②	F.ベーコン	演繹法	『方法序説』
③	カント	人倫	『精神現象学』
④	ロック	自然に帰れ	『統治論』
⑤	ニーチェ	超人	『ツァラトゥストラはかく語りき』

No.13
（解答 ▸ P.38）

社会契約説に関するA～Cの記述に適する思想家の組合せとして正しいのは，次のうちどれか。

A　国家権力が国民の信託の範囲を超えて自然権を侵害したとき，国民に抵抗権があると主張した。
B　国民は契約によって自己の自然権を専制君主に譲渡し，それに絶対服従すべきであると主張した。
C　社会も国家も人民相互の契約によって成立し，人民の意志である一般意志だけが国家を指導できると主張した。

	A	B	C
①	ホッブズ	ルソー	ロック
②	ホッブズ	ロック	ルソー
③	ルソー	ロック	ホッブズ
④	ロック	ホッブズ	ルソー
⑤	ロック	ルソー	ホッブズ

No.14
（解答 ▸ P.38）

下の言葉や考え方は西洋思想家たちが述べたものである。言葉と人物の組合せとして正しいものは，次のうちどれか。

A　人間は考える葦である
B　最大多数の最大幸福
C　止揚（アウフヘーベン）

	A	B	C
①	パスカル	J.S.ミル	カント
②	パスカル	ベンサム	カント
③	パスカル	ベンサム	ヘーゲル
④	モンテーニュ	J.S.ミル	カント
⑤	モンテーニュ	J.S.ミル	ヘーゲル

No.15

（解答 ▶ P.38）

ヘーゲルが主張した考察方法はどれか。

① 帰納法　② 演繹法　③ 産婆術　④ 唯物論　⑤ 弁証法

No.16

（解答 ▶ P.38）

下の文章中の空欄Ａ，Ｂに適する人物の組合せとして正しいのは，次のうちどれか。

（　Ａ　）は，主著『道徳および立法の諸原理序説』において，快と苦を量的に把握し，諸個人の快楽を「最大多数の最大幸福」に一致させることを説いた。（　Ａ　）の影響下にありながら（　Ｂ　）は，快楽には質的な差異があるとして「満足した豚であるよりは，～不満足なソクラテスである方がよい」と主張した。

	Ａ	Ｂ
①	カント	ヘーゲル
②	Ｊ.Ｓ.ミル	ベンサム
③	ヘーゲル	Ｊ.Ｓ.ミル
④	ベンサム	カント
⑤	ベンサム	Ｊ.Ｓ.ミル

No.17

（解答 ▶ P.38）

カントに関する記述として，正しいものは次のうちどれか。

① カントが理想とした共同体で自然法則に従うものを「目的の王国」とよんだ。
② 理性的で自律的に行為を行う自由な人間主体を「人格」とよんだ。
③ 普遍的な命令を「仮言命法」とよび，条件的命令を「定言命法」とよんだ。
④ 道徳性よりも適法性を重視した。
⑤ 理性によって立てられる普遍妥当な法則を「自然法則」とよんだ。

No.18

（解答 ▸ P.38）

モンテーニュの立場を表す言葉として，正しいものはどれか。

① コギト＝エルゴ＝スム
② 知は力なり
③ ク＝セ＝ジュ
④ タブラ＝ラサ
⑤ 繊細な精神

No.19

（解答 ▸ P.39）

現代の代表的な思想として，実存主義，マルクス主義，プラグマティズムが挙げられる。次の記述はそれぞれ，これらの三つの思想のうちいずれかの説明であるが，実存主義の記述はどれか。

① 資本主義を否定し，人間性を社会疎外から救うために社会を変革しようとする。
② 近代社会における人間の水平化，平均化に反対し，各個人は交換不可能な存在であるとする。
③ イギリスの経験論や功利主義の傾向を持ち，またヘーゲル的絶対主義の哲学に対し，相対主義を基底としている。
④ 私有財産の否定，生産手段の共有化によって人間性を解放しようとする。
⑤ 向上期のアメリカ資本主義の合理化の理論となっている。

No.20

（解答 ▸ P.39）

実存主義の説明として誤っているものは，次のうちどれか。

① ニーチェは「世界と生存の本質は盲目的な意志であり，生きることは苦しみの連続である。」という厭世主義を展開した。
② キルケゴールは美的実存→倫理的実存→宗教的実存と経過する「実存の三段階」を説いた。
③ サルトルは人間はまず先に実存して，その後で自覚的に自己の本質を作り上げていく自由な存在であるとした。
④ ヤスパースは人間が超えることができない究極の壁を「限界状況」という言葉で表した。
⑤ ハイデッカーは非本来的自己である「ひと（ダス＝マン）」が死への存在であることを直視することによって，本来的自己を取り戻すと説いた。

No.21

（解答 ▸ P.39）

ニーチェの実存主義を説いているものは次のうちのどれか。

① 世界史展開の原因を，人類が社会的に行う対自然的な生産活動，労働に求めた。
② 人間の本質は精神・理性であり，外界の事物は精神が具現化されたものである。
③ 思想とは人間が現実の生活の中に直接役立たせる道具である。
④ 人間は自然の中では，一本の葦にすぎない。しかし，人間は考える葦である。
⑤ ニヒリズムの克服のため，生命力の持つ生きることへの意志を徹底させた。

No.22

（解答 ▸ P.39）

次の文章は４人の思想家，カント，ゼノン，デカルト，マルクスのうちの誰かの思想の一端を記したものである。これらが活躍した時代を古い順に並べているのは次のうちどれか。

ア すべてのことを疑うことができても，現に自分が疑っているということは疑うことができない。我々の存在は我々が考えるということのうちにある。
イ 経験によって確かめられることのできないものは，理性の知る能力の範囲の外にある。人間の経験を超えた世界のことは，理性では証明できないもので，ただ実践的に道徳の立場から人間はそれを求めざるを得ない。
ウ 人々の意識がその存在を決定するのではなく，反対に人々の社会的存在がその意識を決定する。社会的存在とは，生産力と生産関係との交渉及びその上に築かれた法律・政治などである。
エ 人間性は精神的と肉体的，魂と肉体の相互に敵対する二元的要素から構成される。しかし，人間性の本質はもっぱら精神的要素にあるのであるから，肉体的欲望，本能的欲望はできるだけ排除すべきである。

① ア→イ→ウ→エ　② イ→エ→ア→ウ　③ ウ→エ→イ→ア
④ エ→ア→イ→ウ　⑤ エ→イ→ウ→ア

No.23

（解答 ▸ P.39）

19 ～ 20 世紀の思想家と関係の深い語句の組合せとして誤っているものは，次のうちどれか。

① ジェームズ ―――― 真理の有用性
② デューイ ――――― 道具主義
③ シュバイツァー ― 生命への畏敬
④ ガンディー ―――― 非暴力
⑤ ラッセル ――――― ゲルニカ

No.24

（解答 ▸ P.39）

以下の考え方は，ヘーゲル，J.S. ミル，マズロー，フロイトのいずれかのものである。マズローとヘーゲルの組合せとして，正しいものはどれか。

ア 自己実現は，心全体の要素である「意識」と「無意識」が相互に補償しあうことによって達成される。
イ 「満足した豚よりも不満足な人間の方がよい」のは，高次の快楽追求が人間の幸福に不可欠だからである。
ウ 自己実現の最高次の欲求は，生理的欲求，安全欲求などが順次すべて満たされた後に達成される。
エ 画家がキャンバスに描きたいものを描いて，そこに自分の才能や思想を見い出すように，人間は自分の考えを具体化することで自己を実現する。

	マズロー	ヘーゲル
①	ア	イ
②	ア	ウ
③	イ	ウ
④	イ	エ
⑤	ウ	エ

MEMO

公務員試験

地方初級・国家一般職（高卒者）テキスト　社会科学　第4版

2013年3月1日　初　版　第1刷発行
2024年2月10日　第4版　第1刷発行

編著者　TAC株式会社
（出版事業部編集部）
発行者　多田敏男
発行所　TAC株式会社　出版事業部
（TAC出版）
〒101-8383
東京都千代田区神田三崎町3-2-18
電話 03（5276）9492（営業）
FAX 03（5276）9674
https://shuppan.tac-school.co.jp/
印　刷　株式会社　ワコー
製　本　東京美術紙工協業組合

ISBN 978-4-300-11052-2
N.D.C. 317

TAC出版 書籍のご案内

TAC出版では、資格の学校TAC各講座の定評ある執筆陣による資格試験の参考書をはじめ、資格取得者の開業法や仕事術、実務書、ビジネス書、一般書などを発行しています！

TAC出版の書籍

＊一部書籍は、早稲田経営出版のブランドにて刊行しております。

資格・検定試験の受験対策書籍

- 日商簿記検定
- 建設業経理士
- 全経簿記上級
- 税　理　士
- 公認会計士
- 社会保険労務士
- 中小企業診断士
- 証券アナリスト
- ファイナンシャルプランナー(FP)
- 証券外務員
- 貸金業務取扱主任者
- 不動産鑑定士
- 宅地建物取引士
- 賃貸不動産経営管理士
- マンション管理士
- 管理業務主任者
- 司法書士
- 行政書士
- 司法試験
- 弁理士
- 公務員試験(大卒程度・高卒者)
- 情報処理試験
- 介護福祉士
- ケアマネジャー
- 社会福祉士　ほか

実務書・ビジネス書

- 会計実務、税法、税務、経理
- 総務、労務、人事
- ビジネススキル、マナー、就職、自己啓発
- 資格取得者の開業法、仕事術、営業術
- 翻訳ビジネス書

一般書・エンタメ書

- ファッション
- エッセイ、レシピ
- スポーツ
- 旅行ガイド（おとな旅プレミアム/ハルカナ）
- 翻訳小説

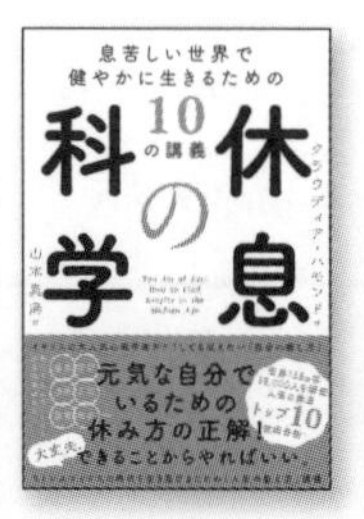

書籍の正誤に関するご確認とお問合せについて

書籍の記載内容に誤りではないかと思われる箇所がございましたら、以下の手順にてご確認とお問合せをしてくださいますよう、お願い申し上げます。

なお、正誤のお問合せ以外の**書籍内容に関する解説および受験指導などは、一切行っておりません。**
そのようなお問合せにつきましては、お答えいたしかねますので、あらかじめご了承ください。

1 「Cyber Book Store」にて正誤表を確認する

TAC出版書籍販売サイト「Cyber Book Store」の
トップページ内「正誤表」コーナーにて、正誤表をご確認ください。

CYBER BOOK STORE TAC出版書籍販売サイト

URL:https://bookstore.tac-school.co.jp/

2 1の正誤表がない、あるいは正誤表に該当箇所の記載がない ⇒ 下記①、②のどちらかの方法で文書にて問合せをする

★ご注意ください★

お電話でのお問合せは、お受けいたしません。
①、②のどちらの方法でも、お問合せの際には、「お名前」とともに、
「対象の書籍名(○級・第○回対策も含む)およびその版数(第○版・○○年度版など)」
「お問合せ該当箇所の頁数と行数」
「誤りと思われる記載」
「正しいとお考えになる記載とその根拠」
を明記してください。
なお、回答までに1週間前後を要する場合もございます。あらかじめご了承ください。

① ウェブページ「Cyber Book Store」内の「お問合せフォーム」より問合せをする

【お問合せフォームアドレス】

https://bookstore.tac-school.co.jp/inquiry/

② メールにより問合せをする

【メール宛先 TAC出版】

syuppan-h@tac-school.co.jp

※土日祝日はお問合せ対応をおこなっておりません。
※正誤のお問合せ対応は、該当書籍の改訂版刊行月末日までといたします。

乱丁・落丁による交換は、該当書籍の改訂版刊行月末日までといたします。なお、書籍の在庫状況等により、お受けできない場合もございます。
また、各種本試験の実施の延期、中止を理由とした本書の返品はお受けいたしません。返金もいたしかねますので、あらかじめご了承くださいますようお願い申し上げます。

TACにおける個人情報の取り扱いについて
■お預かりした個人情報は、TAC(株)で管理させていただき、お問合せへの対応、当社の記録保管にのみ利用いたします。お客様の同意なしに業務委託先以外の第三者に開示、提供することはございません(法令等により開示を求められた場合を除く)。その他、個人情報保護管理者、お預かりした個人情報の開示等及びTAC(株)への個人情報の提供の任意性については、当社ホームページ(https://www.tac-school.co.jp)をご覧いただくか、個人情報に関するお問い合わせ窓口(E-mail:privacy@tac-school.co.jp)までお問合せください。

(2022年7月現在)

〈冊子ご利用時の注意〉

以下の「解答・解説冊子」は、この色紙を残したままていねいに抜き取り、ご使用ください。

また、抜き取りの際の損傷についてのお取替えはご遠慮願います。

解答・解説

社会科学

Social science

TAC出版編集部編

テキスト

目次

第１編　政治

第１章　民主政治

演習問題（問題，本文 18 ページ）

No.1

権力を１カ所（１人）に集中させるのは，専制政治（絶対王政や独裁政治）の特徴であり，民主政治とは対極にあるものである。

答　②

No.2

② 法を制定するのは立法機関である。
③ 法の下の平等とは，法の前では全国民とも平等に法の適用を受けるということである。
④ 三権分立は，権力を立法・行政・司法の３つに分ける。初めての提唱者はモンテスキューである。
⑤ 違憲立法審査権を初めて取り入れたのは，アメリカである。

答　①

No.3

A：法の支配，B：法治主義
法の支配では，国民の権利を守るという目的のため，「悪法は法にあらず」の立場に立つ。法治主義では，法に基づく行政という目的のため，法の内容を問題とせず，「悪法も法なり」という立場に立つ。

答　⑤

No.4

ドイツの社会主義思想家であるラッサールが，当時の自由放任主義的な国家を皮肉って夜警国家とよんだ。　**答　①**

No.5

不文憲法とは，文章化された憲法ではなく，重要法令や判例・慣習法の積み重ねによって構成されている憲法のこと。したがって，イギリスが正しい。　**答　①**

No.6

ホッブズ著『リヴァイアサン』
「万人の万人に対する闘争」という言葉から推測できる。　**答　②**

No.7

① 革命権を主張したのはロック。
② モンテスキューの考え。
③ ホッブズの考え。
⑤ 独立宣言を起草したのはトマス＝ジェファソン。トマス＝ペインは『コモン＝センス』の著者。　**答　④**

No.8

マグナ＝カルタ（1215 年）→イギリス権利の請願（1628 年）→イギリス権利の章典（1689 年）→アメリカ独立宣言（1776 年）→フランス人権宣言（1789 年）
したがって，ウ→エ→イ→ア→オの順。
成立年だけではなく，その内容や背景も重要。

答　⑤

No.9

① ×　ルソー著『社会契約論』
② ×　モンテスキュー著『法の精神』。三権分立について述べている。
③ ×　ロック著『市民政府二論』
④ ×　アメリカ独立宣言の一節。自由権について。
⑤ ○　リンカーンのゲティスバーグ演説の一節。そもそも国政（＝政治）は，国民の厳粛な信託によるものであつて，その権威は国民に由来し（＝人民の），その権力は国民の代表者がこれを行使し（＝人民による），その福利は国民がこれを享受する（＝人民のための）。

答　⑤

No.10

① 直接民主制は行われていたが，女性や奴隷に参政権はなかった。

③④⑤ 3人とも直接民主制を主張していない。

答 ②

No.11

A：間接選挙，B：4，C：教書

アメリカの大統領選挙は4年に1度，夏季オリンピックが行われる年（西暦で4で割り切れる年）に行われる。

答 ③

No.12

①②③ いずれの権限も持たない。

④ 大統領は国民の間接選挙によって選出されるため，次の大統領の選出権限はない。

答 ⑤

No.13

アメリカでは，間接選挙でまず選挙人を選び，その後，大統領を選出するやり方を採用。

任期は4年である。

答 ①

No.14

① 国務大臣の過半数は，国会議員でなければならない。

② 民主集中制は権力集中制とも呼ばれ，国民を代表する合議体にすべての権力を集中させる仕組みのこと。社会主義国家に見られる。

③ アメリカ上院議員は，住民の直接選挙によって選ばれる。

④ 大統領は国民の間接選挙によって選ばれるし，議員を兼務できない。

答 ⑤

No.15

ア：議院内閣制，イ：国王，ウ：下院

イギリス上院の議員は貴族や聖職者によって構成され，国民の選挙によって選ばれるわけではない。そこで，議会法によって選挙で選ばれた議員で構成する下院優位を確立したのである。

答 ①

No.16

② イギリスは不文憲法の国である。

③ 国家元首は国王である。

④ 首相は通常，下院第一党の党首が選ばれる。

⑤ 下院議員は小選挙区制で選出され，任期は5年である。

答 ①

第2章　日本国憲法

演習問題（問題，本文29ページ）

No.1

日本国憲法の三大基本原則は,「国民主権」「基本的人権の尊重」「平和主義（戦争放棄）」である。したがって，ウ，エ，キが正解である。

答 ⑤

No.2

国民主権を具体化した定めであるから，③が正しい。

国民が直接選挙によって選出した国会議員によって構成される国会が国の中心機関となり立法を担うことを理解する。

答 ③

No.3

自由権は大日本帝国憲法でも規定されていたが,「法律の留保」がかかっており，十分な効力を持つとはいえなかった。

社会権（生存権）はワイマール憲法で世界で初めて規定された。大日本帝国憲法に規定はないし，法律でも認められていない。

答 ③

No.4

帝国議会は貴族院と衆議院の二院制で，衆議院は民選だったが，貴族院は勅任（天皇の任命）によって選ばれていた。したがって，両議院とも公選（公の選挙）されているわけではない。

答　②

No.5

天皇の国事行為は，憲法第７条に規定されている。

国会を召集することは天皇の国事行為だが，召集を決定するのは内閣である。

答　②

No.6

A：ポツダム宣言，B：国民，C：基本的人権，D：交戦権

日本国憲法の基本的性格の概説。

カイロ宣言は，1943 年，ローズヴェルト・チャーチル・蔣介石がカイロで行った対日戦の基本方針を討議した「カイロ会談」後に発表された宣言。

答　③

No.7

A：信条，B：身分，C：門地，D：経済

日本国憲法第 14 条。最重要条文である。

答　⑤

No.8

憲法改正は国会が発議し，国民投票にかけなければならない。

答　③

No.9

① 下級裁判所の裁判官は，内閣が任命する。

② 国務大臣の過半数が国会議員であればよい。

④ 議決は衆議院が優先される。

⑤ 行政権は内閣に属する。

答　③

No.10

A：内閣総理大臣，B：任命，C：内閣，D：任命

憲法第６条に規定されている。

答　④

No.11

A：国会，B：議院内閣制，C：内閣，D：国会

日本は議院内閣制を導入していて，内閣の長である総理大臣を，国会の議決によって選出する。そのため，内閣は国会に対して連帯責任を負う。

答　②

No.12

① 摂政は皇位継承順で任ぜられる。

② 労働三権とは，団結権，団体交渉権，団体行動権（争議権）の３つの権利を指す。

③ 学問の自由と教育を受ける権利や受けさせる義務に，直接的な関係があるとはいえない。

④ 国権の最高機関は，国の中心的な役割を果たす機関という意味であり，他の機関よりも上位にあるという意味ではない。

答　⑤

No.13

① 国会議員の兼職禁止は，同時に衆参両院の議員になることを禁じたものである。内閣総理大臣就任と同時に国会議員を辞めることはない。

② 国から相当額の歳費（報酬）を受け取る。

④⑤ 裁判所はそれぞれ独立した機関であり，その判決について政府や上級裁判所の指示を受けることは一切ない。

答　③

No.14

国会による裁判官への弾劾裁判権は，憲法第64条に規定されている。
衆・参議院議員各７名により，罷免の訴えを受けた裁判官を裁判する権限のことである。

答　①

No.15

「この憲法の改正は，各議院の総議員の３分の２以上の賛成で，国会が，これを発議し，国民に提案してその承認を経なければならない。この承認には，（中略）投票において，その過半数の賛成を必要とする。」（憲法第96条）

答　④

No.16

選挙は間接民主制に基づいて行われるものであり，直接民主制とは関連が薄い。

答　①

第３章　基本的人権

演習問題（問題，本文40ページ）

No.1

まず天賦人権思想から自由権の考えが生まれ，それを現実に保証し保持するために参政権ができた。社会権は20世紀的基本権ともいわれ，資本主義の弊害（貧困，失業など）から国民を守るためにできたものである。したがって，自由権→参政権→社会権が正しい。

答　④

No.2

Ａ：国家からの自由
　「国家権力からの自由」と考える。
Ｂ：経済的自由権
　表現の自由は「精神の自由」の一種。
Ｃ：国家による自由
　「国家が与えることによる自由」と考える。
Ｄ：生存権
　財産権の保障は「経済活動の自由」の一種。

答　③

No.3

環境権は，新しい人権として主張されている権利の１つで，良い環境を享受する権利をいう。ちなみに，④の説明文は「知る権利」について書かれている。

答　④

No.4

Ａ：国民，Ｂ：人類，Ｃ：国民
基本的人権は，長年にわたって人類が獲得した成果であり，将来へ受け継いでいかなければならない。

答　③

No.5

① 「新しい人権」など，憲法に規定がなくても認められるものもある。
② 参政権などに制限はあるが，平等権や自由権などは当然保証される。
③ 法人にも適用される。
④ 憲法が国の最高法規である以上，基本的人権の永久不可侵性などは法律の規定がなくても，当然認められる。

答　⑤

No.6

基本的人権は「公共の福祉」に反しない限り認められている。

答　①

No.7

Ａ：個人，Ｂ：自由，Ｃ：幸福追求，Ｄ：公共の福祉
個人の尊重・幸福追求権・公共の福祉に関する条文で，環境権などの根拠となる条文。

答　②

No.8

国家賠償請求権は請求権の一種。

答　⑤

No.9

「身体の自由」は，生命や身体を国家などによって不当に圧迫されない自由のこと。

答　③

No.10

保釈は，保証金の納付を条件に，勾留中の被告人を釈放することで，短期１年以上の懲役や禁錮が規定されている犯罪（殺人，放火，強盗など）を除いて，過去に重大犯罪を犯さず常習犯でない者が被告人として勾留されている時に請求できる。これは刑事訴訟法に規定されているが，憲法の規定はない。また，被疑者は保釈されない。

答　①

No.11

① 裁判手続きは法律で定めなければならない。
② 未遂行為は，その旨刑法で定められないと裁かれない。
③ 法律の委任があれば，罰則を定めることができる。
⑤ 条例でも罰則を定めることができる。

答　④

No.12

① 参政権
② 社会権
③ 参政権
⑤ 自由権

なお，請求権に含まれるのは，第16条，第17条，第32条，第40条である。

答　④

No.13

①②④⑤は個人一人ひとりを国家権力に対し保護する基本的人権で，③は政治に参加する権利，すなわち参政権である。外国人にも基本的人権は保障されているが，参政権，特に国政レベルの選挙権は保障されていない。

答　③

No.14

① 資本主義初期には認められていた。
③ 表現の自由は精神的自由権の一種である。
④ 一般人にも当然適用される。
⑤ 教育を受ける権利は社会権である。

答　②

No.15

居住，移転及び職業選択の自由は，財産権と共に，「公共の福祉」のもとに制限されている。したがって，イ，エが正解となる。

答　④

No.16

両性の平等は，大日本帝国憲法には規定がなく，日本国憲法で初めて規定された。また，大日本帝国憲法下の人権保障は他に不法逮捕の禁止，信書の秘密，所有権などの規定があるが，すべて法律の留保がかかっている。

答　②

No.17

ア：生存権，イ：ワイマール憲法，ウ：公共の福祉

自由権的基本権から福祉の理念を中心に人権が保障されるようになった。

20世紀的基本権とよばれる歴史的事項の問題である。

答　②

No.18

生存権はすべての国民に認められており，一部の人間を対象とするものではない。

答　⑤

No.19

① 裁判を受ける権利は請求権。
②④ 財産権は自由権，環境権は新しい人権。
③ 公務員選定権は参政権。

答　⑤

No.20

A：請求権
B：自由権
C：自由権
D：社会権
E：自由権
F：平等権
G：社会権

したがって，同じ分類となるのはB，C，E

である。

答　③

No.21

候補者・政党が自由に政策を述べられることがまず重要である。

答　②

No.22

① 選挙権は2016年6月に「満18歳以上」に引き下げられた。また，国政選挙だけではなく，地方公共団体の首長，議員の選挙権も満18歳以上である。
② 在日外国人には認められていない。
③ 今でも2倍以上格差のある例が見られる。
④ 国政選挙における選挙権は認められている。
⑤ 法的拘束力を持たないため，差し支えない。

答　⑤

No.23

A：環境権，B：知る権利，C：プライバシーの権利
選択肢のうち，新しい人権ではない生存権，請求権のあるものは除かれる。Aでは問題文中の「公害」が，Bでは「情報化社会」が，またCでは「個人の尊重・幸福追求」が，それぞれ手がかりとなる。

答　①

No.24

① 生存権は社会権。
③ 請願権は請求権。
④ 団体行動権は社会権。
⑤ 黙秘権は自由権。

新しい人権は日本国憲法制定後に主張され始めた権利である。したがって，憲法に規定されている権利は新しい人権ではない。

答　②

No.25

人権侵害に対抗する権利には，プライバシー権や肖像権，アクセス権が挙げられる。

答　②

No.26

ア ○ 正しい。
イ × 少子化傾向に歯止めをかけるため，現在でも育児支援政策は重視されている。
ウ ○ 正しい。

したがって，ア，ウが正解である。

答　③

No.27

1948年に国連で採択された「世界人権宣言」は法的拘束力を持っていなかった。そこで，人権保障を法制化するために採択されたのが「国際人権規約」である。

答　②

No.28

④ 積極的差別是正措置ともいう。これの例としては大学入学や就職における優先処遇や，公的機関の委員会などにおいて一定割合以上を同一の性で独占させないクオータ制（割当制）などがある。
⑤ ノーマライゼーションとは，障害者や老人なども普通の人々と同様の生活（ノーマルライフ）を送る権利がある，とする考え方。したがって，施設などに分断隔離することに反対する。

答　⑤

第4章　立法権・国会

演習問題（問題，本文58ページ）

No.1

A：最高機関，B：立法機関，C：行政権

憲法第41条・国会の地位，立法権についての規定と，憲法第65条，第66条の規定。

答　③

No.2

② 国務大臣の任免権は，内閣総理大臣が持つ。
③ 最高裁判所長官を任命するのは天皇である。
④ 条例の制定は地方議会が行う。
⑤ 両院とも満18歳以上である。

答　①

No.3

① 衆議院議員の被選挙権は満25歳以上だが，参議院議員の被選挙権は満30歳以上である。
② 選挙方法は異なっている（衆議院は小選挙区比例代表並立制，参議院は全国一区の比例代表制と都道府県別選挙区制）。
③ 衆議院の定数は465人，参議院の定数は248人である。
⑤ 憲法改正の発議には，衆議院の優越は認められていない。

答　④

No.4

「三権分立」，「司法権の独立」の観点からいって，判決の是非を立法機関である国会が審議することはない。

答　③

No.5

被選挙権（選挙に立候補する権利）は衆議院が満25歳以上，参議院が満30歳以上である。

答　③

No.6

内閣は単独で臨時会の召集を決定できるが，いずれかの議院の総議員の4分の1以上の要求があれば，臨時会の召集を決定しなければならない。

答　⑤

No.7

① 衆議院の再可決に必要なのは，出席議員の3分の2以上。
② 両議院の定足数（議事を開き議決をすることができる最低人数）は，総議員の3分の1以上。
③ 両議院の会議は原則公開。出席議員の3分の2以上の多数で議決すると，秘密会を開くことができる。
④ 毎年1回召集されるのは常会(通常国会)。

答　⑤

No.8

② 発案権は各議員も持っている。
③ 順序を決めるのは，各院の議長，運営委員長等である。
④ 所属院の許諾があった場合は可能である。
⑤ 参議院には解散はない。

答　①

No.9

内閣不信任案の決議は衆議院のみがなし得るもので，可決されたとき，内閣は総辞職するか，衆議院を解散する。

答　②

No.10

衆議院の優越には，法律案の議決，条約の承認，予算の先議権，内閣不信任案に対する決議権，内閣総理大臣の指名等がある。

したがって，B，Eが正解である。

答　③

No.11

A：両院協議会，B：衆議院，C：参議院，D：30，E：衆議院

予算は先に衆議院に提出される（予算の先議権）。予算について衆・参が異なった議決をした場合に両院協議会を開いても意見が一致しないとき，または参議院が予算を受け取った後，国会休会中を除いて30日以内に議決しないときは，衆議院の議決が国会の議決となる。

答 ⑤

No.12

A：予算，B：内閣総理大臣の指名，C：衆議院

憲法第60・61・67条の衆議院の優越に関する規定。また，内閣不信任決議権は衆議院のみに認められる。

答 ③

No.13

30日以内の議決が必要なのは，予算の議決と条約の承認。したがって，アとエが正解である。

答 ②

No.14

衆・参両議院は，国政に関する調査を行い，証人の出頭や証言，記録の提出を要求することができる。これを国政調査権という。

答 ①

No.15

① 総議員ではなく，出席議員である。
② そのような規定はない。
④ 院外における現行犯の場合を除いて，国会の会期中は，その院の許諾がなければ逮捕されない（国会法第33条）。
⑤ 除名することもできる。

答 ③

No.16

② 現行犯の場合は逮捕される。
③ 憲法の規定で「全国民を代表する」となっている以上，選出された選挙区のことのみを考えればいいということにはならない。
④ 衆議院の優越は認められるが，内閣総理大臣の選出は両院で行われる。
⑤ 議員にも認められている。

答 ①

No.17

通常国会は，予算の1年制度に対応し，年1回は開会する。

答 ③

No.18

① 年1回召集されることは明記されているが，1月とは書かれていない。
② 通常国会の会期は150日。延長は1回のみ。
③ 衆・参いずれかの議員の総議員の4分の1以上の要求でも召集され，会期は両議院一致の議決によって決定される。また，会期の延長は2回まで認められている。
⑤ 参議院の緊急集会を召集できるのは，内閣のみである。

答 ④

No.19

① ○ 正しい。国会法第109条の2。
それ以外の選択肢は，存在しない。

答 ①

No.20

① 両議院の会議は原則公開だが，出席議員の3分の2以上の多数で議決したときは，秘密会を開くことができる（憲法第57条）。
③ そのような規則はない。
④ 野党がシャドー・キャビネットに似たものを組織することもあるが，必ず組織しなければならないというわけではない。
⑤ 以前は政府委員制度があったが，現在は廃止されている。

答 ②

第5章　行政権・内閣

演習問題（問題，本文71ページ）

No.1

A：多数党，B：行政，C：国民の信，D：総辞職

議院内閣制は，議会により内閣が成立する政治体制をいう。議会によって内閣不信任が決議された場合には，総辞職するか議会解散という形態を採る。

答　④

No.2

② 天皇の権限
③ 内閣総理大臣の権限
④⑤ 国会の権限

答　①

No.3

国務大臣の刑事訴追がみだりに行われると，行政機能が停滞しかねないため，内閣総理大臣の同意が必要とされる（憲法第75条）。それ以外の選択肢は，すべて内閣の権限。

答　④

No.4

① ○ 文民統制（シビリアン＝コントロール）とは，軍隊の暴走を防ぐために，民主主義的な政治制度の下で，非軍人の文民が軍隊の指揮・統制権を持つこと。日本では，自衛隊の最高指揮監督権は，内閣総理大臣が持っている。
② × 総辞職するか，衆議院を解散する。
③ × 内閣は，国会に対して連帯責任を負う。
④ × 内閣は，政令を制定する権限を有している。
⑤ × 内閣総理大臣は国会議員から選出されるが，国務大臣は過半数が国会議員ならば，民間人を採用できる。

答　①

No.5

② 国務大臣の過半数は，国会議員でなければならない。
③ 国務大臣も文民である必要がある。
④ 国会が指名して天皇が任命する。
⑤ 内閣は総辞職し，新たな内閣総理大臣が選ばれる。

答　①

No.6

① × 各国務大臣の任命・罷免は，内閣総理大臣が単独で行うことができる。
② ○ 内閣総理大臣は国会議員から選ばれ，内閣を構成する国務大臣の過半数は，国会議員でなければならない。
③ × 10日以内に衆議院を解散するか，総辞職しなければならない。
④ × 省庁に属さない特命担当大臣が存在する。
⑤ × 自動的に職を失することはない。

答　②

No.7

① 国会議員の中から選出される。
③④ 内閣の機能。
⑤ 国家公務員の任命権者は様々である。

答　②

No.8

内閣総理大臣が欠けたとき，又は衆議院議員総選挙後に初めて国会の召集があつたときは，内閣は，総辞職をしなければならない（憲法第70条）。

ウは「10日以内に衆議院が解散されない限り」の条件付き，イとオは憲法の規定にない。したがって，アとエが正解である。

答　③

No.9

議院内閣制とは，国民の選挙によって選ばれた議会の多数派が内閣を組織することで，内閣を議会の信任の下に置く制度である。日本の場合，国会が内閣総理大臣を選んで組閣させ，信任できなくなった場合は内閣不信任を決議する。一方，内閣にはその防衛手段として衆議院の解散権を持たせる。したがって，この選択肢の中では，②が最も議院内閣制の趣旨を明らかにしているといえる。

答 ②

No.10

② 委任立法の増大の原因としては，行政機能が増大・複雑化したことなどがあるが，国会議員の削減は直接関係はない。
③ 天皇は，憲法第6条及び第7条に規定されている国事行為のみを行う。
④ 憲法第73条に規定がある。
⑤ その必要はない。

答 ①

第6章　司法権・裁判所

演習問題（問題，本文81ページ）

No.1

裁判所の違憲立法審査の決定について，国民投票などの国民の関与はない。

答 ⑤

No.2

日本で行われているのは「裁判員制度」であり，裁判官から独立して有罪，無罪の判断まで行う「陪審制度」とは異なる。欧米では陪審制度が導入されているが，日本では制度化されていない。

答 ②

No.3

A：最高裁判所，B：内閣，C：10
最高裁判所長官は内閣の指名で天皇の任命，長官を除く最高裁判所裁判官は内閣の任命で天皇の認証，下級裁判所の裁判官は最高裁判所の指名で内閣の任命である。

答 ③

No.4

① 裁判官は良心に従い，独立して職権を行い，憲法及び法律にのみ拘束される。したがって，自己の主観的な思想や世界観が規範となってはならない。
③ 国民審査があるのは，最高裁判所裁判官のみである。
④⑤ 裁判官の独立が保証されているので，最高裁判所長官の指示や法務大臣の意見を聞くことはできない。

答 ②

No.5

行政裁判所とは，行政事件（国民と行政官庁，もしくは行政官庁どうしの紛争）を裁くために，行政部内に設けられている裁判所のことで，フランスやドイツに見られるが，日本では認められていない。

答 ⑤

No.6

最高裁判所裁判官の国民審査は，国民の参政権に該当するもので，司法権の独立とは関係しない。

答 ④

No.7

② 弾劾裁判所による罷免がある。
③ 下級裁判所裁判官には10年の任期がある。
④ 裁判所法などの法律がある。
⑤ 定年はある。

答 ①

No.8

最高裁判所長官は，内閣の指名に基づき天皇が任命。その他の最高裁判所裁判官は，内閣が任命。下級裁判所裁判官は，最高裁判所の作成した名簿により内閣が任命する。

答 ③

No.9

① 無罪や減刑になるべき明らかな証拠が発見されたときなどは，再審が認められる。
② 少年事件などは家庭裁判所が第一審であり，軽微な事件などは簡易裁判所が第一審である。
④ 司法権の独立を守るため，最高裁判所が下級裁判所に意見を言うことはできない。
⑤ 原告（刑事訴訟では検察），被告双方が判決に納得すれば第一審もしくは第二審で終わる。

答　③

No.10

現行犯逮捕の場合だけは，令状がなくても逮捕される。

答　④

No.11

司法は法律，憲法にのみ拘束されるのであり，立法，行政から独立した存在である。
したがって，A，Cが正解である。

答　②

No.12

① 公序良俗を害するおそれがある場合，裁判所は裁判官の全員一致で対審を非公開で行うことを決定できるが，政治犯罪，出版に関する犯罪，憲法第３章で保障する国民の権利が問題となっている事件の対審は，常に公開しなければならない（憲法第82条）。
② 行政裁判所などの特別裁判所は，設置することができない（憲法第76条②）。
③ 刑事裁判で，民事に関する判決が出ることはない。
④ 陪審制度は，日本では行われていない。

答　⑤

No.13

① アメリカにならったものである。
③ 具体的な事件において適用される法令しか判断の対象にならない（アメリカ型）。
④ すべての裁判所が有している。
⑤ 法としての効力はなくなるが，条文がなくなるわけではない。

答　②

No.14

① × イギリスに違憲立法審査制度はない。
② ○ 憲法裁判所は特別裁判所に当たるため，日本には存在しない。
③ × 効力はなくなるが，直ちに廃止されるわけではない。
④ × 行政権の行為も対象になる。
⑤ × 日本の違憲判断は，具体的な争訟に対して出されるため，憲法違反の法令を見つけたからといって，すぐに違憲の訴えを起こすことはできない。

答　②

No.15

津地鎮祭訴訟判決では，違憲判決は出ていない。

答　⑤

No.16

Ａ：裁判官，Ｂ：衆議院，Ｃ過半数
最高裁判所裁判官の国民審査は衆議院総選挙の際行われ，任命後最初と，それ以後は10年を経過するごとに審査に付される。

答　②

第７章　地方自治

演習問題（問題，本文 92 ページ）

No.1

ア：住民自治，イ：団体自治，ウ：地方自治の本旨，エ：民主主義
近代民主政治の先進国では地方自治が発達している。日本国憲法でも第 92 条に「地方自治の本旨」が定められている。

答　②

No.2

①③　任期はすべて４年である。
②　二院制の地方議会はない。
⑤　法律の範囲内ならば，罰則を制定できる。

答　④

No.3

地方議会議員は，満 25 歳以上の男性による選挙で選出された。

答　④

No.4

①　地方議会は条例のみ制定することができる。
②　首長に請求する。
④　郵便，警察，消防は，国の仕事ではない。
⑤　地方公共団体の歳入全体に占める地方交付税交付金，国庫支出金の割合は合わせて約 31％である（地方税の割合が 40％）。

答　③

No.5

①　解職請求はリコールという。
②　監査は，監査委員に対して請求する。
③　解散請求のために必要な署名数は，有権者の３分の１以上である。
④　主要な役職員（副知事・助役など）は，解職請求できる。

答　⑤

No.6

①　条例制定権
②　解職請求（リコール）
③　解散請求権
⑤　監査請求
地方税法は国の法律であるため，改正を請求することはできない。

答　④

No.7

①　国民投票であるレファレンダム。
②④⑤　解職請求であるリコールのことである。

答　③

No.8

条例の制定・改廃請求も有権者の 50 分の１以上の署名が必要である。
①はリコールの際の必要署名数。

答　③

No.9

②　議員・首長の解職や，議会の解散要求などの処理。
④　主要な役職員の解職請求の際の処理。

答　③

No.10

①　×　議会の解散請求は，有権者の３分の１以上の署名で請求できる。
②　○　住民投票で過半数が賛成すれば解職される。
③　×　条例の改廃請求は，有権者の 50 分の１以上の署名で請求できる。
④　×　監査委員に対して請求する。
⑤　×　３分の２以上の出席がある議会にかけ，その４分の３以上の賛成で解職される。

答　②

No.11

ア　○　一般財源とは，地方公共団体が自由に使えるお金で，使途が指定されないもの，特定財源は使途が指定されていて，それにしか使えないお金のことをいう。地方税，地方交付税などは一般財源，国庫支出金や地方債などは特定財源になる。

イ　×　アの解説参照。

ウ　×　税率は各自治体の条例で定められる。

答　①

No.12

A＝地方税，B＝地方交付税，C＝地方債

答　②

No.13

① ×　条例に総務省の許可は必要ない。

② ×　基本的には補欠選挙を行って補充する。

③ ○　憲法に規定されている（憲法第95条）。

④ ×　予算案を財務省に提示することはない。

⑤ ×　裁判所で行われる。

答　③

No.14

② スウェーデンで創設された。

③ 日本では地方レベルでしか取り入れられていないが，ヨーロッパなどでは国家レベルで行われている国もある。

④ オンブズマンのことを行政監察官とも呼ぶが，このような国家資格はない。

⑤ 川崎市である。

答　①

第８章　選挙制度と政党政治

演習問題（問題，本文102ページ）

No.1

民主選挙の四原則は普通選挙・平等選挙・直接選挙・秘密選挙である。

答　④

No.2

A：少なく，B：少数，C：やすく，D：弱い

各選挙区制の特徴をよく覚えておくこと。

答　④

No.3

② 中選挙区制は，大選挙区制の一形態である。

③ 大選挙区制は，１つの選挙区から複数の当選者が出るため，少数政党に有利である。

④ 比例代表制は，各政党の得票数に比例して議席を配分するため，基本的には政党名で投票する。ただし日本の参議院選挙における「非拘束名簿式比例代表制」などのような選挙の場合，名簿順位を確定させるため，個人名での投票も可能となっている。したがって,「どの選挙でも必ず無効票」とはいえない。

⑤ ゲリマンダー（自分の政党に有利になるように選挙区を確定すること）が起こりやすいのは，小選挙区制である。

答　①

No.4

小選挙区制の問題点を問う基礎的な問題。

①②　１つの選挙区から１人しか当選しないため，立候補者は絞られる。同士討ちもない。

④ 小選挙区制では有権者が候補者の人物や見識をよく見ることができる。
よって議員になった後もその活動をよく知ることが可能である。

⑤ 小選挙区制では，小党分立になりにくい。

答　③

No.5

比例代表制は死票が少なく，比較的忠実に民意が反映されるが，多党制になり，政局は安定しにくい。したがって，イとウが正解である。

答 ③

No.6

①④　二大政党制は政局が安定しやすいが，２つの政党のいずれにも属さない民意が政治に反映されにくい。

②⑤　小党分立制（多党制）は連立政権になりやすく，政治責任の所在が不明確になりやすい。また政党が多数あるため，政党を選択しにくい。

答 ③

No.7

① キューバなどは一党制である。

② イタリアは多党制である。

④ 政党間の政策協定に拘束されているとはいえない。

⑤ 存在そのものは認められている。選挙のシステム上，当選しにくいだけである。

答 ③

No.8

① 政治上の責任は明確になる。

③ 独裁体制に陥りやすいとはいえない。

④ 政策が妥協によることは比較的少ない。

⑤ 少数意見が反映されにくいため，有権者の意思が反映されやすいとはいえない。

答 ②

No.9

① 最初に結党された政党は自由党だが，総裁は板垣退助である。

② 貴族院議員は勅命で選ばれる。したがって選挙はない。

③ 原敬内閣は普通選挙法案を否決した。普通選挙法を可決させたのは加藤高明内閣である。

⑤ 「55年体制」といわれるとおり，自民党と社会党が結党されたのは1955年である。

答 ④

No.10

衆議院議員総選挙は小選挙区比例代表並立制で行われる。選択肢⑤は参議院議員選挙の説明。

答 ⑤

No.11

② 公開選挙とは，署名などによって誰が何に投票したかが分かる選挙方法。日本では，憲法によって秘密投票が規定されている。

③ 今でも２倍以上格差のある例がみられる。

④ 現在も認められていない。

⑤ 以前は認められていなかったが，今は国政選挙において認められている。

答 ①

No.12

②が参議院議員選挙，⑤が衆議院議員総選挙の選挙方法。

答 ②

No.13

① ○　公職選挙法，拡大連座制。

② ×　比例代表名簿は一定の条件を満たした政党や政治団体ならば提出することができる。選挙管理委員会の指名などはない。

③ ×　「離職後２年以上」という条件はない。

④ ×　「政党助成法」に基づいて，議員数と得票率に応じて国庫から政党に支給される。

⑤ ×　このような条件はない。

答 ①

No.14

拡大連座制とは，候補者の関係者が選挙違反行為で刑に処せられた場合，候補者本人の当選が無効となるもの。友人は含まれていない。

答 ⑤

No.15

過半数に近い議席を持っている政党もあり，多数党が形成されていないとはいえない。

答　②

No.16

ドント方式は各政党の得票数を整数値で割り，求められた数値の大きい順に当選者数が決定する。計算結果は以下の通り。

	A　党		B　党		C　党		D　党		E　党	
	7,500	順位	9,800	順位	3,600	順位	5,500	順位	1,200	順位
÷1	7,500	2	9,800	1	3,600	6	5,500	3	1,200	
÷2	3,750	5	4,900	4	1,800		2,750	8	600	
÷3	2,500	9	3,266.67	7	1,200		1,833.33		400	
÷4	1,875		2,450	10	900		1,375		300	
÷5	1,500		1,960		720		1,100		240	
当選者数	3人		4人		1人		2人		0人	

答　④

第9章　国際政治

演習問題（問題，本文112ページ）

No.1

①②　『戦争と平和の法』はグロティウス，『永久平和のために』はカントの著書。

④　国際連盟は，ウィルソンの平和原則14カ条をうけて，第一次世界大戦後に設立された。ローズヴェルトの関連語句とはいえない。

⑤　大西洋憲章は，当時のアメリカ大統領ローズヴェルトとイギリス首相チャーチルの大西洋上会談で成立した，後の国際連合憲章の基礎理念となった憲章である。

答　③

No.2

国際連合の主要機関は総会，安全保障理事会，経済社会理事会，信託統治理事会，国際司法裁判所，事務局の6つ。

⑤の世界貿易機関は国際連合の関連機関である。

答　⑤

No.3

国際連盟に関する基礎的な問題である。国際連合との比較で覚えておいた方がよい。

答　②

No.4

①　国際連盟にも常設の国際司法裁判所があった。

②　国際連盟は全会一致制を採用していたが，国際連合では多数決制が採られている。

④　国際連盟では経済制裁しかなかったが，国際連合では経済制裁と武力制裁が認められた。

⑤　国連憲章には国連軍の規定があるが，それに基づいた国連軍が組織されたことはない。

答　③

No.5

国際連盟には武力制裁に関する規定はなかった。また，アメリカは国際連盟に参加していない。

答　③

No.6

A：安全保障理事会，B：経済社会理事会，C：国際司法裁判所

国際連合の主要機関は総会，安全保障理事会，経済社会理事会，信託統治理事会，国際司法裁判所，事務局である。

UNTSOからAが安全保障理事会，UNESCOからBが経済社会理事会であることが分かる。

答　①

No.7

ア：1国1票制，イ：多数決制，ウ：出席，エ：3分の2，オ：過半数

国際連合の概要である。

総会の仕組みについて理解する。

答　②

No.8

① × 常任理事国は，アメリカ・イギリス・フランス・ロシア・中国の５カ国。
② × 非常任理事国の任期は２年である。
③ × 常任理事国のうち１カ国でも反対すると，否決される。(拒否権)
④ × 安全保障理事会は，常任理事国５カ国と非常任理事国 10 カ国の計 15 カ国で構成されている。
⑤ ○ 非常任理事国はアジア２，アフリカ３，東欧１，ラテンアメリカ２，西欧その他２に配分される。

答 ⑤

No.9

① 日本が国際連合に加盟したのは，1956 年である。
② 常任理事国５カ国を含む，９理事国以上の賛成が必要である。
③ 信託統治理事会は活動を停止しているが，廃止されてはいない。
⑤ 武力制裁が認められている。

答 ④

No.10

UNESCO（国連教育科学文化機関）は，国際連合の専門機関の１つである。COMECON は，1991 年に解散した旧ソ連を中心とした経済相互援助を目的とする機関である。

答 ②

No.11

ジュネーヴには他に，ILO（国際労働機関）や UNHCR（国連難民高等弁務官事務所）の本部がある。

答 ③

No.12

② UNESCO は，国連教育科学文化機関のこと。選択肢は，IMF（国際通貨基金）の説明。
③ WHO は，世界保健機関のこと。選択肢は，WMO（世界気象機関）の説明。
④ IMF は，国際通貨基金のこと。選択肢は，FAO（国連食糧農業機関）の説明。
⑤ IFC（国際金融公社）は，発展途上国の民間企業に対し，開発資金を貸し付ける機関のこと。選択肢は，ICAO（国際民間航空機関）の説明。

答 ①

No.13

難民に対して住居，結社，賃金，教育など，いずれの権利においても不利にならない待遇を求めていて，母国に送還することが最も効果的な救済方法だとはしていない。

答 ③

No.14

北大西洋条約機構（NATO）の説明。冷戦終結後は，旧東側諸国も加盟し，2023 年にはロシアのウクライナ侵攻を受けて，北欧のフィンランドが加盟した（スウェーデンも加盟申請中）。2023 年 10 月現在の加盟国数は 31 カ国。NATO に対抗して 1955 年，結成されたのがワルシャワ条約機構（WTO・1991 年解体）。OAS は米州機構，ANZUS は太平洋安全保障条約，COMECON は経済相互援助会議のこと。

答 ①

No.15

① 韓国側にはアメリカ軍を中心とする国連軍（正式な国連軍ではなく国連が派遣した軍）が，北朝鮮側には中国義勇軍が加わった。
② アメリカに向けてキューバに配備されたソ連の核ミサイルに対し，アメリカが反発した。
③ 南ヴェトナムを支援するアメリカが軍事介入した。
④ これはイラン・イラク戦争の説明。

答 ⑤

No.16

東ティモールはポルトガルの植民地だったが，

1976年インドネシアによって武力併合された。

答　④

No.17

サンフランシスコ平和条約には中国やソ連などが含まれていないため，全面講和とはいえない。

答　①

第2編　経済

第1章　市場の形態

演習問題（問題，本文130ページ）

No.1

A：諸国民の富（国富論ともいう）
B：資本主義

答　①

No.2

A：ケインズ，B：リカード，C：マルクス
それぞれの内容は，テキスト本文123～124ページを参照。

答　⑤

No.3

問題文は「価格の自動調節機能」のことを言っている。選択肢の中では，アダム＝スミスの述べた④が最も妥当。　**答　④**

No.4

① 『帝国主義論』はレーニンの著書。
② マルサスは古典学派。
③ 『経済学原理』はJ.S.ミルやマーシャルの著書。
④ 『純粋経済学要論』はワルラスの著書。また，J.S.ミルは古典学派の学者。

答　⑤

No.5

租税が向かっている矢印からAが政府だということが分かる。賃金，労働力の矢印からBが家計，Cが企業になる。

答　④

No.6

合名会社は，無限責任社員のみで構成されているが，合資会社は，有限責任社員と無限責任社員により構成されている。

答　②

No.7

Aは社債の説明である。したがって，B，Cが正解である。

答　⑤

No.8

株式会社は，多数の株式を発行することにより多くの資本を集めることが可能なため，大企業向きの企業形態である。
また，大企業同士が相互に株を持ち合っていることが多いため，小株主の意向は反映されにくい。

答　①

No.9

① 独立採算制が認められている。
③④ 経済主体の1つが「政府」であることからも分かるように，国が積極的に経済活動に参入している。
⑤ 大半の企業が法人企業である。

答　②

No.10

①を「不況カルテル」といい，1953～99年までは認められていた。しかし，現在は廃止されている。また，カルテル以外に合理化する方法がない場合に認められていた「合理化カルテル」も同様に廃止されている。

答　①

No.11

① オフィス・オートメーション（OA）
② コングロマリット
④ 多国籍企業
⑤ ベンチャービジネス

答　③

No.12

需要を消費者（買い手），供給を生産者（売り手）と考えれば解答が得やすい。したがって，需要が入るのは，ア，ウ，オ，キである。

答　①

No.13

A：自由競争市場の価格は市場によって決定され，その価格に従って需給者双方が行動する。
C：供給超過のとき，価格は下落する。
したがって，B，Dが正解である。

答　④

No.14

A：正，B：誤，C：正
B：技術革新によるコストダウンの場合，同じ金額でより多く生産できるようになるため，供給曲線は右にシフトする。

答　②

No.15

①⑤　需要曲線（D）が右へシフトする。
③　供給曲線（S）が右へシフトする。
④　D曲線が左へシフトする。

答　②

No.16

①　管理価格
②　協定価格
③　統制価格
④　自由価格
⑤　均衡価格
寡占市場で見られるのは①。

答　①

No.17

寡占市場で形成されるのは管理価格。統制価格は，国などによって統制される価格のこと。

答　④

No.18

通常，需要量が減少すると価格は下落するが，寡占市場の下では，価格が一度決定されると下落しにくいという性格を持つ。

答　③

No.19

A：トラスト，B：コンツェルン，C：カルテル
トラストとは企業合同のこと。
コンツェルンとは企業結合のこと。
カルテルとは企業連合のこと。
特にカルテルは「各企業が，独立したままで」がキーワード。

答　⑤

No.20

統制価格とは，政府などが政策上の必要から統制する価格のこと。例えば，電気・ガス・水道などのいわゆるライフラインは，国民生活に欠かせないものであるが，規模的，技術的な面から独占が避けられず，不当に高い独占価格が設定されるおそれがある。そこで政府などは，これらを「公共料金」として価格設定し，統制するのである。

答　⑤

No.21

ア：乗用車，イ：ビール，ウ：新聞
上位5社の市場占有率から想定すればよい。

答　②

No.22

①　再販売価格維持制度とは，メーカーが商品の販売価格を小売業者などに指示して守らせることで，独占禁止法によって禁止されている。ただし，書籍や雑誌，音楽CDなどに関しては再販売価格維持行為を認めている。
②　妥当である。
③　このような規定はない。
④　M&Aとは企業の買収・合併のこと。
⑤　妥当である。

答　③

No.23

排除措置命令とは，違反行為を行った者に対して行われる，違反行為を排除するために必要な措置のこと。ただし，この言葉の意味が分からなくても,「公正取引委員会＝独占禁止法の運用機関」ということが分かれば，④しか選べない。

答 ④

第２章　景気と金融政策

演習問題（問題，本文 146 ページ）

No.1

A：上昇，B：インフレーション，C：好況，D：ディマンド，E：プッシュ

ディマンドは需要，サプライは供給のこと。ディマンド＝プル＝インフレとは需要インフレともいい，需要が供給を上回ることで生じる。またコスト＝プッシュ＝インフレとは，様々な費用の増加（輸入原材料の価格上昇や賃金上昇など）が価格に転嫁されることによって生じる。

答 ③

No.2

インフレーションとは，通貨の量が社会的に必要とされるよりも多くなったために，物価が上昇する現象のことをいう。一般的には景気加熱期にあたるため生産が増大し，失業者は減少する。また，投機マネーの流通は増大する。また，景気停滞と物価上昇が同時に起こる現象をスタグフレーションという。失業者が増加する現象はデフレーションで起こる。したがって，ア，イ，エが正解である。

答 ②

No.3

デフレーションとは，通貨供給量や総需要の減少によって商品取引量に対する通貨量が相対的に少なくなり，通貨の価値が高くなった結果，物価が持続的に下落する現象のこと。

答 ④

No.4

デフレーションが進行すると，物価が下落して生産は減少し，失業者が増加して不況となる。

答 ①

No.5

A：圧縮，B：拡大，C：引き下げ，D：拡大

インフレーションの際には，金融政策では政策金利の引き上げ，売りオペレーション，預金準備率（支払準備率）の引き上げ，財政政策としては，累進税率の引き上げ，公共費の削減などを行う。これをスタグフレーションの際に行えば，不況が進行し，逆に金利引き下げ，公共投資の増大などの政策を行えば，インフレーションが進行する。

答 ②

No.6

a＝イ

b＝エ

c＝オ

ウはスタグフレーション。

答 ④

No.7

② 政府が行う。

③ ダンピングとは，主として海外市場でのシェア拡大を目的として，国内価格から大幅に割引した価格で商品を販売する，不当廉売のこと。

④ 税制そのものが法律によって定められているため，国会が行う。

⑤ 政策金利は決定するが，市中銀行の金利は銀行が独自で決定することができる。

答 ①

No.8

（A）は「貸出金利」「市場利子率」という言葉から政策金利操作が，（B）は「中央銀行に預け入れ」「預け入れ率を変更」というキーワードから預金準備率操作が想定できる。

日本銀行は，金利政策，公開市場操作，預金準備率操作（支払準備率操作）といった金融政策を行い，景気の安定化を図る。**答 ③**

No.9

日本銀行は，市中銀行の資金調達や資金運用に関しては一定の指導ができるが，経営に関しての指導・監督はできない。国債発行については事務を行うが，発行そのものを決定することはない。

答　①

No.10

① 日本銀行は，一般人や企業との取引を行わない。
② 買いオペレーションは貸し出しを増加させる効果がある。
④ 国債の発行を行うのは政府。日本銀行は国債発行に関する事務を請け負っている。
⑤ 不況期には預金準備率は引き下げられる。

答　③

No.11

不況期，政策金利は引き下げられる。ちなみに，政策金利と預金準備率は好況期には両方とも引き上げられ，不況期には両方とも引き下げられる。したがって，B，Cが正解である。

答　③

No.12

A：金利政策
B：公開市場操作
C：吸収
D：引き上げ
E：売り

答　①

No.13

マネー＝ストック（マネー＝サプライ）とは通貨残高（通貨供給量）のこと。これを減少させるということは，市場に通貨が多い＝好況期ということになる。したがって，好況期の金融政策を考えればよい。
またBはドルを売って円を買うため，マネー＝ストックは減少する。したがって，A，Bが正解である。

答　①

No.14

① 設備投資に対し企業は，積極的でなければならない。
②⑤ 金利対策とは直接関係しない。
③ 市中銀行は中央銀行と常に協力的でなければならない。

答　④

No.15

資金需要が減少する＝お金の需要が減る。したがって，金利は下落する。　**答　④**

No.16

問題を図にすると，以下のようになる。

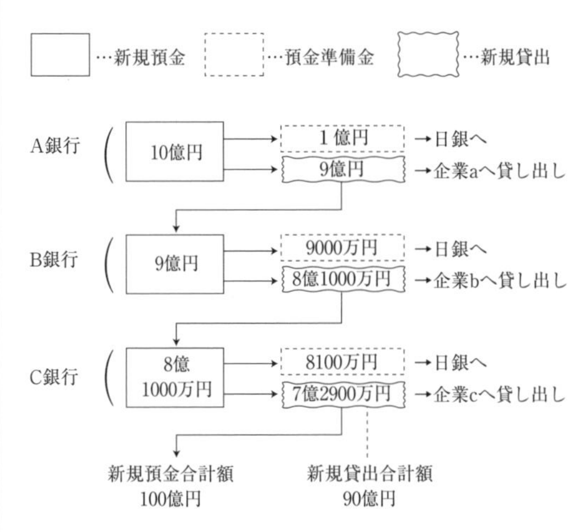

新規預金として10億円を預かったA銀行は，預金準備金（支払準備金）として10億円×10％＝1億円を日銀（日本銀行）に預け，残りを企業aに貸し出す（企業は通常，借りたお金を当座預金に預け，必要に応じて小切手を振り出す）。企業aから新規預金として9億円を預かったB銀行は，預金準備金（支払準備金）として9億円×10％＝9000万円を日銀に預け，残りを企業bに貸し出す。これを繰り返すと最終的には，

新規預金合計＝10億円×$\frac{1}{1-0.9}$＝100億円

新規貸出合計＝9億円×$\frac{1}{1-0.9}$＝90億円の

信用創造を生み出すことになる。

答　③

第３章　財政政策と税金・通貨

演習問題（問題，本文 160 ページ）

No.1

① Ｊカーブ効果とは，通貨の下落にもかかわらず，しばらく貿易収支が改善せず悪化する現象のこと。

② ＧＤＰデフレーターとは物価指数のこと。

③ ポリシー＝ミックスとは経済の安定，成長のためいくつかの金融政策，財政政策を組み合わせて行うこと。

④ マネー＝ストックとは通貨供給量のこと。

答　⑤

No.2

Ａ：低下，Ｂ：抑制，Ｃ：増大

景気が過熱時には引き締め策を採り，停滞期には緩和政策を採る。

答　④

No.3

② 法人税の増税は企業活動の減退を招きかねないため，不況期には行わない。

③④　景気回復には結びつかない。

⑤ 不況期には公共投資を積極的に行う。

答　①

No.4

Ａ：好況期には公共投資などの有効需要を減少させる。

Ｂ：好況期に紙幣を増発すると，インフレーションを起こす可能性が高まる。

Ｃ：通貨を回収する効果があるので有効。

Ｄ：所得が上がるため，累進課税である所得税は，実質的に増税となる。

Ｅ：失業率の低下が見込めるため，社会保障関係費は減少する。

したがって，Ｃ，Ｅが正解である。

答　⑤

No.5

歳入面：Ｃ，歳出面：ｂ

国民の所得の開きを是正するため，所得税では所得に応じた累進課税方式を採っている。また財政の歳出面では，失業者や貧困世帯，身障者への生活扶助を支出している。

答　⑤

No.6

① 直接税の比率が高い。

② 国内総生産に占める政府最終消費支出の割合が高いということは，国家経済が国の財政によって支えられているということ。日本のような先進国では，このような事態にならない。

③ プライマリー＝バランスが均衡していれば，国債の発行は避けられる。毎年数十兆円の国債を発行しているということを踏まえると，当てはまらない。

④ 国から地方へ地方交付税や国庫支出金が支払われていることを考えると，つながりは深い。

答　⑤

No.7

①　×　毎年４月１日に始まって，翌年３月31 日に終了する。

②　×　特別会計予算も，国会の議決が必要である。

③　×　市中消化の原則は，日本銀行引き受けの国債発行を禁じるものである。

④　×　現在は自主運用である。

⑤　○　建設国債については財政法に規定があるので，財政特例法は必要ない。

答　⑤

No.8

① 市中銀行などを通じて，一般にも販売される。
③ 財政法上は認められていない(ただし，特例法を制定して発行される特例国債は発行されている)。
④ 国債の返済額が増大すると，国民が必要とする部門に予算が回らなくなる。よって，財政の硬直化を招く。
⑤ 国債発行残高は，増加し続けている。

答　②

No.9

直接税のうち累進的になっているもの（所得税など）は景気を自動的に安定させる機能があるが，間接税にはそのような機能がない。

答　②

No.10

① 消費税は国税の間接税である。
③ 消費税は比例税であるので，収入が多い者ほど税負担率が高くなることはない。
④ 国税収入に占める割合が最も高いのは，所得税である。
⑤ 消費税は2019年10月に10％に引き上げられたが，15％になることは決まっていない。

答　②

No.11

A：直接税，B：所得税，C：累進課税，D：間接税，E：逆進的
直接税には所得税，法人税などがある。間接税は，必要品の購入額は変わらないのに，相対的に低所得者の方が高い間接税を支払うという状態，つまり所得の低い者ほど税率が高くなる逆進的ともいえる租税体制となっている。

答　④

No.12

① 国税全体のうち，所得税の割合が約3割，法人税の割合が約2割。法人税が低く抑えられているとはいえない。
③ 法人税は累進課税ではない。
④ 日本にある企業は日本の税率が適用される。
⑤ 所得税，法人税ともに国税の直接税である。

答　②

No.13

A：担税力とは税金を負担する能力のこと。間接税は基本的に税率が同一である比例税であることから，所得が多い（＝担税力が高い）人ほど税率が高くなる累進課税とは異なり，所得の大小に関わらず同じものには同一の税金がかけられる。このことから逆進的であるといわれる。
B：納税義務者と租税負担者が一致するのが直接税，一致しないのが間接税である。
C：贈与税は国税の直接税である。
D：自動車税は地方税の直接税，自動車重量税は国税の間接税である。

答　①

No.14

税の垂直的公平とは，経済上の負担能力が大きい者ほど，より高い税負担をするべきという考え方で，水平的公平とは同じ負担能力を持つ人は等しい税負担をするべきという考え方である。したがって，累進課税などは垂直的公平に，比例税などは水平的公平に優れているということができる。

答　③

No.15

A：租税及び印紙収入
B：公債金
C：社会保障関係費
D：地方交付税交付金等
E：公共事業関係費

答　②

No.16

Ａ：需要と供給，Ｂ：貨幣の流通量，Ｃ：管理通貨制度

管理通貨制度は国内の通貨量を調整できる反面，発行量が多すぎると貨幣価値の下落による物価上昇を招く。

答　③

No.17

① 貨幣は政府が発行する。
② あり得ない。
③ 管理通貨制度で発行されるのは，金と交換できない不換紙幣である。
⑤ マネー＝ストックの指標はいくつかあるが，必ず現金通貨が含まれる。

答　④

第４章　国民所得と景気変動

演習問題（問題，本文 172 ページ）

No.1

Ａ：国民所得，Ｂ：国富，Ｃ：社会資本

経済学の基本原理なので各用語の意味をしっかりと押さえておこう。

答　④

No.2

① 総生産額から中間生産物額を引くと，国民総生産（ＧＮＰ）が求められる。
② ＧＤＰから減価償却費を引いたものが，国内純生産。ＮＮＰは国民総生産から減価償却費を引いたもの。
④ 三面等価の原則は，生産国民所得，分配国民所得，支出国民所得の額が，それぞれ一致するというもの。
⑤ 実質国内総生産は，名目国民総生産から物価上昇分を差し引いたもの。物価の上昇が全くなければ金額は一致するが，必ず同じ額になるとは限らない。

答　③

No.3

①で国民総生産が求められる。ここから海外からの純所得額を除いたのが国内総生産。

答　③

No.4

国民所得を総生産額から求める式は「総生産額－中間生産物－減価償却費－間接税＋補助金」となる。問題の図の場合，国民純生産－（Ｂ）であるため，Ｂには「間接税－補助金」が入る。

答　⑤

No.5

① これはGNP（国民総生産）の説明である。
② GDP（国内総生産）は市場で取引されるものをすべて含むので，政府支出も当然含まれる。
④ 家事労働やボランティアなど，市場取引されないものは算定されない。
⑤ インフレ率が高まる＝物価が上昇しているので，名目経済成長率と実質経済成長率との差は大きくなる。

答　③

No.6

Ａ：名目経済成長率，Ｂ：実質経済成長率，Ｃ：マイナス成長

低成長は，前年などに比べプラスだがその数字が小さい場合に用いる。

答　③

No.7

① 一国の国民が生産した付加価値の合計はGNP。
② GDP は増大する。
④ GDP に含まれる。
⑤ 名目経済成長率から物価上昇分を除いたものが実質経済成長率。

答　③

No.8

国民純生産＝国民総生産－固定資本減耗（減価償却費）
国内総生産＝国民総生産－海外からの純所得
海外からの純所得＝海外からの所得－海外への所得
国民総生産＝ 502 ＋(29 － 22) ＝ 509
したがって
国民純生産＝ 509 － 85 ＝ 424（兆円）

答　④

No.9

① 資本主義経済でのみ起こりうる。
③ クズネッツの波の要因は建築物の建て替え等である。
④ 国は財政政策で景気の回復を試みる。
⑤ 約 40 カ月である。

答　②

No.10

A：ジュグラーの波，B：キチンの波，C：コンドラチェフの波
波動名・周期・要因ともよく覚えておくこと。

答　④

No.11

① イギリスである。
② 恐慌時，株は暴落する。
③ アメリカから始まった。
⑤ 今では，ほとんど起きていない。

答　④

No.12

A：ローズヴェルト，B：ニューディール，C：古典派，D：ケインズ
大恐慌後の世界の取り組みとして代表されるアメリカの政策をニューディール政策という。この背景には公共投資による有効需要の増大というケインズの理論がある。なお，ヨーロッパは，ブロック経済政策により乗り切り，日本，ドイツ，イタリアは，結果的にファシズムを引き起こすこととなった。

答　④

第５章　国際経済

演習問題（問題，本文 185 ページ）

No.1

A：貿易・サービス収支，B：第一次所得収支，C：経常収支，D：資本移転等収支
国際収支の分類とそれぞれの内容についてもよく覚えておくこと。

答　⑤

No.2

国際収支＝経常収支＋資本移転等収支＋金融収支
経常収支＝貿易・サービス収支＋第一次所得収支＋第二次所得収支
したがって，③が正しい。

答　③

No.3

第一次所得収支には雇用者報酬と投資収益が含まれる。①④は第二次所得収支，②は資本移転等収支，⑤は貿易収支に含まれる。

答　③

No.4

経常収支＝貿易収支＋サービス収支＋第一次所得収支＋第二次所得収支
国際収支＝経常収支＋資本移転等収支＋金融収支
以上のことから，A～E国の第二次所得収支，国際収支を見ると，

	第二次所得収支	国際収支
A国	1	29
B国	5	35
C国	－2	31
D国	－5	25
E国	12	14

となる。

答　⑤

No.5

サービス収支は，輸送や旅行などのサービスに関わる資金の受け払いの差額である。海外旅行に行く人が増えると外貨が流出するため，サービス収支は赤字になる。

答　①

No.6

これは円高の状況。円高の場合，対外的に円の価値が上がっているので，輸入に有利となる。したがって，C，Eが正解となる。

答 ⑤

No.7

A：ブレトン＝ウッズ，B：IMF，C：短期，D：ドル，E：ニクソン，F：キングストン

IMF は国際通貨基金のこと。なお，短期融資ではなく戦災国の復興と発展途上国の開発援助のための長期融資を行う機関はIBRD（国際復興開発銀行）。

答 ④

No.8

A：減少する，B：引き上げ，C：安く，D：下落

本文 180 ページを見て，外国為替相場と輸出，輸入の関係を理解する。

答 ②

No.9

外国為替相場についての基本事項。

円高が進めば，輸入品は安くなるが，輸出業者にとっては不利となる。

答 ⑤

No.10

A：170，B：輸入品，C：石油・電力

石油や電力など輸入を中心とした業種は，円高によって原材料を安く買えるようになるため，円高差益を受けやすい。

答 ⑤

No.11

① 円高と円安の説明が逆になっている。

② 紙幣である日本銀行券は，独立行政法人国立印刷局で製造されて，日本銀行によって発行される。また硬貨は，独立行政法人造幣局が製造する。

④ 消費税は間接税である。

⑤ 供給が増え，需要を上回ると，価格は下降していく。

答 ③

No.12

これ以前にもケネディ＝ラウンドや東京＝ラウンドが行われている。

答 ①

No.13

水平的分業は，対等な関係で行われる貿易。垂直的分業は，経済的に強い国と弱い国の間でなされる貿易。したがって，イ，ウが正解である。

答 ④

No.14

① 重商主義は，輸出を奨励し輸入を抑制するという保護貿易政策を採った。

③ ブロック経済は，そのブロック域内だけの貿易であり，外部からの進出が抑えられる。したがって自由貿易ではない。

④ 保護貿易の直接的方法が数量制限，間接的方法が輸入関税である。

⑤ 金本位制度と保護貿易は直接的には関係しない。

答 ②

No.15

② これはコングロマリットの説明。

③ 様々な業種で見られる。

④ そういう事実はない。

⑤ 日本にある大企業の大半が多国籍企業である。

答 ①

No.16

欧州連合（ヨーロッパ連合）の英略称は EU。EFTA は欧州自由貿易連合の英略称である。

答 ③

No.17

① ＡＰＥＣ（アジア太平洋経済協力）
② ＵＮＣＴＡＤ（国連貿易開発会議）
③ ＯＤＡ（政府開発援助）
⑤ ＮＩＥＳ（新興工業経済地域）

答　④

No.18

GATTは，1948年に組織され，関税の引下げと貿易の自由化を推進してきた組織である。現在はWTO（世界貿易機関）に改組されている。

答　②

No.19

① IMFには190カ国（2022年10月現在）が加盟しており，主な目的は，加盟国の為替政策の監視や，国際収支が著しく悪化した加盟国に対して融資を実施することなどを通じて，国際貿易の促進，加盟国の高水準の雇用と国民の所得の増大，為替の安定，などに寄与することとなっている。
② IBRDは戦後復興や経済開発を援助するため，長期資金を供給する。
③ UNCTADが検討するのは南北問題。
⑤ OECDの加盟国は先進国を中心に38カ国（2023年現在）。国連の機関ではない。

答　④

No.20

① EU（欧州連合）とEFTAは経済協力体制にある。吸収した事実はない。
② ASEANの設立は1967年，自由貿易協定締結は1993年。
③ 中国はAPECに加盟している。
④ LAFTAの後を受けて，ALADIが設立された。

答　⑤

第6章　日本の経済

演習問題（問題，本文200ページ）

No.1

① 労働組合が急速に組織されていった。
② 自作農は増加したが，在村地主は土地所有が制限されたため，後の零細経営の基になった。
③ 経済民主化は，日本の戦時経済体制を完全に改めるために行われた。
⑤ 中小財閥を含む，財閥のすべての本社が解体された。

答　④

No.2

⑤のような事実はない。

答　⑤

No.3

Ａ：重厚長大産業とは重化学工業の中で素材産業や装置産業などの比較的加工度が低い産業のこと。具体的には鉄鋼業や造船業，化学工業など。これらの産業が高度経済成長の一翼を担い，その結果日本の産業構造が高度化した。
Ｂ：輸入制限品目の数は減少した。
Ｃ：政府の産業保護育成政策は，オイルショック以後も変わらず続いた。

したがって，Ａが正解である。

答　①

No.4

① アメリカについても話し合われた。
② 鉄鋼ダンピング問題などが生じている。
③ 知的所有権問題は，アメリカが日本に侵害されているとして問題化した。
④ 終了時には，米の輸入は完全に自由化されていない。

答　⑤

No.5

①～④は，サービス支出を増加させるもの。⑤は「消費する金額が少なくなった」ことを意味するため，サービス支出は減少する。

答　⑤

No.6

元々は大企業と中小企業との格差だったが，最近では前近代的方法を採る農業，および中小企業と大企業との格差と考えられるようにもなっている。

答　⑤

No.7

海外で生産されたものが「逆輸入」という形で国内に定着することに気づけばよい。

答　②

No.8

① 価値ではなく価格の差なので，当然，物価水準に影響を与える。

② 円高が進行していて外国製品の海外価格は下がっているのに，国内での販売価格が変わらないのだから，内外価格差は進行していく。

④ 流通費用の大きさは，そのまま価格に上乗せされるので，影響を与える。

⑤ 労働賃金の格差が大きいほど，内外価格差が発生しやすい。

答　③

第３編　倫理・社会

第１章　労働関係

演習問題（問題，本文 210 ページ）

No.1

「男女同一賃金の原則」は労働基準法に規定がある。

答　②

No.2

① ○　欧米と比較し，組織率も低く，しかも企業別組合が主流である。
② ×　組合，労働者，使用者の三者の関係を規制するショップ制は，ユニオン＝ショップ制が多い。
③ ×　日本では官公庁（公務）の方が組織率が高い。
④ ×　組合は強制されて組織されるものではない。
⑤ ×　選挙の応援など，政治的目的も追求する。

答　①

No.3

ロックアウトとは，労働争議中の労働者を職場から締め出すこと。使用者によるストライキなどへの対抗手段。

答　②

No.4

団体交渉は，経営不振であっても応じなければならない。

答　②

No.5

① 正当な争議行為に対しては，損害賠償を請求できない。
② 正当な理由なく，団体交渉を拒むことはできない。
④ 黄犬契約という。禁止されている。
⑤ 基本的には労働組合運営のための経済上の援助はできない。経済的困窮の場合は援助することもできるが「しなければならない」わけではない。

答　③

No.6

① 使用者が労働者を雇用する際に，組合に加入していることが採用の条件になる（ショップ制）。
② 使用者側に許される唯一の争議行為。
③ 労働者が団結して労務の提供を拒否する争議行為。
⑤ 組合加入・脱退は，採用・雇用の条件とはならない（ショップ制）。

答　④

No.7

① クローズド＝ショップのこと。
② ユニオン＝ショップのこと。
④ 組合を脱退しても解雇されない。
⑤ 日本ではほとんど採用されていない。

答　③

No.8

憲法→法律→労働協約→就業規則→労働契約の順に効力が強い。

答　⑤

No.9

① × 自主的に組織することができる。

② × このようなことを行うのは労働基準監督署。ハローワーク（公共職業安定所）は就職の相談，紹介，雇用保険の手続きなどを行う。

③ × 労働争議の調整は行政委員会の１つである中央労働委員会が行う。政府が直接調整することはない。

④ ○ 性別による差別的取り扱いの禁止については，労働基準法や男女雇用機会均等法に規定されている。

⑤ × 労働条件は，労働基準法に抵触しない範囲で自由に定めることができる。

答 ④

No.10

① × 終身雇用は法的に認められた労働者の権利ではない。

② × 再雇用計画のため経験者が優先されるという事実はない。

③ × 賃金水準は当然変動する。

④ × 日本の労働組合組織率は２割を切る状況になっている。

⑤ ○ 欧米の組合は産業別に組織されているが，日本では企業別に組合が組織されていることが多い。

答 ⑤

No.11

賃金の支払いについては「賃金は，通貨で，直接労働者に，その全額を支払わなければならない（労基法第24条①）」「賃金は，毎月一回以上，一定の期日を定めて支払わなければならない（労基法第24条②）」と規定されている。また労働基準監督署は労基法の施行管理機関であり，春闘後の賃上げ額などに意見することはない。

答 ②

No.12

Ａ：日本，Ｂ：アメリカ，Ｃ：ドイツ

1980年代まで年間労働時間が2,000時間を超えていた日本は，1990年代に入って労働時間を短縮した。ドイツは，先進国の中で最も労働時間が短い。

答 ④

第２章　社会保障制度

演習問題（問題，本文219ページ）

No.1

社会保障関係費の中で割合が高いのは，年金給付費と医療給付費である。

答 ③

No.2

自動車などにかける自賠責保険は，民間の保険会社に加入するものであり，社会保険とは無関係。

答 ③

No.3

Ａ：社会保険，Ｂ：公的扶助，Ｃ：社会福祉，Ｄ：公衆衛生

社会保障の基本的な考え方である。社会保険，公的扶助，社会福祉，公衆衛生の違いに注意する。

答 ①

No.4

① 日本の社会保障制度は，社会保険を中心に整備された。

② 保健所を中核とするのは公衆衛生である。

④ 損害保険は社会保険ではない。

⑤ 基礎年金の支給は，保険料納付期間（免除期間を含む）が25年以上ある者に対し，納付した期間の長さに応じて行われる。

答 ③

No.5

① 公衆衛生について。
② 公的扶助について。
④ 厚生年金は一定の事業所に使用される労働者が加入するもので，臨時や短期期間労働者は含まれない。
⑤ 被扶養者である配偶者は，保険料を納付しなくても「第三号被保険者」として，国民年金に加入している。

答 ③

No.6

生活費を全体的に扶助する生活扶助の割合が最も多い。

答 ④

No.7

② 生活保護法は現在でも存在しているし，国民生活安定法という法律はない。
③ 老人医療費は，一部自己負担となっている。
④ 介護認定を行うのは，市町村である。
⑤ 雇用保険（失業保険）は経済的危機に備えるためのものである。

答 ①

No.8

高齢化社会に関しては，理論を覚えるのではなく，新聞等で情報をつかむことが大切である。
定年退職者が増加すると，収入が少なくなる人が増えるため，所得税の比重が高まることはない。

答 ③

No.9

年功序列型賃金体系や終身雇用制度は，見直されつつある。

答 ②

No.10

65歳以上の保険料は条例で定められる。

答 ②

第３章　青年期の心理

演習問題（問題，本文227ページ）

No.1

欲求不満を表現した語句をさす。

答 ③

No.2

A：エリクソン，B：アイデンティティの確立
「『自分とは何か』という問いに関する青年期の答」なので，アイデンティティの確立について書かれてある。これを重要視したのがエリクソンである。

答 ④

No.3

A：第二反抗期
　幼児期に起こす第一反抗期に対し，精神的独立のために起こす反抗。
B：心理的離乳
　生後１年前後の「身体的離乳」に対して，親から離れて自主的に行動しようとすることをいう。
C：境界人
　マージナル＝マンともいう。
D：自我同一性
　アイデンティティともいう。

答 ④

No.4

文章はアイデンティティの模索に関して書かれている。これを唱えたのはエリクソンである。

答 ⑤

No.5

アイデンティティの確立のための準備，猶予の時期をいう。

答 ②

No.6

同輩集団との適切な仲間関係の形成は，幼児期に行われる。

答　②

No.7

Ａ：自己実現の欲求，Ｂ：所属・愛の欲求，Ｃ：安全の欲求

マズローの唱えた欲求段階説は,「人間の欲求はピラミッドのようになっていて，底辺から始まり，１段階目の欲求が満たされると，１段上の欲求を目指す」というもの。なお,「自尊の欲求」は「自我の欲求」，「所属・愛の欲求」は「親和の欲求」や「承認欲求」などともいわれる。

答　③

No.8

① 投射
② 抑圧
③ 退行
⑤ 反動形成

答　④

No.9

抑圧した欲求（好きだということ）と正反対の態度をとる，反動形成の典型例。

答　①

No.10

Ａ：補償。「子どものいない夫婦が犬,猫をかわいがることで満足する」ようなこと。

Ｂ：昇華。高い次元に心のやり場を持っていき，成功を遂げること。

Ｃ：退行。「弟ができた幼児が,親の愛情を独占するために再びおねしょを始めてしまう」ようなこと。

Ｄ：合理化。イソップ物語『狐とぶどう』が例。

Ｅ：反動形式。小心や臆病を隠そうとするようなことがら。

答　④

No.11

① 逃避
② 退行
③ 合理化
④ 抑圧

答　⑤

No.12

合理化とは，何らかの口実を見い出して自分の立場を理屈づけ，正当化することである。イソップ物語『狐とぶどう』はよく例として出される。

①は同一視，②は補償（代償），③は退行，⑤は昇華の例。

答　④

第４章　社会集団と現代社会の構造

演習問題（問題，本文 239 ページ）

No.1

第１次集団は，親密な結合状態（Ｂ，Ｃ，Ｅ）であり，第２次集団は，間接的接触による結合状態（Ａ，Ｄ）である。

答　③

No.2

① 個人情報保護法は，一般企業にも適用される。

② ＰＯＳ（販売時点情報管理）は，コンピュータでバーコードを読み取ることで，販売価格の計算や売り上げ実績を管理できるシステムのこと。

③ デジタル放送やインターネットは，送り手と受け手の双方向型の形態を採っている。

⑤ コピーガードなどの技術的なものや著作権法の改正によって，著作権保護の対策は一応採られている。

答　④

No.3

① 現代社会において，マス＝メディアの存在価値がなくなることはない。

③ 有権者意識が希薄になり，政治的無関心層が増加する。

④ 組織の巨大化に伴い，官僚制が進行する。

⑤ 老年人口が増加し年少人口が減少する，いわゆる少子高齢化が進展する。

答 ②

No.4

官僚制の特徴は本文 236 ページを参照。

答 ②

No.5

一般的に，第一次産業，第二次産業の就業割合が減り，第三次産業の就業割合が増える。

答 ⑤

No.6

③ 大都市圏は核家族世帯が多い。

答 ③

No.7

① 家族の一応の定義は,「血縁を基に生計を一にする人間の集団」ということになる。したがって，同居の有無は家族の定義とは関係がない。また，もし同居が家族の条件なら，単身赴任の父親や学校に通うために親元を離れている子どもは家族ではないということになる。いずれにしても誤っている。

②③ 直系家族，複合家族ともに数は減少している。

⑤ 核家族は戦前にも見られた。

答 ④

No.8

② 産業公害は産業活動によって発生する公害であるため，都市化の進展と直接的な関係はない。

答 ②

No.9

第３次産業就業人口が最も多く，第２次，第１次と続く。したがって, Aが第３次産業, Bが第２次産業，Cが第１次産業。

答 ②

No.10

A：「ひな祭り」「端午の節句」「七五三」「成人式」などがこれに当たる。

B：日本は「タテ社会」といわれる。意識的にだいぶ薄れてはきているが，社会構造としては健在である。弊害もあるものの，年齢や階級などの差を超えて，同一の目標に向かって集団の関係をより強固にする，という長所もある。

C：日本の伝統的な「ムラ社会」の意識は希薄になっているが，基本的に個人行動よりも集団行動を重視する点は変わっていない。事実，若者社会においても仲間意識は強く存在し,「村八分」的な仲間はずれ（＝いじめ）が存在し，社会問題になっている。

したがって，すべて正しい。

答 ③

No.11

① × 産業別就業人口は高次になるほど高い割合を示す。

② ○ 労働組合の組織率は，若者の組合離れが進み，低下をたどる一方である。

③ × ホワイト＝カラー化が進行しつつある。

④ × 非正規雇用の比率は増加している。

⑤ × OA 化が中高年の雇用率低下の理由とはいえない。

答 ②

No.12

人口ピラミッドは通常,「富士山型」＝多産多死→「つりがね型」＝少産少死→「つぼ型」＝つりがね型よりも出生率が低下した少産少死の順に変遷する。

答 ⑤

No.13

① 規範は成立していない。
② 核家族が多いことを踏まえると，適切ではない。
③ 日本では当然とまでは思われていない。
④ 男性の育児休暇取得率は依然低い。

答 ⑤

No.14

ボランティア休暇を認めている企業はあるが，法的に認められているわけではない。

答 ②

No.15

① ケネディ大統領は，「安全の権利」，「情報を与えられる権利」，「選択をする権利」，「意見を聴かれる権利」の，いわゆる「消費者の４つの権利」を示した。
② 消費者主権とは，生産の究極の決定者は消費者であり，その行動が企業の生産のあり方を最終的に決めるとする考え方のこと。
④ クーリングオフ制度は，一定の条件さえ満たせば，消費者が業者に対して一方的に契約を解除できる制度のこと。
⑤ ＰＬ法は，製品の欠陥によって人的または物的被害を受けた場合，製造者に過失がなくても賠償責任を問うことができるとした法律。

答 ③

No.16

A ○ 日本が中国に環境 ODA を行えば，中国本土の工場が排出する NOx（窒素酸化物），SOx（硫黄酸化物）の抑制が期待できる。結果的に日本に飛来する原因物質が減少するので，日本の酸性雨は抑制できる。
B × 酸性雨対策は周辺諸国の協力が必要不可欠であるが，二国間だけの問題ではないから，二国間協定を結ぶことが有力な手段であるとまではいえない。
C × 酸性雨の原因は，被害発生付近の工場煤煙のみではない。したがって，特定地区のみに対策を施しても，被害解消の有効な手段とはなりえない。

答 ②

No.17

フロンガス使用によりオゾン層が破壊され，紫外線が直接人体にふりそそぐ状況にあり，影響が心配されている。
酸性雨の被害は北欧から広がり，開発途上国では，焼畑農業や木材伐採などによる環境破壊が進んでいる。

答 ⑤

No.18

① 採択と同時には発効していない。また，先進国の中でもアメリカが不支持を表明している。
② 排出量取引は京都メカニズムの中に組み込まれている。
④ これは京都メカニズムの説明である。ＣＦＣはフロンのこと。
⑤ 温室効果ガスが吸収するのは赤外線である。

答 ③

No.19

① 発効している。
② これは生物多様性条約の説明。ワシントン条約は絶滅の恐れがある野生動植物の保護を目的としている。
③ 酸性雨は，アジアでも問題化している。
⑤ 面積でみた砂漠化の進行が特に激しいのは，アジアとアフリカである。

答 ④

No.20

公害対策基本法（1967 年施行，1993 年環境基本法施行に伴い廃止）における公害は大気汚染・水質汚濁・土壌汚染・地盤沈下・悪臭・騒音・振動の７つ。

答 ①

第５章　日本・東洋の思想

演習問題（問題，本文 255 ページ）

No.1

① 法然は浄土宗の開祖。
② 題目唱和は日蓮宗の特徴。
③ 一遍は時宗の開祖。
④ 親鸞は浄土真宗の開祖。

答　⑤

No.2

「専修念仏」は法然の根本思想で，仏の名を唱えること（称名）が極楽往生するための唯一の手段とした。

① 禅宗は栄西の臨済宗や道元の曹洞宗が有名。法然の浄土宗は禅宗ではない。
② これは「観想念仏」のこと。
④ 「南無妙法蓮華経」は日蓮宗（法華宗）。
⑤ 浄土宗は念仏を唱えると阿弥陀仏の他力によって浄土へ救われるとする思想なので，念仏を唱えることに「他人のためにではなく自分のために」という考え方はない。

答　③

No.3

A：西田幾多郎，B：純粋経験，C：『善の研究』

「参禅体験」から西田幾多郎を導くことができる。西田幾多郎の著書『善の研究』，和辻哲郎の著書『風土』，『人間の学としての倫理学』は重要。

答　①

No.4

①「上下定分の理」は林羅山。
②「正直と倹約」は石田梅岩。
④「先王の道」は荻生徂徠。
⑤「真心」は本居宣長。

答　③

No.5

この言葉は「上下定分の理」（＝身分上の差は，天地間の差のように先天的に決められているとする考え）を表している（『春鑑抄』の一節）。林羅山が朱子学の秩序の考え方を受け継いで説いたもの。

答　③

No.6

③ 「則天去私」は夏目漱石の考え方。吉野作造は「民本主義」によって大正デモクラシーを理論的に指導した人物。

答　③

No.7

本居宣長の思想を問うもの。宣長は儒教や仏教など中国の学問により感化された心を「漢意」とよび，形式ばかりで理屈ばかりを説く堅苦しい精神的態度とし，これがため日本人の生き生きとした感情が抑圧されているとして日本古来の「惟神の道」（神の御心のままで人為を加えない道）にかえることを主張した。

答　②

No.8

『風土』『人間の学としての倫理学』という著作や，人間は人と人との関係で存在＝間柄的存在というところから和辻哲郎を導くことができる。

① 個人主義道徳を説いた明六社の啓蒙思想家。
② 無教会主義を唱えた人物。
③ 純粋経験を論じた人物。
⑤ 日本初のドイツ語学習者で国会開設にあたり，時期尚早論を主張した。

答　④

No.9

① 柳田国男
② 森鷗外
③ 武者小路実篤，志賀直哉，有島武郎など
④ 和辻哲郎

答　⑤

No.10

問題文に「日本文化の基層を追求することの必要性を説く」とある。これに該当するのは，柳田国男しかいない。

答 ①

No.11

儒家：孔子・孟子，道家：老子・荘子
儒家の思想の中心は「仁」であり，孔子に始まり，孟子，荀子へと受け継がれていく。道家の思想の中心は，「無為自然」であり，老子に始まり，荘子へ受け継がれていった。

答 ③

No.12

「兼愛（けんあい）」は墨子（墨家の始祖）の考え方。

答 ①

No.13

「仁」を理想とする考え方は，儒家の思想である。

答 ③

No.14

孔子は，その中心概念である「仁」の根本として「孝悌（こうてい）」を挙げている。これは，親子間や兄弟間で見られる自然な愛情のことであり，これを様々な人間関係に押し広めていくことを説いた。

答 ⑤

No.15

兼愛は，自他を区別しない無差別平等の愛のことで，墨子の根本的な主張の一つである。他を愛することは他に利をもたらし，それにともなって他も自分に利をもたらしてくれる。そこに相互の利益が実現するとして，儒家の説く近親重視の愛を「別愛」として批判した。

答 ①

No.16

① × 仏陀の普遍的真理を表す4つの命題のこと。一切皆苦（いっさいかいく）・諸行無常（しょぎょうむじょう）・諸法（しょほう）無我（むが）・涅槃寂静（ねはんじゃくじょう）。
② × イスラム教徒が信ずるべき6つの項目。神（アッラー）・天使・聖典（コーラン）・預言者・来世・天命。
③ × プラトンの説いた，4つの基本的な徳。知恵・勇気・節制・正義。
④ ○ シャカが説いた，解脱にいたるまでの8つの実践法。正見・正思・正語・正業・正命・正精進・正念・正定。
⑤ × 儒教が説く5つの徳目。仁・義・礼・智・信。

答 ④

No.17

① 仏陀は，禁欲生活を勧めていない。
② 小乗仏教のこと。
④ 全ての民は念仏の救いがあると説いた。
⑤ 道元の只管打坐は，ただ黙って座り続けることであり，文中の説明は栄西の臨済禅を表している。

答 ③

No.18

① アッラーを唯一神とする。
③ ムハンマドは預言者であり，「神の子」とは考えない。
④ ラマダーンは日中飲食できない。
⑤ イスラム教の聖典はコーランである。

答 ②

No.19

やがてこの世の終わりが訪れるという終末思想はあるが，すべての人間が天国に入るというわけではなく，「その時に神の審判が行われて，神を信じて信仰の道を歩んでいる者は救済される」としている。

答 ①

第６章　西洋の思想

演習問題（問題，本文 265 ページ）

No.1

① タレスは水
② ヘラクレイトスは火
④ デモクリトスは原子（アトム）
⑤ アナクシマンドロスは無限なもの

答　③

No.2

デルフォイの神託とは「ソクラテスに勝る知者はいない」という神のお告げ。これに納得しなかったソクラテスは人々を訪ねて探究した結果，神託の真意が「無知の知」であることを理解した。

答　③

No.3

① 問答法はソクラテス。
② 中庸はアリストテレス。
④ 万物の根源は水としたのはタレス。
⑤ ソフィストはタレスではない。

答　③

No.4

「無知の自覚」の内容を問うものである。プラトンのイデアに関するものが２つ（①と⑤），F.ベーコンのイドラに関するものが１つ(③)入っている。また，②の考え方と「無知の自覚」に関連性はない。

答　④

No.5

① イエスの言葉や行いのこと。
② 「律法」のことで，ユダヤ教における宗教的戒律のこと。
④ 救世主のこと。
⑤ イエスの教えで「何事も人からしてほしいことは，人にも同じようにしなさい。」ということ。

答　③

No.6

A：合理的，B：デカルト，C：演繹法，D：F.ベーコン，E：帰納法
近代の西洋思想として重要な２人である。
デカルト―大陸合理論―演繹法
F.ベーコン―イギリス経験論―帰納法
この組合せはよく覚えておくこと。

答　④

No.7

F.ベーコンは，先入観や偏見＝イドラが排除されることにより真実がみえると説いた。

答　①

No.8

①⑤ 「種族のイドラ」に該当する。人間という種族に共通した偏見のこと。
② 「劇場のイドラ」のこと。劇場で演じられているものを盲目的に信用することからこういわれる。
③ 「洞窟のイドラ」のこと。洞窟の中で光に遮られている状態をたとえたもの。
④ 市場では誤った風聞がよく立てられることからこう呼ぶ。

答　④

No.9

“タブラ＝ラサ”とはロックが人間の心と知識の関係をたとえた言葉で，「何も書かれていない板」のこと。日本語では「白紙」と訳されることが多い。

答　①

No.10

パスカルは無限の大宇宙の中において人間は無力で孤独かつ有限であるが，その存在について考えるところに人間の偉大さがあると考えた。このことを無力な人間を風にそよぐ葦にたとえて表したのが「人間は考える葦である」という言葉である。

答　③

No.11

ベンサムの量的功利主義についての問題である。ベンサムは社会は個人の総和であるので，個人の幸福の総和が社会全体の幸福になると考えた。これを表すために用いたのが快楽は数量計算できるとする「快楽計算」である。その量を最大にすることが道徳原理であり，社会の指導理念になるとした。これが「最大多数の最大幸福」の考え方である。

答　①

No.12

①「予定説」,『キリスト教綱要』ともにカルヴァン。
②「演繹法」,『方法序説』ともにデカルト。
③「人倫」,『精神現象学』ともにヘーゲル。
④「自然に帰れ」はルソーの言葉。

答　⑤

No.13

A：ロック，B：ホッブズ，C：ルソー

ロックは，主権在民の思想と権力分立の政治を理想とし，信託に反した政府に対し人民は抵抗権を有すると説いた。

ホッブズは絶対王政の中で，自然権を相互に譲渡することで人権は生きると説いた。

ルソーは，一般意志の下，人民主権が成立すると説いた。

答　④

No.14

A：パスカルの言葉。葦は自然界で弱い存在の象徴。
B：ベンサムの言葉。量的功利主義を表す。
C：ヘーゲルの考え方。2つの対立する立場を総合統一すること。

答　③

No.15

① F.ベーコン
② デカルト
③ ソクラテス
④ マルクス

各々有名な人物の考察方法である。

答　⑤

No.16

A：ベンサム，B：J.S.ミル

ベンサムは，個人の利害と社会の利害は対立するものと認めた上で，合致させるのは「最大多数の最大幸福」の原理によるとする，功利主義思想を確立した。

これに対し,「満足した豚であるよりは～不満足なソクラテスである方がよい」という言葉を残したJ.S.ミルは，ベンサムの後継者というべき人物で，功利主義を体系化した。ベンサムが「量的功利主義」といわれるのに対し，ミルは「質的功利主義」といわれる。

答　⑤

No.17

①「目的の王国」では道徳法則に支配される。
③ 普遍的な命令を「定言命法」,条件的な命令を「仮言命法」とよんだ。
④ 道徳性とは道徳法則のために行われる行為で，適法性とは道徳法則に外面のみ一致した行為のこと。カントは道徳性を重視した。
⑤ これは道徳法則のこと。

答　②

No.18

① ×「われ思う，ゆえにわれあり」デカルト
② × F.ベーコン
③ ○「私は何を知るか」
④ ×「白紙状態」ロック
⑤ × パスカル

答　③

No.19

①④　これらはマルクス主義。
③　実存主義はヘーゲル批判から生まれたが功利主義や経験論の立場に立たない。
⑤　これはプラグマティズム（実用主義）。

答　②

No.20

①　この考え方はドイツ厭世主義哲学者であるショーペンハウアーのものである。

答　①

No.21

①　マルクスの示した唯物史観
②　ヘーゲルのドイツ観念論・理想主義の思想
③　デューイのプラグマティズム
主著『民主主義と教育』
④　パスカル著の『パンセ』より

答　⑤

No.22

ア　17世紀の哲学者デカルトの「方法的懐疑」
イ　18世紀の哲学者カントの「実践理性批判」
ウ　19世紀のマルクスの理論
エ　紀元前3世紀の哲学者，ストア派の禁欲主義の思想
したがって，エ→ア→イ→ウとなる。

答　④

No.23

⑤　ラッセルは，アインシュタインなどとともに核兵器禁止の運動に取り組んだ人物。ゲルニカは，ピカソが反戦の意味を込めて描いた絵画。

答　⑤

No.24

ア　フロイト
イ　J. S. ミル
ウ　マズロー
エ　ヘーゲル
したがって，ウ，エが正解である

答　⑤